Informatik – Fachberichte

Band 208: J. Retti, K. Leidlmair (Hrsg.), 5. Österreichische Artificial-Intelligence-Tagung, Igls/Tirol, März 1989. Proceedings. XI, 452 Seiten. 1989.

Band 209: U.W. Lipeck, Dynamische Integrität von Datenbanken. VIII, 140 Seiten. 1989.

Band 210: K. Drosten, Termersetzungssysteme. IX, 152 Seiten. 1989.

Band 211: H.W. Meuer (Hrsg.), SUPERCOMPUTER '89. Mannheim, Juni 1989. Proceedings, 1989. VIII, 171 Seiten. 1989.

Band 212: W.-M. Lippe (Hrsg.), Software-Entwicklung. Fachtagung, Marburg, Juni 1989. Proceedings. IX, 290 Seiten. 1989.

Band 213: I. Walter, Datenbankgestützte Repräsentation und Extraktion von Episodenbeschreibungen aus Bildfolgen. VIII, 243 Seiten. 1989.

Band 214: W. Görke, H. Sörensen (Hrsg.), Fehlertolerierende Rechensysteme / Fault-Tolerant Computing Systems. 4. Internationale GI/ITG/GMA-Fachtagung, Baden-Baden, September 1989. Proceedings. XI, 390 Seiten. 1989.

Band 215: M. Bidjan-Irani, Qualität und Testbarkeit hochintegrierter Schaltungen. IX, 169 Seiten. 1989.

Band 216: D. Metzing (Hrsg.), GWAI-89. 13th German Workshop on Artificial Intelligence. Eringerfeld, September 1989. Proceedings. XII, 485 Seiten. 1989.

Band 217: M. Zieher, Kopplung von Rechnernetzen. XII, 218 Seiten. 1989.

Band 218: G. Stiege, J. S. Lie (Hrsg.), Messung, Modellierung und Bewertung von Rechensystemen und Netzen. 5. GI/ITG-Fachtagung, Braunschweig, September 1989. Proceedings. IX, 342 Seiten. 1989.

Band 219: H. Burkhardt, K. H. Höhne, B. Neumann (Hrsg.), Mustererkennung 1989. 11. DAGM-Symposium, Hamburg, Oktober 1989. Proceedings. XIX, 575 Seiten. 1989

Band 220: F. Stetter, W. Brauer (Hrsg.), Informatik und Schule 1989: Zukunftsperspektiven der Informatik für Schule und Ausbildung. GI-Fachtagung, München, November 1989. Proceedings. XI, 359 Seiten. 1989.

Band 221: H. Schelhowe (Hrsg.), Frauenwelt – Computerräume. GI-Fachtagung, Bremen, September 1989. Proceedings. XV, 284 Seiten. 1989.

Band 222: M. Paul (Hrsg.), GI – 19. Jahrestagung I. München, Oktober 1989. Proceedings. XVI, 717 Seiten. 1989.

Band 223: M. Paul (Hrsg.), GI – 19. Jahrestagung II. München, Oktober 1989. Proceedings. XVI, 719 Seiten. 1989.

Band 224: U. Voges, Software-Diversität und ihre Modellierung. VIII, 211 Seiten. 1989

Band 225: W. Stoll, Test von OSI-Protokollen. IX, 205 Seiten. 1989.

Band 226: F. Mattern, Verteilte Basisalgorithmen. IX, 285 Seiten. 1989.

Band 227: W. Brauer, C. Freksa (Hrsg.), Wissensbasierte Systeme. 3. Internationaler GI-Kongreß, München, Oktober 1989. Proceedings. X, 544 Seiten. 1989.

Band 228: A. Jaeschke, W. Geiger, B. Page (Hrsg.), Informatik im Umweltschutz. 4. Symposium, Karlsruhe, November 1989. Proceedings. XII, 452 Seiten. 1989.

Band 229: W. Coy, L. Bonsiepen, Erfahrung und Berechnung. Kritik der Expertensystemtechnik. VII, 209 Seiten. 1989.

Band 230: A. Bode, R. Dierstein, M. Göbel, A. Jaeschke (Hrsg.), Visualisierung von Umweltdaten in Supercomputersystemen. Karlsruhe, November 1989. Proceedings. XII, 116 Seiten. 1990.

Band 231: R. Henn, K. Stieger (Hrsg.), PEARL 89 – Workshop über Realzeitsysteme. 10. Fachtagung, Boppard, Dezember 1989. Proceedings. X, 243 Seiten. 1989.

Band 232: R. Loogen, Parallele Implementierung funktionaler Programmiersprachen. IX, 385 Seiten. 1990.

Band 233: S. Jablonski, Datenverwaltung in verteilten Systemen. XIII, 336 Seiten. 1990.

Band 234: A. Pfitzmann, Diensteintegrierende Kommunikationsnetze mit teilnehmerüberprüfbarem Datenschutz. XII, 343 Seiten. 1990.

Band 235: C. Feder, Ausnahmebehandlung in objektorientierten Programmiersprachen. IX, 250 Seiten. 1990.

Band 236: J. Stoll, Fehlertoleranz in verteilten Realzeitsystemen. IX, 200 Seiten. 1990.

Band 237: R. Grebe (Hrsg.), Parallele Datenverarbeitung mit dem Transputer. Aachen, September 1989. Proceedings. VIII, 241 Seiten. 1990.

Band 238: B. Endres-Niggemeyer, T. Hermann, A. Kobsa, D. Rösner (Hrsg.), Interaktion und Kommunikation mit dem Computer. Ulm, März 1989. Proceedings. VIII, 175 Seiten. 1990.

Band 239: K. Kansy, P. Wißkirchen (Hrsg.), Graphik und KI. Königs winter, April 1990. Proceedings. VII, 125 Seiten. 1990.

Band 240: D. Tavangarian, Flagorientierte Assoziativspeicher und -prozessoren. XII. 193 Seiten. 1990.

Band 241: A. Schill, Migrationssteuerung und Konfigurationsverwaltung für verteilte objektorientierte Anwendungen. IX, 174 Seiten. 1990.

Band 242: D. Wybranietz, Multicast-Kommunikation in verteilten Systemen. VIII, 191 Seiten. 1990.

Band 243: U. Hahn, Lexikalisch verteiltes Text-Parsing. X, 263 Seiten. 1990.

Band 244: B. R. Kämmerer, Sprecherunabhängigkeit und Sprecheradaption. VIII, 110 Seiten. 1990.

Band 245: C. Freksa, C. Habel (Hrsg.), Repräsentation und Verarbeitung räumlichen Wissens. VIII, 353 Seiten. 1990.

Band 246: Th. Bräunl, Massiv parallele Programmierung mit dem Parallaxis-Modell. XII, 168 Seiten. 1990

Band 247: H. Krumm, Funktionelle Analyse von Kommunikationsprotokollen. IX, 122 Seiten. 1990.

Band 248: G. Moerkotte, Inkonsistenzen in deduktiven Datenbanken. VIII, 141 Seiten. 1990.

Band 249: P. A. Gloor, N. A. Streitz (Hrsg.), Hypertext und Hypermedia. IX, 302 Seiten. 1990.

Band 250: H.W. Meuer (Hrsg.), SUPERCOMPUTER '90. Mannheim, Juni 1990. Proceedings. VIII, 209 Seiten. 1990.

Band 251: H. Marburger (Hrsg.), GWAI-90. 14th German Workshop on Artificial Intelligence. Eringerfeld, September 1990. Proceedings. X, 333 Seiten. 1990.

Band 252: G. Dorffner (Hrsg.), Konnektionismus in Artificial Intelligence und Kognitionsforschung. 6. Österreichische Artificial-Intelligence-Tagung (KONNAI), Salzburg, September 1990. Proceedings. VIII, 246 Seiten. 1990.

Band 253: W. Ameling (Hrsg.), ASST'90. 7. Aachener Symposium für Signaltheorie. Aachen, September 1990. Proceedings. XI, 332 Seiten. 1990.

Band 254: R. E. Großkopf (Hrsg.), Mustererkennung 1990. 12. DAGM-Symposium, Oberkochen-Aalen, September 1990. Proceedings. XXI, 686 Seiten. 1990.

Band 255: B. Reusch, (Hrsg.), Rechnergestützter Entwurf und Architektur mikroelektronischer Systeme. GME/GI/ITG-Fachtagung, Dortmund, Oktober 1990. Proceedings. X, 298 Seiten. 1990.

Band 256: W. Pillmann, A. Jaeschke (Hrsg.), Informatik für den Umweltschutz. 5. Symposium, Wien, September 1990. Proceedings. XV, 864 Seiten. 1990.

Band 257: A. Reuter (Hrsg.), GI – 20. Jahrestagung I. Stuttgart, Oktober 1990. Proceedings. XVIII, 602 Seiten. 1990.

Informatik-Fachberichte 305

Herausgeber: W. Brauer
im Auftrag der Gesellschaft für Informatik (GI)

Thomas Rose

Entscheidungsorientiertes Konfigurationsmanagement

Springer-Verlag
Berlin Heidelberg New York London Paris
Tokyo Hong Kong Barcelona Budapest

Autor

Thomas Rose
Computer Science Department, University of Toronto
Toronto, Ontario M5S 1A4, Canada

CR Subject Classification (1991): D.2.2, D.2.6, D.2.9, H.2.1, H.4.

ISBN-13: 978-3-540-55383-0 e-ISBN-13: 978-3-642-77446-1
DOI: 10.1007/978-3-642-77446-1

Satz: Reproduktionsfertige Vorlage vom Autor

Vorwort

Diese Arbeit entstand als Dissertation mit dem Titel *Entscheidungsorientierte Versionen- und Konfigurationenverwaltung* während meiner Tätigkeit als wissenschaftlicher Mitarbeiter am Lehrstuhl für Dialogorientierte Systeme von Herrn Professor Dr. Matthias Jarke an der Universität Passau.

Für die engagierte Unterstützung in der Themenausarbeitung und seine zahlreichen Anregungen und Verbesserungsvorschläge gilt mein besonderer Dank Herrn Professor Jarke. In ganz besonderer Erinnerung sind mir die vielen fruchtbaren spontanen Diskussionen. Ebenso möchte ich Herrn Professor Dr. Martin Wirsing danken, dessen konstruktive Kritik mir bei der Ausarbeitung meiner Arbeit sehr geholfen haben.

Mein besonderer Dank gilt auch meinem Kollegen Manfred Jeusfeld und den studentischen Mitarbeitern Michael Gocek, Hans W. Nissen und Martin Staudt, mit denen wir im Rahmen des Projekts DAIDA einen ersten Prototyp des Objektbanksystems *ConceptBase* implementierten. Für die vielen inhaltlichen Diskussionen und das tatkräftige Engagement in der Implementierung eines Prototyps der in dieser Arbeit ausgearbeiteten Idee danke ich den Diplomanden Michael Gocek, Carlos Maltzahn, Hans W. Nissen und Simone Strippgen. *ConceptBase* bot während meiner Arbeit immer eine Basis Ideen auszuprobieren. Dies wäre niemals möglich gewesen ohne die Mithilfe der übrigen *ConceptBase*'ler Stefan Eherer, Rainer Gallersdörfer, Andre Klemann, Eva Krüger, Andreas Miethsam, Gerd Steinke, Klaus Swoboda und Thomas Wenig.

Ebenso möchte ich Herrn Professor John Mylopoulos für die wohlwollende Begleitung in der Fertigstellung der Ausarbeitung dieser Arbeit während meiner Anfangszeit in Toronto danken.

Toronto, im Februar 1992

Thomas Rose

Inhaltsverzeichnis

1 Einleitung

Versionen- und Konfigurationenverwaltung bezeichnet die Disziplin, die sich mit der Organisation und Kontrolle *großer* Software-Systeme befaßt. Sie ist entstanden durch die Notwendigkeit der Entwicklung und Wartung fortlaufend komplexer und größer werdender Systeme. Ihr Anwendungsspektrum erstreckt sich von ingenieurtechnischorientierten Anwendungen im Bereich CAD bis zu softwaretechnischen Anwendungen wie der Entwicklung von Kommunikations- oder Informationssystemen. Die *Anforderungen* sind durch nachfolgende Eigenschaften großer Systeme bestimmt.

(a) Software-Systeme existieren in vielfachen Variationen, die durch funktional erforderliche Erweiterungen, Adaptionen aufgrund sich ändernder System- oder Umgebungsanforderungen, oder durch nicht dokumentierte Gründe entstehen.

(b) Systeme sind aus methodischen und organisatorischen Gründen in Komponenten strukturiert.

(c) Die Entwicklung und Wartung eines Systems erfolgt i.a. durch die Entwicklung und Wartung der Komponenten, was zu einer kombinatorischen Vielfalt von Variationen der Konfigurationen führt.

(d) Die Kombination beliebiger Komponentenvariationen ergibt i.a. nicht ein funktionsfähiges System in Bezug auf Ausführbarkeit oder eine Systemanforderung, da komplexe Abhängigkeiten und Integritätsbedingungen zwischen Komponenten existieren.

(e) Systeme werden von einer Gruppe von Software-Ingenieuren (oder kurz Entwicklern) mit Hilfe von Werkzeugen erstellt und gewartet.

(f) Entwicklungsaktivitäten tendieren langandauernd und komplex zu sein. Ihre Ergebnisse sind auf Erfüllung einer gegebenen Aufgabenspezifikation und auf ihre Auswirkungen auf andere Aktivitäten und Ergebnisse zu kontrollieren.

1.1 Einordnung der Versionen- und Konfigurationenverwaltung

Ziel der Versionen- und Konfigurationenverwaltung ist die Wahrung der *Systemintegrität.* Für die Unterstützung der Systemintegrität sind unterschiedliche Methoden, Sprachen und Werkzeuge entwickelt worden. Sie lassen sich in drei Klassen einteilen. Die Klassen werden als Entwickeln-im-Kleinen (*programming-in-the-small*), Entwickeln-im-Großen (*programming-in-the-large*) und Entwickeln-in-der-Gruppe (*programming-in-the-many*) bezeichnet und verkörpern unterschiedliche Sichten auf den Entwicklungsprozeß und die Systemintegrität.

(a) ***Konsistenz-im-Kleinen*** behandelt die *korrekte Implementierung* und Anwendung von Datenstrukturen und Algorithmen (formale Sicht).

(b) ***Konsistenz-im-Großen*** abstrahiert von den algorithmischen Details und befaßt sich mit der Beschreibung von *Systemstrukturen*. Es behandelt die Partitionierung in Komponenten, ihre Variationen und *konsistente Integration* (technisch verteilte Sicht).

(c) ***Konsistenz-in-der-Gruppe*** betrifft die *Koordination von Aktivitäten*. Es umfaßt sowohl die Zuordnung und Kontrolle von Arbeitsaufträgen für die Entwicklung als auch die Entscheidung über auszuführende Aufträge (soziale Sicht).

Entwickeln-im-Kleinen konzentriert sich auf die Implementierung von Software. Ziel ist die *korrekte* Implementierung gemäß einer (formal) gegebenen Spezifikation. Das Entwickeln-im-Kleinen wird dominiert von technischen Details der korrekten Konstruktion von Algorithmen und Datenstrukturen. Die vorgeschlagenen Techniken reichen von Verbesserungen in der Programmierunterstützung wie etwa durch Testwerkzeuge, über strukturierte Editoren [Reps und Teitelbaum 87] und Programmklischees [Rich und Waters 88], bis zu formalen Methoden wie dem Transformationsansatz [Bauer et al. 89, Smith, Kotik, Westfold 85].

Gemeinsam ist diesen Ansätzen, daß sie die Korrektheit der Implementierung anstreben, keine Aufteilung der Programme vorsehen und die Organisationsstruktur bzw. Projektverwaltung nicht berücksichtigen. Ihr Ziel ist die *Konsistenz-im-Kleinen*.

Das ***Entwickeln-in-der-Gruppe*** konzentriert sich auf die Kooperation innerhalb eines Projekts. Die Komplexität eines Systems und die Mitwirkung mehrerer Entwickler erfordert es, über auszuführende Entwicklungsaktivitäten zu *entscheiden*, die Bearbeitung zu *delegieren*, und die Ausführung zu *kontrollieren* und zu *integrieren*.

Soziale Organisationsformen und technische Arbeitsstrukturen dominieren das Entwickeln-in-der-Gruppe. Sie umfassen Richtlinien in der Programmierung und Dokumentation, Projekttreffen für die Entscheidung und Koordination von Aktivitäten und Inspektionen für die Qualitätssicherung. Rechnergestützte Methoden helfen in der Kommunikation durch elektronische Postsysteme oder in der Organisation eines Projekts durch Arbeitsbereichmechanismen für die Integration, Qualitätssicherung und Wartung [Kaiser und Perry 87, Dowson 87].

Gemeinsam ist diesen Ansätzen, Aktivitäten der Entwickler zu koordinieren. Diese Koordination umfaßt Planung, Verteilung und Integration. Die Darstellung von Aufgaben und Arbeitsergebnissen mit ihrer Entstehungshistorie wird nicht berücksichtigt. Die Methoden der Koordinationsunterstützung intendieren die *Konsistenz-in-der-Gruppe.*

Das ***Entwickeln-im-Großen*** konzentriert sich auf Systemstrukturen (Architektur) und Methoden und Werkzeuge der parallelen Entwicklung und Wartung von Komponenten. Es wird dominiert von Werkzeugen für die persistente Speicherung der Variationen von Komponenten (Entwicklungshistorie), der Spezifikation von Systemarchitekturen, Kommunikationskanälen zwischen Komponenten, und Methoden für die Integration der Komponenten zu einem System [DeRemer und Kron 76, Tichy 88, Prieto-Diaz und Neighbors 86].

Von zentraler Bedeutung ist hierbei der Begriff des *Moduls*. Ein *Modul* abstrahiert von algorithmischen Details und von Implementierungen der Datenstrukturen. Module verkörpern keine Ansammlung von Funktionen und Datenstrukturen, sondern ein Geheimnisprinzip. Module verbergen Entwurfs- und Implementierungs*entscheidungen* [Parnas 72, Parnas 76], was die separierte Entwicklung und flexible Adaptionen ermöglicht. Die Funktion der Modularisierung ist losgelöst von syntaktischen Kodierungen in Programmier- und auch Spezifikationssprachen.

Gemeinsam ist den Ansätzen Komponenten konsistent zu integrieren, die verteilt entwickelt werden und in mannigfaltigen Variationen vorliegen. Ziel ist die *Konsistenz-im-Großen.*

Das *Entwickeln-im-Großen* ermöglicht die Verbindung des *Entwickeln-im-Kleinen* mit dem *Entwickeln-in-der-Gruppe*. Die Entitäten und Beziehungen des *Entwickeln-im-Großen* sind die Einheiten, die Thema des *Entwickeln-in-der-Gruppe* sind und die Ergebnisse des *Entwickeln-im-Kleinen* zusammenfassen.

Das *Entwickeln-im-Großen* wird unterstützt durch Methoden und Werkzeuge der Versionen- und Konfigurationenverwaltung [Babich 86, Conde 86, Estublier 88]. Die Verwaltung von Programmen und die Produktion von Kode ist wohlverstanden und wird effizient unterstützt. Die wesentliche Entität ist die Datei oder das syntaktische Programmodul [Perry 87]. Erforderlich ist eine "semantische Modellierung" [Tichy 88] und die Integration der Objekte, ihrer Beziehungen und der Entwicklung, um die Ausdrucksfähigkeiten für die Systemintegrität zu verbessern.

Die verschiedenen Methoden und Werkzeuge des Entwickeln-im-Kleinen, Entwickeln-im-Großen und Entwickeln-in-der-Gruppe haben unterschiedliche Sichten, die à priori nicht integrierbar sind. Das Ziel der vorliegenden Arbeit ist eine Modellierung für die Integration dieser Sichten.

Beispiel 1-1 (*Repräsentationen eines Software-Systems*): In einem Entwicklungsprojekt ist eine Objektbank mit einer graphischen Benutzeroberfläche auf eine Benutzerschnittstelle für ASCII-Terminals unter einem anderen Betriebssystem umzustellen.

(a) In der formalen Sicht sind beispielsweise Ein-/Ausgabebefehle durch semantisch äquivalente zu ersetzen. Die Entitäten und Beziehungen sind formale Spezifikationen, Programme und Transformationen.

(b) In der verteilten Sicht sind Komponenten für eine andere Software-Umgebung zu adaptieren. Die Entitäten sind Dateien, die auf unterschiedlichen Rechnern gespeichert sein können und in verschiedenen Weiterentwicklungen oder alternativen Variationen existieren.

(c) In der sozialen Sicht handelt es sich um ein Projekt, deren Entwicklungsaktivitäten zu diskutieren, delegieren und integrieren sind. Die Entitäten und Beziehungen sind Projektpläne, verbale Spezifikationen, Nachrichten und Arbeitsergebnisse.

1.2 Problemstellung

Wie obiges Beispiel zeigt, verfügt ein Objekt der Software-Entwicklung über verschiedene Repräsentationen und Beziehungen (formales Programm, Datei, Arbeitsergebnis). Benötigt wird ein konzeptuelles Modell, mit dem die verschiedenen Sichten der Entitäten und Beziehungen der Software-Entwicklung modelliert und integriert werden.

Für eine Integration sind interne Werkzeugrepräsentationen ungeeignet, da diese Art der Integration bereits eine einheitliche Repräsentation der Methoden und Werkzeuge voraussetzt. Auch Verbesserungen wie PCTE (Portable Common Tool Environment - [Boudier et al. 88]) sind "nur" für heterogene Rechnerumgebungen und die technische Kopplung der Werkzeuge entworfen, aber sie unterstützen noch nicht die konzeptuelle Integration der Sichten und Methoden der Software-Entwicklung.

Die Integration erfordert konzeptuell ein *Informationssystem*, das auf einer einheitlichen Darstellung aller Sichten basiert. Das gesuchte Informationssystem ist in der Literatur vielfach als *central repository* bezeichnet [Tichy 82, Bernstein 87, Nestor 86]. Software-Systeme, Komponenten, Entwicklungsaktivitäten, Projektpläne, Nachrichten, Werkzeuge und Entwickler sind als Unternehmensressourcen aufzufassen, die als konzeptuelles Modell des Unternehmens (hier die Software-Entwicklung) zu modellieren sind.

1.3 Thesen

In früheren Systemen der Versionen- und Konfigurationenverwaltung wurde durch Dateien integriert. Dateien sind für die Integration jedoch untauglich. Sie dienen lediglich als Container für die Aufbewahrung von Daten. Neuere Ansätze - etwa Software-Datenbanken - verwenden dokumentorientierte Integrationen, die auf einer detaillierten, abbildungstreueren Repräsentation der Strukturen basieren. Dokumentorientierte Ansätze sind ausdrucksstärker als dateiorientierte. Für eine Integration sind sie aber unzureichend, da sie nur die Strukturen von Daten repräsentieren, aber nicht die durch die Daten assoziierten Konzepte. Für eine Integration sind die Konzepte darzustellen, um gleiche Sichten verschiedener Dokumente und Daten zu erkennen.

Für diese Arbeit werden drei Thesen für die Lösung der Integration aufgestellt.

These I (*Mehr-Ebenen Repräsentation*)

Da die Repräsentation der Konzepte notwendig ist, die Dokumente und Dateien aber auch benötigt werden, ist eine Mehr-Ebenen Repräsentation für die Integration zu wählen. Die Ebenen repräsentieren die verschiedenen Sichten und sind durch Abhängigkeiten (*dependencies*) zu verbinden.

These II (*Integration durch Entscheidungen*)

Das zu repräsentierende Konzept sind Entscheidungen. Entscheidungen sind die Inhalte des Entwickeln-im-Kleinen, des Entwickeln-im-Großen und des Entwickeln-in-der-Gruppe. Die formale, technisch verteilte und soziale Sicht der Entwicklung sind verschiedene Kontexte eines Konzepts, der *Entscheidung*. Die gemeinsame Repräsentation aller Aspekte einer Entscheidung ist Grundlage der Integration.

Software-Systeme entstehen durch Entscheidungen. Entscheidungen werden durch Entscheidungsträger gefällt und ausgeführt. Sie sind nicht bloß gerichtete Beziehungstypen, sondern repräsentieren ein anwendungsorientiertes Konzept für die Beschreibung der Aktivitäten in der Software-Entwicklung.

Bisher sind Entscheidungen in der Informatik überwiegend im Bereich der sogenannten entscheidungsunterstützenden Systeme (Decision Support Systems [Sprague und Carlson 82]) untersucht worden. Diese Systeme basieren auf einem betriebswirtschaftlich oder sozialwissenschaftlich-psychologisch motivierten Entscheidungsbegriff.

Eine Entscheidung ist formal charakterisiert durch eine Menge von Handlungsalternativen, eine Menge von Zielen und eine Auswahl (-funktion), mit der in Abhängigkeit von einer gegebenen Ausgangssituation, den Zielen und den bekannten Auswirkungen der Handlungsalternativen eine Handlungsalternative ausgewählt wird. Die Auswahl kann durch eine Zielfunktion gegeben sein, oder einfach nur durch Nebenbedingungen eingeschränkt und dem Benutzer überlassen sein.

These III (*Erweiterbare deduktive Objektbank*)

Die Repräsentation der Konzepte und deren Realisierung durch ein operationales Verwaltungsmodell erfordert eine erweiterbare deduktive Objektbank.

Sie muß *erweiterbar* sein, um neue Modellierungskonzepte und ihre Strukturen, wie beispielsweise Entscheidungen, formal in das Datenmodell der Objektbank integrieren und für die Modellierung nutzen zu können. Sie muß *deduktiv* sein, um das operationale Verhalten und die Integritätsbedingungen deklarativ beschreiben zu können, was die Modellierung und Funktionalität transparent gestaltet. Die Funktion der *Objektbank* ist erforderlich, um das konzeptuelle Modell zu operationalisieren und um die Konzepte und Information durch Objekttaxonomien zu strukturieren.

1.4 Methodik

Die Thesen werden in fünf Schritten ausgearbeitet und validiert. Kapitel zwei motiviert die Thesen. Es gibt einen Überblick über die Technologie und den Stand der Versionen- und Konfigurationenverwaltung. Die Diskussion folgt folgenden Fragestellungen:

(a) Was ist eine Konfiguration, und wie kann eine Konfiguration und ihre Konsistenz anwendungsnah modelliert werden ?

(b) Was ist eine Versionierung, und wie sind Versionierungen zu modellieren, um die Entwicklungsgeschichte eines Systems adäquat zu repräsentieren, Entwickler in der Versionierung zu unterstützen und bei der Integration in bestehende Konfigurationen zu nutzen ?

(c) Wie können Versionierungen organisatorisch und technisch in einer Gruppe verteilt werden, so daß die Versionierung kooperativ ist ?

Im zweiten Schritt (Kapitel 3 und 4) wird ein Modell für die formale Repräsentation der Entscheidungen und ihrer Aspekte in der Software-Entwicklung eingeführt, das Software-Prozeßdatenmodell *CAD°* (Conversations among Agents about Decisions on Objects). *CAD°* wird formal in der konzeptuellen Modellierungssprache Telos repräsentiert, die erweiterbar ist und objektorientierte und logikbasierte Repräsentationskonzepte vereinigt. Aufgrund der Erweiterbarkeit von Telos ist das Konzept der Entscheidung ein Modellierungskonzept von Telos, so daß Telos zu einer konzeptuellen Modellierungssprache für Software-Prozesse wird. *CAD°* ermöglicht die integrierte Modellierung der Objekte, Aktivitäten, Werkzeuge, Entwickler, Nachrichten und unterschiedlicher Repräsentationsebenen als unterschiedliche Aspekte des zentralen Konzepts der Entscheidung.

Im dritten Schritt wird die Versionen- und Konfigurationenverwaltung in einer Gruppe als Mehr-Ebenen-Repräsentation eines Software-Prozesses modelliert (Kapitel 5 und 6). Die prototypische Realisierung der entworfenen Konzepte wird im vierten Schritt vorgestellt (Kapitel 7). Zwei Fallstudien validieren das Konzept dieser Arbeit im fünften Schritt (Kapitel 8).

Die Ausarbeitung schließt mit der Zusammenfassung der Ergebnisse und einer Diskussion der Thesen, die in einen Ausblick über mögliche Erweiterungen und Vervollständigungen übergeht.

2 Versionen- und Konfigurationenverwaltung

In diesem Kapitel werden ausgewählte Ansätze und Systeme der Versionen- und Konfigurationenverwaltung diskutiert. Die Diskussion berücksichtigt vier Aufgabenbereiche:

(a) persistente Verwaltung der Objekte und Versionierungen (Kapitel 2.2);

(b) Spezifikation und Kontrolle der Versionierung (Kapitel 2.3);

(c) Integration von Objekten zu einer (konsistenten) Konfiguration (Kapitel 2.4);

(d) Synchronisation und Koordination von Versionierungen in einer Gruppe (Kapitel 2.5).

2.1 Terminologie

Für diese Arbeit sind vorweg die Termini *Objekt*, *Schnittstelle*, *Komponente*, *Version*, *Objektfamilie*, *Konfiguration*, *Konfigurierung*, *Konsistenz* und *Produktion* einzuführen [1]. Startpunkt der Definitionen sind die Repräsentationen der Entitäten der externen Anwendungsdomäne.

> **Definition** (*Objekt*): *Objekte* sind die Repräsentation von Entitäten der Anwendungsdomäne in der Mini-Welt des Informationssystems. Die Repräsentationen der Menge aller Entitäten im Informationssystem sei mit OBJ bezeichnet. Die Menge der Repräsentationen OBJ ist endlich. Jedes Objekt ist einer *Objektfamilie* $\mathtt{obj}_i \subseteq \mathtt{OBJ}$, $i \in \{1,\dots,n\}$, zugeordnet. Ein Objekt ist Mitglied einer Objektfamilie $\mathtt{obj}_i$, wenn es das Prädikat $\mathtt{classify}_i$ erfüllt.
>
> $$\mathtt{obj}_i = \{{}^j\mathtt{obj}_i \mid {}^j\mathtt{obj}_i \in \mathtt{OBJ},\ \mathtt{classify}_i\ ({}^j\mathtt{obj}_i)\},\ i \in \{1,\dots,n\}$$

Die Objekte im Informationssystem sind abstrakte Repräsentationen, die möglicherweise unendlich viele Realisierungen in einer Anwendungsdomäne beschreiben. Das ist hier aber irrelevant, da das Informationssystem nur real in der Anwendungsdomäne existierende Entitäten verwalten soll und nicht aus den abstrakten Repräsentationen Implementierungen generieren soll. Die Beziehung zwischen den Objekten im Informationssystem und den Entitäten in der Anwendungsdomäne ist 1:1. Zwei Entitäten mit gleichen Attributierungen werden durch ihre Objektidentität unterschieden.

---

1 In der Literatur hat sich noch keine einheitliche Terminologie etabliert. Verwiesen sei auf die Podiumsgespräche während des *First Intl. Workshop on Software Version and Configuration Control* [Winkler 88].

obj_i dient als abstraktes Objekt, das die Menge der Objekte $^{j}obj_i$ mit einer gemeinsamen Eigenschaft gruppiert. Die Prädikate $classify_i$ müssen nicht explizit gegeben sein. Sie strukturieren die Entitäten der Anwendungsdomäne aus methodischen oder verwaltungstechnischen Gründen. Beispielsweise kann ein $classify_i$ alle Objekte mit der Eigenschaft zusammenfassen, einen Sortieralgorithmus zu realisieren. Diese Klassifikation erfordert eine Beschreibung der Semantik. Es können auch alle Objekte zusammengefaßt werden, die eine Entität zu verschiedenen Zeitpunkten oder in verschiedenen Entwicklungsstadien repräsentieren.

> **Konvention** (*Objekt* und *Version*): Die $^{j}obj_i$ werden als die *Objektversionen* (oder kurz *Versionen*) der *Objektfamilie* (oder kurz *Objekt*) obj_i bezeichnet. Falls aus dem Zusammenhang eindeutig ersichtlich ist, daß der Term *Objekt* eine Objekt*familie* oder Objekt*version* referiert, wird kurz von Objekten gesprochen [2].

Versionierungen sind Beziehungen zwischen Objekten. Sie lassen sich als zweistellige Relation $VERS\ (OBJ,\ OBJ)$ notieren. Jede Versionierung kann i.a. auch als eine Funktion $vers$ aufgefaßt werden, die ein Objekt o_1 in o_2 überführt: $vers(o_1) = o_2$. Versionierungen sind i.a. auf Objekte obj_i eingeschränkt, so daß mit jedem obj_i eine Menge von Versionierungen assoziiert ist.

> **Definition** (*Versionierungen*). Die Menge $vers_i$ bezeichnet die *Versionierungen* des Objekts obj_i.
>
> $$Vers_i = \{ ^{j}vers_i \mid \exists\ ^{k}obj_i,\ ^{l}obj_i \in Obj_i:\ ^{j}vers_i\ (^{k}obj_i) = {}^{l}obj_i \}$$

Jedes $vers_i$ repräsentiert die Historie des Objekts obj_i. Es repräsentiert, in welcher temporären Relation die Versionen stehen. Durch die Repräsentation der Entwicklungshistorie ist i.a. eine partielle Ordnung auf obj_i gegeben. Die Ordnung ist nicht total, da in der Entwicklungshistorie Verzweigungen existieren können, d.h. eine Version hat zwei direkte Nachfolger. Es existiert ein ausgezeichnetes kleinstes $^{\perp}obj_i$, das die erste Version des Objekts obj_i ist. Für alle anderen Versionen gilt:

$$\forall\ ^{k}obj_j \in Obj_j \setminus \{^{\perp}obj_i\}:\ \exists\ ^{j}vers_i \in Vers_i,\ \exists\ ^{l}obj_i \in Obj_i:$$
$$^{j}vers_i\ (^{l}obj_i) = {}^{k}obj_i.$$

Es ist nicht modelliert, welche Modifikation und welche Bedeutung in der Anwendungsdomäne mit der Versionierung verbunden ist.

---

2 Die Unterscheidung zwischen Objekt und Version kann immer nur in der Anwendungsdomäne erfolgen und ist immer eine subjektive Entscheidung. Ist ein Chip mit zwei Eingängen die Version eines Chips mit drei Eingängen oder ist es ein neues Objekt ?

Eine Konfiguration ist im Sinne von Datenmodellen [Katz 90] ein komplexes Objekt, das Objekte aggregiert und selbst als Objekt identifizierbar ist.

Definition (*Konfigurationsschema* und *Konfiguration*): Ein Konfigurationsschema $\texttt{conf}_i$ ist eine $m+1$-stellige Relation $\texttt{conf}_i \subseteq \texttt{OBJ}^{m+1}$. Ein $\texttt{conf}_i$ beschreibt die Aggregation des Objekts $\texttt{obj}_i$ aus den Objekten $\texttt{obj}_{i,1},\ldots,\texttt{obj}_{i,m}$ und läßt sich funktional notieren als $\texttt{conf}_i : \texttt{obj}_{i,1},\ldots,\texttt{obj}_{i,m} \texttt{-->} \texttt{obj}_i$. Die intendierte Anwendung ist, daß das Objekt $\texttt{obj}_i$ durch die Objekte $\texttt{obj}_{i,1},\ldots,\texttt{obj}_{i,m}$ in der Anwendungsdomäne realisiert ist. Die Aggregation einzelner Versionen der $\texttt{obj}_{i,1},\ldots,\texttt{obj}_{i,m}$ wird als eine *Konfiguration* bezeichnet. Es ist nicht ausgeschlossen, daß es mehrere Konfigurationsschemata für ein Objekt gibt.

Falls der Kontext eindeutig ergibt, ob das Konfigurationsschema oder eine Konfiguration gemeint ist, wird der Term Konfiguration verwendet.

Das Konfigurationsschema beschreibt die strukturellen Eigenschaften zulässiger Konfigurationen. Es fehlen noch zwei Informationen, die für die Konfigurationenverwaltung von Bedeutung sind.

(1) Wie wird eine Konfiguration gebildet?

(2) Unter welchen Bedingungen ist eine Konfiguration zulässig?

Die erste Frage bezieht sich auf die (*prozedurale*) *Produktion*, d.h. wie wird eine Konfiguration ausgeführt, um ein Objekt durch Konfigurierung von Objekten zu generieren. Die Produktion setzt sich i.a. aus Transformationen von Objekten (Übersetzung von Programmen) und der Generierung eines neuen Objekts aus den zu konfigurierenden Objekten (Binden von Objektkodes) zusammen. Das Ziel der Produktion ist die Erzeugung ausführbaren Kodes. Charakterisierendes Kriterium einer Produktion ist, daß die Objektversionen gegeben sind und die Generierung ausführbaren Kodes im Vordergrund steht.

Die zweite Frage bezieht sich auf die Selektion der Versionen. Die strukturellen Bedingungen sind i.a. nicht ausreichend. Die Versionen haben noch zusätzliche Bedingungen zu erfüllen.

Definition (*Konsistente Konfiguration*): Jedes Konfigurationsschema $\texttt{conf}_i$ ist auf eine Untermenge $\texttt{consistency}_i$ eingeschränkt, $\texttt{consistency}_i \subseteq \texttt{conf}_i$, die die *konsistenten Konfigurationen* spezifiziert. $\texttt{consistency}_i$ dient als Integritätsbedingung des Konfigurationsschema $\texttt{conf}_i$.

$\texttt{Consistency}_i$ kann deklarativ durch eine prädikative *Versionsspezifikation* beschrieben sein oder funktional durch eine *Versionsselektionsfunktion* $\texttt{VersionSelection}_i$ gegeben sein, die angibt, welche Versionen für eine konsistente Konfigurierung zu selektieren sind.

Konvention (*Konfigurierung*): Eine Konfigurierung bezeichnet die Tätigkeit der Aggregation von Objekten zu einer Konfiguration und den Konsistenztest der Konfiguration. Das Ergebnis einer Konfigurierung ist eine Konfiguration.

Konvention (*Schnittstelle, Komponente*): Für $\texttt{Conf}_i$: $\texttt{Obj}_{i,1},\ldots,\texttt{Obj}_{i,m}$ --> $\texttt{Obj}_i$ werden $\texttt{Obj}_i$ auch als *Schnittstelle* und $\texttt{Obj}_{i,1},\ldots,\texttt{Obj}_{i,m}$ als *Komponenten* bezeichnet.

Konvention (*System, Teilsystem, Systemarchitektur*): Mit einer Konfiguration ist implizit die *Architektur* eines Software-Systems verbunden. Das Konfigurationsschema beschreibt, welche Objekte Teil der Architektur sind und wie diese konfiguriert werden. Die Schnittstelle wird auch als *System* und die Komponenten als *Teilsysteme* bezeichnet.

Ist eine neue Version eines Objekts enstanden, so sind betroffene Konfigurationen zu lokalisieren und ggf. zu aktualisieren.

Definition (*Re-Konfigurierung* und *inkrementelle Integration der Versionierung*): Eine *Re-Konfigurierung* bezeichnet die Aktualisierung einer existierenden Konfiguration. Für eine Konfiguration der Versionen $^{\cdot\cdot}\texttt{obj}_1,\ldots,{}^{l}\texttt{obj}_j,\ldots,{}^{\cdot\cdot}\texttt{obj}_m$ eines Konfigurationsschemas $\texttt{Conf}_i$ und eine Versionierung $^{k}\texttt{vers}_j\ ({}^{l}\texttt{obj}_j)={}^{l+1}\texttt{obj}_j$, $^{k}\texttt{vers}_j \in \texttt{Vers}_j$, entscheidet sie, ob die Substitution von $^{l}\texttt{obj}_j$ durch $^{l+1}\texttt{obj}_j$ wieder eine konsistente Konfiguration ergibt.

Re-Konfigurierungen integrieren Versionierungen in existierende Konfigurationen. Eine *inkrementelle Integration* bezeichnet eine Re-Konfigurierung, die die Konsistenztests gegenüber einer Konfigurierung einschränkt.

2.2 Objektverwaltung

Die Objektverwaltung behandelt die persistente Verwaltung der Objekte. Sie sieht sich mit Objekten konfrontiert, die stetigen Änderungen unterworfen sind. Es sind zwei wesentliche Probleme zu behandeln. Zum einen sind die Objekte adäquat zu modellieren. Die *Objektrepräsentation* hat die Eigenschaften eines Objekts in der Anwendungsdomäne zu reflektieren. Zum anderen ist die Speicherung modifizierter Objekte effizient zu realisieren. Die *Objektversionierung* dient der persistenten Verwaltung der Historie von Objekten, und der effizienten Speicherung und Suche der Objektversionen. Durch eine Modifikation entsteht i.a. kein völlig unterschiedliches Objekt, was für die Effizienz der Speicherung und Suche zu berücksichtigen ist.

2.2.1 Dateiorientierte Organisation

Elementare Objektrepräsentationen und die Fokusierung auf die effiziente Realisierung von Objektversionierungen zeichnen *dateiorientierte Systeme* aus. Als die zu organisierenden Entitäten der Anwendungsdomäne werden Dateien angenommen.

Die ersten (kommerziellen) Systeme der Objektverwaltung waren dateiorientiert. Systeme wie SCCS [Rochkind 75], CMS [DEC 82] und auch das spätere RCS [Tichy 85] unterstützen die effiziente Speicherung und Anfrage versionierter Objekte. Schwerpunkt der Entwicklung war die Optimierung in der Speicherplatznutzung. Durch Differenzdateien werden nur die Differenzen (*delta*-Speicherung) zwischen Dateien und eine vollständige Version gespeichert. Bei der Anfrage sind die Differenzen geeignet auszuwerten, um eine bestimmte Version zu rekonstruieren. RCS verbessert SCCS aufgrund einer rückwärtsgerichteten Differenzenspeicherung.

SCCS identifiziert Objekte über den Dateinamen und einen numerischen Versionsbezeichner. RCS bietet bereits symbolische Namen, mit denen eine Menge von Objekten - beispielsweise eine Verteilversion - benannt werden kann.

Die Objektversionierung differenziert zwischen Revisionen und Varianten. Revisionen realisieren die zeitliche Fortschreibung bzw. Weiterentwicklung von Objekten. Varianten intendieren die Speicherung alternativer Entwicklungen. Sie werden anders als Revisionen gespeichert.

Es wird nicht modelliert, wie und warum eine Version entstanden ist. Es wird lediglich die Existenz einer Version modelliert. Die Repräsentation der Versionierung besteht aus der internen Verwaltung entfernter und eingefügter Zeilen zu Zwecken der Speicherung. Die Objektrepräsentation ist auf Dateinamen und Zeitstempel beschränkt.

Die dateiorientierte Organisation berücksichtigt nicht die anwendungsorientierte Modellierung der Objekte und der Versionierung. Sie offeriert eine reine Verwaltungsdienstleistung, die keinen wesentlichen Beitrag zur Systemintegrität leistet.

DSEE [Leblang und Chase 84] und NSE [Adams, Honda, Miller 89] erweitern die Dienstleistung auf die verteilte Organisation in Netzwerken. Im Vordergrund der Erweiterung steht die parallele

Modifikation von Objekten in Arbeitsbereichen (siehe auch Kapitel 2.5) und die Optimierung der Produktion unter Ausnutzung redundanter, abgeleiteter Objekte.

EPOS beschreibt die Versionierung direkter durch einen *änderungsorientierten* Ansatz [Didriksen et al. 89, Lie et al. 89]. Voraussetzung ist die Partitionierung eines Objekts in Textfragmente. Ausgehend von einer Basisversion werden Versionierungen als funktionale Änderungen aufgefaßt, die Textfragmente hinzufügen bzw. modifizieren. Jede funktionale Änderung wird als Option bezeichnet. Die Version eines Objekts ist durch seine Optionen charakterisiert; in Abhängigkeit von den gewählten Optionen wird aus den Textfragmenten eine entsprechende Objektversion komponiert.

2.2.2 Entwurfsorientierte Datenbanken

Eine Verbesserung der Objektrepräsentation ergibt sich durch Datenmodelle. Schon früh hat sich gezeigt, daß die Uniformität im Relationen-Modell zu unübersichtlichen und inäquaten Modellierungen führt [Kent 79]. Notwendig sind Konzepte, die die Repräsentation unterschiedlicher Beziehungen in der Anwendungsdomäne ermöglichen.

Zwei Ansätze haben sich etabliert. Der *Entity-Relationship-Ansatz* [Chen 76] setzt voraus, daß sich die Welt in Entitäten und Beziehungen faktorisieren läßt. *Objektorientierte Datenmodelle* [Koshafian und Abnous 90, Atkinson et al. 89] haben sich aus semantischen Datenmodellen [Hammer und McLeod 81, Mylopoulos, Bernstein, Wong 80] und dem Konzept der Objektorientierung entwickelt. Im Vordergrund der Modellierung stehen Objekte als die Konzepte in der Anwendungsdomäne, die mit Strukturierungsmethoden der Wissensrepräsentation dargestellt werden.

DAMOKLES [Dittrich, Gotthard, Lockemann 86] realisiert ein erweitertes Entity-Relationship-Modell mit Attributierungen (EODM - Entwurfsobjektdatenmodell). Es bietet einen speziellen Strukturierungstyp für die Modellierung von Konfigurationen, der die strukturellen Eigenschaften beschreibt. Objekte und Beziehungen können mit deskriptiven Eigenschaften versehen werden. Ein Versionskonzept mit Revisionen und Varianten wird über *generische* Objekte eingeführt.

Durch die Anfragesprache lassen sich Konfigurationen durch Versionsselektionen bilden. Für die Formulierung können Attributwerte und Beziehungen verwendet werden. Strukturierte Objekte und Versionen sind inhärenter Bestandteil des Datenmodells. Die Versionierung wird nur insofern berücksichtigt, daß ihre Ergebnisse organisiert werden.

PCTE-OMS (Portable Common Tool Environment - Object Management System) bzw. PACT [Oquendo et al. 89] realisiert ein attributiertes, Entity-Relationship-orientiertes Datenmodell. Es ist als betriebssystemunabhängiger Werkzeugkasten für die Implementierung von Objektverwaltungen entworfen. Ziel der Entwicklung ist die Ersetzung eines Dateisystems à la UNIX durch ein persistentes Entity-Relationship-Modell. PCTE-PACT bietet vordefinierte Beziehungstypen für die Konfigurierung und Versionierung von Objekten. Daneben werden Funktionen für die Manipulation dieser Beziehungen angeboten. Beziehungstypen und Manipulationsfunktionen sind als Sprache aufzufassen, mit der aufwendigere Werkzeuge für die Objektverwaltung und -manipulation realisiert werden.

Der *Version-Server* [Chang, Gedye, Katz 89] basiert auf einem für den Chip-Entwurf spezialisierten Datenmodell. Es wird zwischen Objektdarstellungen und Beziehungstypen differenziert. Ein Objekt (hier Chip) verfügt über verschiedene Darstellungen, wie beispielsweise Bool'sche Funktion oder Transistorentwurf. Die Darstellungen beschreiben äquivalente Versionen oder Sichten auf ein Objekt. Es werden drei Beziehungstypen angeboten: Versionierung, Konfigurierung und Äquivalenz. Bei der Versionierung eines Objekts ist die Propagierung auf Konfigurationen und äquivalente Darstellungen zu kontrollieren. Die Versionen werden in Konfigurationen aufgrund der Annahme propagiert, daß die Versionieruung einer Konfiguration immer gleich der Konfiguration der Versionen ist [Katz und Chang 87]. Die für den Chip-Entwurf spezialisierten Beziehungen zwischen Darstellungen und die Propagierung von Änderungen können nicht unmittelbar auf die Software-Entwicklung verallgemeinert werden.

Die objektorientierten Datenbanken ORION [Banerjee et al. 87] und IRIS [Lyngback und Kent 86] verbessern die anwendungsorientierte Modellierung durch Objekttaxonomien. Spezielle Strukturen für die Konfiguration werden nicht angeboten. ORION bietet die vordefinierte Attributkategorie *part-of* für die Modellierung hierarchischer Objekte. Unterobjekte können nicht alleine existieren. Sie werden automatisch mit ihrem Vaterknoten gelöscht. Objekthierarchien dürfen sich auch nicht überlappen, was die Modellierung von Versionen einer Konfiguration unmöglicht macht. Als Besonderheit unterstützt ORION die Versionierung des Schemas.

Die entwurfsorientierten Datenmodelle sind nicht speziell auf die Software-Entwicklung zugeschnitten. Sie bieten verbesserte Modellierungsfähigkeiten gegenüber konventionellen Datenmodellen, wie Relationen- oder Netzwerkmodell. Ihr Ziel ist die Verwaltung komplex strukturierter und versionierter Objekte, wie sie in ingenieurtechnischorientierten Anwendungen auftreten. Diese Idee ist noch so allgemein, daß sie in verschiedenen Anwendungsdomänen trägt. Entwurfsorientierte Datenmodelle sind nicht auf die speziellen Objekte, Konfigurationen, Versionierungen und Versionseigenschaften von Software-Systemen zugeschnitten.

2.2.3 Softwaredatenbanken

Charakteristisch für Softwaredatenbanken ist, daß ihr Datenmodell auf einem Modularisierungskonzept basiert und die Produktion von Kode berücksichtigt [3]. Sie sind sogar vielfach auf konkrete Programmiersprachen zugeschnitten.

ADELE [Estublier, Ghoul, Krakowiak 84] ist eine Datenbank für die Konfigurierung modularer Programme. Die Objekte in ADELE sind Module. Sie bestehen aus Schnittstelle und Implementierungen. Die Implementierungen repräsentieren die Varianten der Realisierung einer Schnittstelle. Für jede dieser Varianten können Versionen existieren, die als Revisionen *einer* Implementierung interpretiert werden. Als Besonderheit ermöglicht ADELE die Versionierung von Schnittstellen. Jede Version einer Schnittstelle ist eine Sicht auf das Modul, so daß es in verschiedenen Kontexten eingesetzt werden kann. Die Menge aller Versionen eines Moduls bildet in ADELE eine *Modulfamilie*. Varianten sind Revisionen übergeordnet. Revisionen existieren für Varianten. Für jede Modulfamilie sind Attribute deklariert, die die Schnittstellen, Implementierung und Versionen beschreiben.

Die Objektverwaltung SVCE (System Version Control Environment) [Habermann und Perry 81] von GANDALF [Habermann und Notkin 86] basiert auf dem Modularisierungskonzept von ADA. SVCE beschreibt Konfigurationen, Objekte, ihre Interkonnektionen und Versionen mit einer Modulinterkonnektionssprache. Es werden sukzessive (Revision), parallele (Variante) und abgeleitete Versionen unterschieden. Die Variante ist hier analog zu ADELE der Revision übergeordnet. GANDALF unterstützt keine Versionen von Schnittstellen wie ADELE.

Beide Modellierungsschemata sind zweistufig. Für eine Schnittstelle werden zunächst die Varianten der Implementierung und dann die Versionen dieser Varianten modelliert.

Die inverse Konfigurationenverwaltung [Miller, Stockton, Krueger 89] ist eine Weiterentwicklung der Objektverwaltung in GANDALF. Traditionell entstehen Versionen von Konfigurationen durch die Versionierung der Objekte, d.h. Software-Systeme entwickeln sich durch die Versionierung der Komponenten. Die Konfiguration und die Varianten eines Systems werden bei der Versionierung somit nicht berücksichtigt. Die inverse Konfigurationenverwaltung verwaltet auf der untersten Ebene Konfigurationen und Varianten von Konfigurationen. Diese werden auf der höheren Ebene durch Revisionen weiterentwickelt. Eine Revision erstellt virtuell eine neue

---

3 Aus diesem Grund zähle ich beispielsweise DAMOKLES nicht als Softwaredatenbank. Objekte wie Modul, Schnittstelle, Rumpf oder Ressource sind im EODM zu modellieren und nicht inhärenter Bestandteil.

vollständige Konfiguration mit ihren Varianten. Diese virtuelle Versionierung ist auf persistente Versionierungen der in die Konfiguration involvierten Objekte abzubilden.

Die inverse Konfigurationenverwaltung ermöglicht ein geschachteltes Transaktionenkonzept für die Realisierung eines Mehr-Benutzerbetriebs. Die Transaktionen parallel arbeitender Benutzer werden gemäß der Konfiguration des Systems geschachtelt.

Ergänzend zur reinen Modulverwaltung verwaltet PMDB (Project Master Data Base) [Penedo 86] Information über den Entwicklungsstatus von Modulen. Diese Daten umfassen Fehlerberichte, Beschreibungen des Entwicklungszustands, Änderungsanforderungen, Testdaten und -prozeduren, verantwortliche Entwickler, etc.

ODIN [Clemm und Osterweil 90] verwaltet redundante Objekte, die durch Werkzeugaufrufe generiert wurden. Generierte Objekte werden persistent verwaltet, um die Produktion zu beschleunigen. Wird eine abgeleitete Version ungültig, so wird sie aus der Objektbank entfernt. Nicht existierende (abgeleitete) Versionen werden durch entsprechende Werkzeuge automatisch rekonstruiert. Dieser Ansatz ist im WORKSHOP System [Clemm 88] erweitert, indem auch Regeln für die Koordination und Notifikation zwischen Arbeitsbereichen berücksichtigt werden.

2.3 Software-Prozeßmodellierung

Die Objektverwaltung zielt auf die persistente Verwaltung der Objekte und Versionierungen. Sie behandelt nicht wie diese Versionierung auszuführen ist, wie sie spezifiziert wird und wie ihre korrekte Ausführung kontrolliert wird. Diese Aufgabe wird um so bedeutender, je komplexer Versionierungen werden und je länger sie andauern. Die Literatur hat hierfür den Begriff der Software-Prozeßmodellierung etabliert [Osterweil 87].

Informelle Beschreibungen sind heute bereits weit verbreitet. Sie geben Richtlinien und Methoden der Entwicklung an, an denen sich Entwickler orientieren müssen. Die Beschreibung ist in textlicher Form und nutzt keine rechnergestützten, formalen Strukturen für die Unterstützung.

Formalisierte Beschreibungen zielen auf die automatische Unterstützung und Kontrolle. Ziel ist die rechnergestützte Benutzerführung in der Ausführung der Entwicklungsaktivitäten. Die Software-Prozeßmodellierung behandelt Abhängigkeiten (*dependencies*) zwischen Aktivitäten und Kontrollstrukturen (*control structures*) für Aktivitäten [Dowson 86]. *Abhängigkeiten* beschreiben die methodischen Bezüge zwischen Aktivitäten. Sie ermöglichen zu entscheiden wie zu reagieren ist, wenn andere Aktivitäten ausgeführt werden und auf deren Auswirkungen zu reagieren ist.

Prozeßmodellierungen können einerseits als *Prozeßdatenmodelle* verstanden werden, die die konsistente Ausführung von Entwicklungsaktivitäten durch ihr Schema kontrollieren. Andererseits können sie im Sinne von *Prozeßprogrammen* aufgefaßt werden, die die von einem Entwickler auszuführenden Aktivitäten in Form eines Programms vorgeben. Software-Entwicklung ist dann die Ausführung dieser Prozeßprogramme.

Programmiersprachliche Beschreibungen notieren die Aktivitäten eines Software-Prozesses als Programme [Osterweil 87]. Sie sind somit direkt ausführbar und leiten den Entwickler in seinen Aktivitäten. Abhängigkeiten sind in der Prozeßprogrammierung in Kontrollstrukturen kodiert. Prozeßprogramme garantieren durch ihr aktives Verhalten die Befolgung konsistenter Software-Prozesse. Andererseits führt die Prozeßprogrammierung zur Entwicklung diktatorischer Werkzeuge, die die Aktivitäten eines Entwicklers von schöpferischen Aktivitäten zu einfachen Reaktionen verkümmern lassen. Diese Einschränkung ist im WORKSHOP System aufgelöst [Clemm 88, Clemm 89]. Es werden nur noch die möglichen Aktivitäten modelliert. Die ausgeführten Aktivitäten werden protokolliert (*process tracking*), um Inkonsistenzen und Konflikte zu erkennen.

Regel-basierte Beschreibungen konzentrieren sich auf die Ausführungsbedingungen und Abhängigkeiten der Aktivitäten [Kaiser und Feiler 87, Kaiser et al. 88]. Aktivitäten werden in Regeln eingebettet, deren Anwendbarkeit und Auswirkung durch Vor- bzw. Nachbedingungen beschrieben werden. Die mit einer Regel assoziierte Aktivität wird in einer Aktivitätskomponente referenziert. Die Vor- und Nachbedingungen erlauben Regelaktivierungen in *Vorwärts-* und *Rückwärts-Richtung* in Abhängigkeit davon, ob eine Anwendungsbedingung erfüllt ist oder eine Auswirkung gefordert wird. Die *Vorwärts-Anwendung* führt zu einer automatischen Propagierung der Auswirkungen einer beendeten Aktivität. Der Benutzer ist von einfachen, Flüchtigkeitsfehler verursachenden Arbeitsabläufen befreit.

Die *Rückwärts-Anwendung* dient dem Erreichen von Entwicklungszuständen, die ein Entwickler für die Ausführung einer Aktivität als Voraussetzung benötigt. Sind Vorbedingungen nicht erfüllt, so sind die Aktivitäten entsprechender Regeln zur Erfüllung dieser Vorbedingungen auszuführen.

Im Vorwärts-Modus kann es sinnvoll sein, die Propagierung der Auswirkungen zu verzögern. Beispielsweise ist es sinnvoll, die Übersetzung oder das Einbinden eines Moduls zu verzögern, wenn ein anderer Entwickler ein darin enthaltenes Untermodul bearbeitet. Dieses Meta-Wissen der

Regelanwendung ist durch *Anleitungen* (*hints*) modelliert. *Strategien* erlauben die Beschreibung entwicklungsspezifischer Arbeitskontexte.

Der Ansatz befreit i.W. von Aufgaben der Dokumentenorganisation. Die Modellierung komplexerer Aktivitäten ist nicht angestrebt [Kaiser und Feiler 87].

Petri-Netz-basierte Beschreibungen zielen nicht nur auf die Modellierung und Ausführung von Software-Prozessen, sondern auch auf die Entwicklung, Simulation und Verfeinerung des Software-Prozeßmodells mit formalen Hilfsmitteln [Deiters, Gruhn, Schäfer 89, Madhavji et al. 90].

Die Topologie des Petri-Netzes beschreibt die inhaltliche und zeitliche Struktur der Aktivitäten. Ein Entwicklungszustand wird durch die Belegung der Plätze dargestellt, wobei jede Marke einem konkreten Dokument entspricht. Um die Typisierung der Software-Objekte darstellen zu können, sind die Marken mit Typbezeichnern versehen.

Im Zusammenhang mit dem Entwurf von Informationssystemen sind Petri-Netz-orientierte Strukturen bereits sehr früh als Skripten (*scripts*) vorgeschlagen worden [Mylopoulos, Bernstein, Wong 80]. Skripten modellieren langandauernde Transaktionen, die sich über Wochen, Monate und länger erstrecken. Die durch Transitionsnetze realisierten Skripten steuern und kontrollieren den Ablauf der Transaktionen des Informationssystems. Konventionelle Transaktionen selbst sind kein geeignetes Mittel Prozesse zu modellieren, da sie aufgrund der angestrebten Synchronisation nur für kurzandauernde Aktivitäten sinnvoll sind. Auf der Systemebene werden langandauernde, transaktionsübergreifende Transitionsnetze mit *ConTracts* [Wächter und Reuter 90] realisiert.

Die Vorteile der Petri-Netz-Modellierung liegen in der verfügbaren Theorie über Petri-Netze. Prozeßbeschreibungen können auf statische Eigenschaften wie Verklemmung oder Nicht-Erreichen untersucht werden. Zum anderen kann das dynamische Verhalten eines Software-Prozesses durch Simulationen untersucht werden. Prozeßbeschreibungen können formal durch Graphenproduktionen modifiziert werden. Das Software-Prozeßmodell wird selbst Gegenstand der Software-Entwicklung [Madhavji et al. 90]. Modelle standadisierter Subprozesse und Graphproduktionen können in Prozeßbibliotheken verwaltet werden. Sie können für konkrete Projekte angepaßt und wiederverwendet werden.

Das *Kontraktmodell* wird vielfach auch als eine Form der Software-Prozeßmodellierung aufgefaßt. Ursprünglich ist es als orthogonale Erweiterung zu Programmtransformationen entworfen worden [Lehman 86]. Programmtransformationen betreffen die technischen Aspekte; Kontrakte betreffen die organisatorischen Aspekte. Kontrakte gruppieren technische Aktivitäten und sind als die Einheiten charakterisiert, die kommunizieren. Das Kontraktkonzept in der Entwicklungsumgebung ISTAR [Dowson 87] bietet Arbeitsbereichstrukturen und Kommunikation zwischen ihnen, die Objekttransfers einschließen. Es ermöglicht eine unmittelbare Implementation von Projektstrukturen und Aufgabenzuteilungen in einer Entwicklungsumgebung.

2.4 Konfigurationenintegrität

Konfigurationen werden für die Integration von Objekten ineinander benötigt. Ein Weg für die Beschreibung und Erhaltung konsistenter Konfigurierungen ist die Formalisierung der Versionen- und Konfigurationenverwaltung durch mathematische Methoden, wie formale Spezifikationen, Transformationen und Integrationen [Bauer et al. 89].

Mathematische Methoden der Modularisierung erweitern algebraische Spezifikationen abstrakter Datentypen zu Modulen, die wieder algebraische Spezifikationen sind [Ehrig und Weber 85]. Die Semantik eines Moduls und die Korrektheit einer Modulspezifikation sind für algebraische Modulspezifikationen formal definiert [Ehrig und Mahr 90].

Moduloperatoren ermöglichen die vertikale und horizontale Entwicklung von Systemen [Ehrig et al. 89, Wirsing 88]. Die Operatoren für die *horizontale Entwicklung* umfassen Komposition, Vereinigung und Aktualisierung von Modulspezifikationen, wobei Komposition und Vereinigung einer Konfigurierung entsprechen. Moduloperatoren der *vertikalen Entwicklung* verfeinern eine Modulspezifikation im Sinne einer Konkretisierung und versionieren die Realisierungen einer Modulspezifikation durch verschiedene Rümpfe. Sie sind das Äquivalent zu Versionierungen. Die Anwendung dieser Operatoren auf die Wiederverwendung beschreibt [Wirsing, Hennicker, Stabl 89]. Der Vorteil der Operatoren ist, daß aufgrund von Verträglichkeiten der Operatoren Beweise für die Implementierung und Komposition erhalten bleiben.

Wesentliche Eigenschaft dieser Operatoren sind, daß sie korrektheitsbewahrend sind und die Semantik der Module durch die Operatoren komponierbar ist [Ehrig et al. 89, Hennicker 91]. Für die Entwicklung modularer Systeme bedeutet dieses, daß

(a) die *Korrektheit eines Systems* aus der Korrektheit der Komponenten ableitbar ist, und

(b) die *Semantik eines Systems* aus der Semantik der Komponenten berechenbar ist.

Modulinterkonnektionssprachen [Prieto-Diaz und Neighbors 86] zielen auf die Entwicklung und Wartung konsistenter Systemarchitekturen durch Definition von Modulschnittstellen. Die Schnittstellenbeschreibungen sind abstrakt und müssen nicht Teil der Programmiersprache sein, die für die Implementierung des Rumpfes verwendet wird. Modulinterkonnektionssprachen intendieren die Strukturierung von Dateien, die Programme für die Implementierung von Komponenten beinhalten. Die abstrakte Schnittstelle beschreibt die Eigenschaften, die mit einer Datei *assoziiert* sind. Im Gegensatz zu formalen Methoden kann die Korrektheit der Implementierung nicht bewiesen werden. Die Implementierung der Schnittstelle kann nur durch Testen validiert werden. Die Versionen einer Modulimplementierung werden i.a. durch Dateiversionen verwaltet. Die Kompatibilität zwischen Modulimplementierungen und die Selektion konsistenter Versionen sind dann durch Versionsbezeichner der Dateien formulierbar.

Formale Ansätze haben den Vorteil, daß die Konfigurierung, Versionierung und Konsistenz einer Konfiguration in einem mathematischen Kalkül definiert sind. Die Konsistenz einer Konfiguration und die Auswirkungen einer Versionierung auf die Konsistenz einer Konfiguration sind somit beweisbar. Die Konsistenz wird für gegebene Versionen bewiesen. Die Versionsselektion wird nicht unterstützt. Aufgrund des hohen Aufwands und mangels einer geeigneten Unterstützung durch Werkzeuge werden formale Methoden heute kaum eingesetzt.

Modulinterkonnektionssprachen sind eine Notation für Architekturen und die Beschreibung wohlgeformter Architekturen. Die Selektion von Implementierungen zu einer Modulspezifikation ist nicht berücksichtigt. Das Konzept der Modulinterkonnektionssprachen ist unabhängig von konkreten Repräsentationen des Konfigurationsschemas und der Versionsselektion.

Es bleibt somit zu diskutieren, mit welchen Modellierungsmitteln die Konsistenz einer Konfiguration unterstützt wird und welche Interpretationen der Konsistenz hiermit verbunden sind.

2.4.1 Konsistenz in der Konfigurierung

Für das *Konfigurationsschema* werden unterschiedliche Repräsentationen verwendet: relationale Anfragen [Bernard et al. 87], hierarchische Regeln in Beschreibungsdateien à la MAKE [4] [Feldman 79] oder Prolog-Programmen [Asirelli und Inverardi 87], Und-/Oder-Graphen [Tichy 82], Formulare in DSEE [Leblang und McLean 85] oder JASMINE [Marzullo und Wiebe 86].

---

4 Im folgenden wird vielfach MAKE [Feldman 79] zitiert. Die Zitierung und der Vergleich mit MAKE erfolgt, um die angesprochenen Eigenschaften an einem populären System zu verdeutlichen. MAKE ist kein System für die konsistente Konfigurierung, sondern ein Werkzeug für das Binden von Dateien [Feldman 88], auch wenn viele Konfigurierungen auf MAKE basieren. Die Konsistenz in der Konfigurierung - falls überhaupt angegangen - wird hierbei durch aufwendige (C-) Programme erzielt, die das Wissen über die Konfigurierung kodieren ("an elephant is a mouse driven by a MAKE file").

MAKE vereinigt das Konfigurationsschema und die Versionsspezifikation in einer Beschreibungsdatei. Für ein Konfigurationsschema existiert immer nur eine Versionsspezifikation. Diese Restriktion ist beispielsweise in DSEE aufgegeben. Konfigurationsschema und Versionsspezifikation sind getrennt. Eine Konfiguration wird immer für eine Versionsspezifikation berechnet. Diese Trennung erlaubt verschiedene Konfigurationen für ein Schema zu spezifizieren. Beispielsweise kann man eine Verteilversion und eine interne Entwicklungsversion durch zwei Versionsspezifikationen modellieren. Unterschiedliche Konfigurationen eines Schemas werden auch als Sichten einer Konfiguration bezeichnet [Schwanke et al. 89]. Sie werden für die Projektorganisation benötigt, um verschiedene Integrationsversionen eines Systems zu modellieren.

Die Versionen eines Objekts werden durch Attribute unterschieden, die das grundlegende Vokabular für die Formulierung der Versionsspezifikationen bilden. Die Formulierungen reichen von prozeduralen (wie programmiersprachlichen in MAKE) bis zu deklarativen (wie prädikatenlogischen Formeln in SIO [Lavency und Vanhoedenaghe 88]).

Die Attributierungen für die Modellierung der Eigenschaften von Versionen umfassen systemvergebene Zeitstempel und alphanumerische Versionsbezeichner wie in MAKE, berücksichtigen implementierungstechnische Aspekte wie Dialekte verwendeter Programmiersprachen, oder sind erweitert zu allgemeinen, benutzerdefinierten Attributen in ADELE [Estublier 88] oder SIO [Lavency und Vanhoedenaghe 88].

Mit diesem Vokabular können komplexe Versionsspezifikationen erstellt werden, die auch deduktive Abhängigkeiten zwischen Versionen einschließen [Leblang und Chase 84].

Das Ergebnis einer Spezifikation $\texttt{VersionSelection}_i$ kann eine Menge von Versionen sein. In einem interaktiven Konfigurierungsmodus könnte ein Benutzer eine Lösung auswählen. Die Lösungsmenge kann aber auch per Konvention eingeschränkt werden, indem beispielsweise die zeitlich jüngste Version selektiert wird. Diese Konventionen können zu expliziten Präferenzen erweitert werden [Lavency und Vanhoedenaghe 88].

Erfüllt keine Version die Bedingung der Versionsspezifikation (d.h. es existiert keine *exakte* Version), so können *ähnliche* Versionen gesucht werden [Lacroix und Lavency 87]. Der Begriff *ähnlich* führt bereits in den Bereich der Wiederverwendung [Biggerstaff und Perlis 89] und wird hier nicht untersucht.

In den bisher vorgestellten Ansätzen sind die Versionsspezifikationen mit den Objekten assoziiert. Dieses ermöglicht eine Strukturierung der Versionsspezifikationen. Insbesondere modifiziert die

Selektion einer Version ${}^{j}obj_i$ nicht die Versionsspezifikation eines anderen Objekts obj_k $(k \neq i)$. Diese Eigenschaft ist aber leider nicht immer in Software-Systemen vorhanden.

ADELE [Belkhatir und Estublier 86] verwendet prädikatenlogische Bedingungen für die Versionsspezifikation. Mit jedem Objekt und jeder Version können Integritätsbedingungen assoziiert werden, die als globale und lokale Bedingungen bezeichnet werden. Die Auswertung der Versionsspezifikationen erfordert einen Algorithmus für die Propagierung von Bedingungen. Die Selektion einer Version hat die aktuellen Integritätsbedingungen zu erfüllen, die beim Start einer Konfigurierung beispielsweise als Anforderung eines Nutzers gegeben ist. Ist eine selektierte Version mit einer Integritätsbedingung versehen, so ist diese zu den aktuellen Bedingungen hinzuzufügen. Es ist eine Menge von Versionen zu finden, die die für das System spezifizierten Bedingungen und die zusätzlich durch die Auswahl von Versionen hinzugekommenen erfüllt. Der Algorithmus muß i.a. einmal getroffene Selektionen revidieren, um alle Integritätsbedingungen zu erfüllen.

Das Konfigurationsschema ist bisher als explizit gegeben angenommen worden, es kann aber auch deduktiv aus Abhängigskeitsbeziehungen zwischen Objekten abgeleitet werden. Verwendet ein Objekt obj_i (oder Version ${}^{j}obj_i$) Ressourcen eines Objekts obj_k (oder Version ${}^{l}obj_k$), dann gilt, daß ein ${}^{l}obj_k$ Mitglied der Konfiguration sein muß, wenn ein ${}^{j}obj_i$ Mitglied der Konfiguration ist [Estublier 88].

Die Abhängigkeitsbeziehungen verdeutlichen die Propagierungsfähigkeiten von ADELE. Zwei Objekte obj_i und obj_j können ein gemeinsames Objekt obj_k verwenden. Wenn beide Objekte obj_i und obj_j widersprüchliche Eigenschaften von obj_k fordern, ist eine Konfigurierung nicht möglich (zumindest nicht mit einer Version von obj_k).

Konfigurationsschemata lassen sich aus Programmtexten durch die Analyse von *#include*- oder *uses*-Optionen ableiten [Walden 84]. Sie können auch durch Übersetzer berechnet werden, wenn die Programmiersprache eine Modulinterkonnektionssprache enthält [Habermann und Perry 81].

RIGI [Müller und Klashinsky 88] verwendet Abhängigkeitstypen für die strukturelle Modellierung des Konfigurationsschemas und für semantische Beziehungen. Semantische Beziehungen werden vom Benutzer zwischen Objekten und Versionen definiert. Sie modellieren Integritätsbedingungen, die nicht durch strukturelle Abhängigkeiten (d.h. syntaktisch) zu formulieren sind.

Der CMA (Configuration Management Assistant) [Ploederer und Fergany 89] verwendet Abhängigkeitsbeziehungen für die Versionsspezifikation. Die Versionen eines Objekts werden durch Attributkategorien unterschieden: Partitionierungs- (*partition*), Unterscheidungs- (*rendition*) und Versionsattribut (*version attribute*). Jede Version besitzt ein Unterscheidungsattribut, das seinen Typ festlegt (beispielsweise Programmtext, Kode oder Spezifikation). Das Partitionierungsattribut klassifiziert Versionen mit gleichen Attributwerten in disjunkte Versionsmengen (beispielsweise SUN3- oder SUN4-Kode).

Abhängigkeiten werden zwischen Objekten und Versionen definiert. Abhängigkeiten zwischen Objekten werden immer auf alle Versionen vererbt.

Konsistenzabhängigkeiten beschreiben bekannte Konsistenzen oder Inkonsistenzen zwischen Objekten oder Versionen mit verschiedenen Unterscheidungsattributen. Kompatibilitätsabhängigkeiten sind zwischen Versionen modelliert. Die Kompatibilität ist hier eine Spezialisierung der Konsistenz und besagt, daß man eine Version v_1 ohne Konsistenzverletzung gegen eine Version v_2 austauschen kann. Beide Abhängigkeiten sind explizit vom Benutzer einzugeben.

Attributwerte werden durch Generalisierungshierarchien strukturiert. Diese Fähigkeit wird benötigt, um durch *partition*- und *rendition*-Attribute die Versionen zu klassifizieren.

BEACON [Searls und Norton 90] modelliert Konfigurationsschemata und Konfigurationen durch semantische Netze. Das durch das semantische Netz (KNet) induzierte Schema und die Bedingungen der Versionsspezifikation werden in Prolog-Programme transformiert. Mit einer Tiefensuche (inkl. *backtracking*) werden Konfigurationen ermittelt. In [Asirelli und Inverardi 87] werden Konfigurationen unmittelbar durch Prolog-Programme modelliert. Versionsspezifikation und Konfigurationsschema sind wieder untrennbar verknüpft.

2.4.2 Integration von Versionierungen

Konfigurationen veraltern i.a. durch die Versionierung involvierter Objekte. Sie veraltern, bleiben aber konsistent und sind insbesondere nicht wertlos. Die Integration der Versionierung fordert zwei Eigenschaften von der Konfigurationenverwaltung:

(a) *aktiv* - Eine Versionierung erzeugt eine neue Version eines Objekts, das in eine Konfiguration involviert ist. Es ist festzustellen, ob und welche Konfigurierung(en) betroffen ist (sind).

(b) *inkrementell* - Falls die neue Version eine alte in einer existierenden Konfiguration ersetzen soll, so soll die Konfigurierung nicht vollständig neu ausgeführt werden.

Die *aktive Reaktion* erfordert einen *trigger*-Mechanismus, der das Informationssystem im Falle einer Datenmanipulation zu einem aktiven Re-Akteur werden läßt. Reaktionen sind natürlicherweise für Objekte definiert.

ADELE [Belkhatir und Estublier 87] erlaubt die Definition von Aktionen, die nach Ausführung einer Versionierung notwendig sind. Eine Aktion kann hierbei durch *trigger* Nachfolgeaktionen auslösen. Trigger sind für die Implementierung eines Reaktionsmechanismusses notwendig; für die Modellierung von Reaktionen sind sie aber ungeeignet, da sie schnell unüberschaubar werden.

Eine *inkrementelle Integration* realisiert CACTIS [Hudson und King 88], das Objektverwaltungssystem der Entwicklungsumgebung ARCADIA [Taylor et al. 88]. CACTIS verwendet attributierte Grammatiken für die Modellierung der Objekteigenschaften und der Abhängigkeiten zwischen Objekten. Dieses ermöglicht eine formale Behandlung der Integration einer Versionierung. Ein modifizierter Attributauswerter [Hudson und King 87] ermittelt die Objekte und Attribute, die aufgrund der Versionierung ungültig geworden sind.

Die Entwicklungsumgebung ISHYS [Garg und Scacchi 89] verwendet den Begriff der Aufwärtskompatibilität für die Integration von Versionierungen. Ein $\mathtt{obj}_2$ ist aufwärtskompatibel zu einem $\mathtt{obj}_1$, wenn $\mathtt{obj}_2$ mindestens die Ressourcen von $\mathtt{obj}_1$ bereitstellt und höchstens die Ressourcen von $\mathtt{obj}_1$ benötigt. Diese Definition bezieht sich auf Modulschnittstellen, die in der in dieser Arbeit gewählten Terminologie den Objekten entsprechen. Daß eine Version der Spezifikation eines Objekts genügt, kann nur durch Testen validiert werden [Narayanaswany und Scacchi 87].

INSCAPE basiert auf einem sog. semantischen Software-Interkonnektionsmodell [Perry 87]. INSCAPE enthält Komponenten für die Versionsverwaltung (INVARIANT [Perry 87 II]) und für die Kontrolle der Auswirkungen einer Versionierung auf andere Objekte (INFUSE [Perry 89]). Objekte sind durch eine Erweiterung der Hoare'schen Prädikate der Vor- und Nachbedingungen dargestellt. Diese Darstellung erlaubt es, äquivalente und (aufwärts-) kompatible Versionierungen zu definieren. Versionierungen werden klassifiziert und ggf. in andere Objekte propagiert.

Andere Ansätze konzentrieren sich auf die Optimierung der Produktion einer neuen Version nach einer Versionierung. Dieser Vorgang wird auch als Reproduktion bezeichnet. Ist ein Objekt einer Konfiguration modifiziert worden, so muß i.a. nicht alles vollständig reproduziert werden. Eine Reproduktion darf sich aber auch nicht nur auf das versionierte Objekt beschränken; hiervon abhängige Objekte müssen auch berücksichtigt werden. Diese Abhängigkeiten sind beipielsweise durch Abhängigkeitsgraphen gegeben. Wenn $\mathtt{obj}_2$ abhängig ist von $\mathtt{obj}_1$ (d.h. $\mathtt{obj}_2$ verwendet $\mathtt{obj}_1$), dann wird mit der Versionierung von $\mathtt{obj}_1$ die Version von $\mathtt{obj}_2$ ungültig.

In MAKE werden die Abhängigkeiten zwischen Dateien beschrieben. Das führt dazu, daß i.a. der Reproduktionsaufwand zu hoch ist. Differenziertere Ansätze wie *smart recompilation* [Tichy 86] basieren auf Abhängigkeiten zwischen syntaktischen Einheiten einer Programmiersprache. Der Reproduktionsaufwand kann hiermit wesentlich verringert werden [Adams, Weinert, Tichy 89], da nur noch die Objekte reproduziert werden, die von der Versionierung betroffen sind.

In [Schwanke und Kaiser 88] wird die Reproduktionsoptimierung auf die Tolerierung "inkonsistenter" Konfigurationen erweitert. Für ein Objekt können in verschiedenen Konfigurationen unterschiedliche Versionen verwendet werden, soweit die Konfigurationen gewissen Partitionierungsbedingungen genügen. Eine Versionierung ist somit nicht unmittelbar in alle Konfigurationen zu propagieren, sondern in die notwendigen, um eine lauffähige Version zu erzeugen.

2.4.3 Interaktive Unterstützung und Visualisierung

Wenn auch die Datenmodellierung immer komplexer strukturierte Anwendungen erschließt, so sind doch die Benutzerschnittstellen flach und kommandoorientiert geblieben. Komplex strukturierte Anwendungen erfordern eine interaktive Unterstützung in der Objektmanipulation und die Visualisierung komplexer Objektstrukturen.

Kommerziell verfügbare Systeme wie MAKE, MMS [DEC 82], DSEE, oder BiiN SMS arbeiten im Stapelbetrieb. Eine Konfigurierung wird durch einen Kommandoaufruf aktiviert und läuft ohne Benutzerbeeinflussung. Da diese Systeme sich auf die reine Kodeproduktion konzentrieren, ist ihr Betriebsmodus kein Nachteil. Kodeproduktionen sollen immer total (d.h. keine partiellen Konfigurierungen) und deterministisch (d.h. keine Beeinflussung durch den Benutzer) sein.

NSE [Adams, Honda, Miller 89] bietet eine einfache Graphikschnittstelle für die Darstellung von Objekten und ihrer hierarchischen Strukturierung. RIGI [Müller und Klashinsky 88] und CIONIC [Kramer, Magee, Sloman 89] stellen Konfigurationsschemata graphisch dar und unterstützen die interaktive Konfigurierung. CIONIC ermöglicht die graphische und textuelle Beschreibung von Konfigurationsschemata. Insbesondere werden graphisch erzeugte Schemata in textuelle Darstellungen übersetzt.

Die Komponente DIF (Document Integration Facility) [Garg und Scacchi 88] von ISHYS realisiert eine Hypertext-ähnliche [Conklin 87] Organisation der verschiedenen Dokumente der Software-Entwicklung. Die Dokumente und ihre Struktur werden für die Navigation in Konfigurationen graphisch dargestellt. Hypertext dient hier nur der Dokumentation und graphischen

Präsentation. Es bleibt das Problem, auf Interaktionen des Benutzer zu reagieren und die Konsistenz der Dokumente zu wahren [Garg und Scacchi 89].

Eine Alternative sind sprachsensitive Editoren. Die zu unterstützende Sprache ist hier keine Programmiersprache [Reps und Teitelbaum 84], sondern eine spezialisierte Notation für Konfigurationsschemata [Habermann und Perry 81]. In IPSEN werden Konfigurationsschemata mit einem sprachsensitiven Editor erstellt und modifiziert, der auf einer Modulinterkonnektionssprache basiert. Alternativ bietet IPSEN eine graphische Darstellung [Lewerentz 88].

2.5 Koordination der Versionierung

Ein System ist nicht mehr so überschaubar, daß es von einem Entwickler verstanden wird. Die Komplexität der Systeme und die Anzahl der beteiligten Entwickler macht es notwendig, die Aufgaben der Entwicklung in kleinere Einheiten aufzubrechen und diese parallel ausführen zu lassen [Smith und Davis 81]. Die parallele Ausführung erfordert die Synchronisation von Versionierungen. Die Aufspaltung der Aufgabenstellung und die Zuordnung ausführender Entwickler verlangt eine Kooperation der Entwickler.

2.5.1 Synchronisation

Um die Konsistenz zu wahren, sind die Ergebnisse parallel arbeitender Entwickler zu integrieren. Versionieren zwei Entwickler zwei verschiedene Objekte (d.h. ${}^{k}\mathtt{vers}_i \in \mathtt{Vers}_i, {}^{l}\mathtt{vers}_j \in \mathtt{Vers}_j, i \neq j$), so werden sie i.a. durch die Konfigurierung integriert. Erfolgen die Versionierungen für ein Objekt (d.h. ${}^{k}\mathtt{vers}_i, {}^{l}\mathtt{vers}_i \in \mathtt{Vers}_i$), so haben sich die Entwickler zu koordinieren, um ihre Modifikationen zu integrieren.

In *Transaktionskonzepten* [Bernstein, Hadzilacos, Goodman 87] werden die Versionierungen durch Transaktionen realisiert. Sie integrieren Versionierungen, indem sie Modifkationen auf gemeinsamen Objekten synchronisieren. Die Synchronisation gewährleistet, daß beide Versionierungen ${}^{k}\mathtt{vers}_i$ und ${}^{l}\mathtt{vers}_i$ permanent werden. Die Integration ist für den Benutzer unsichtbar und inhärenter Bestandteil jeder Versionierung. Das am meisten angewendete Kriterium für die Synchronisation ist die Konflikt-Serialisierbarkeit. Sie ist für die Anwendung in der Software-Entwicklung ungeeignet, da die Objekte (oder Versionen) i.a. groß dimensioniert sind und die Versionierungen langandauernd sind. Dies führt dazu, daß Parallelarbeit kaum möglich ist.

Geschachtelte Transaktionen [Bancilhon, Kim, Korth 85] zerlegen lang-andauernde Transaktionen in eine Menge von Sub-Transaktionen, die hierarchisch strukturiert sind. Sub-Transaktionen können an andere Entwickler delegiert werden. Bei Erzeugung einer Sub-Transaktion werden Leserechte an die Sub-Transaktion übergeben. Das Ergebnis einer Sub-Transaktion wird Teil des Ergebnisses der übergeordneten Transaktion.

Split-Transaktionen [Pu, Kaiser, Hutchinson 88] spalten eine Transaktion T im Falle eines Konflikts in zwei Transaktionen T_1 und T_2 auf. Nach der Aufspaltung existiert die Transaktion T nicht mehr. Die Idee ist, daß eine der erzeugten Transaktionen früher terminiert und somit der Konflikt aufgelöst ist. Das Verfahren kann dort erfolgreich angewendet werden, wo sich die Objekte so verteilen, daß serialisierbare Transaktionen erzeugt werden können.

Beide Ansätze basieren auf dem Sperren von Objekten. Die Konsistenz wird durch die Verhinderung von Konflikten gewährt.

Die verbreiteten Systeme der dateiorientierten Objektverwaltung basieren ebenfalls auf einem pessimistischen Sperrprotokoll (SCCS, RCS, CMS, DSEE). Sie sind durch Arbeitsbereiche und die Ausleihe und Rückgabe von Objekten realisiert. Die Ausleihe sperrt das Objekt für weitere Ausleihen bis zur Rückgabe. Da dieses Verfahren in vielen Projektsituationen zu restriktiv ist, werden auch Versionierungen ohne Ausleihe zugelassen; dies schaltet allerdings die Parallelitätskontrolle aus.

Wird die Forderung nach Serialisierbarkeit aufgegeben, so können durch die parallele Versionierung Konflikte entstehen. In [Korth und Speegle 88] wird ein optimistisches Verfahren vorgestellt, das Konflikte toleriert und die Konsistenz in der Validierung prädikativ entscheidet.

Die korrekte Ausführung einer Transaktion wird durch prädikative Vor- und Nachbedingungen beschrieben. Die Transaktion ist korrekt ausgeführt, wenn ihre Nachbedingung erfüllt ist. Eine Transaktion überführt primär nicht mehr konsistente Zustände ineinander, sondern wird als eine konsistente Transaktion beschrieben. In NSE [Adams, Honda, Miller 89] wird die Serialisierbarkeit durch die Vervielfältigung von Objekten aufgehoben. Ein Objekt kann sich in mehreren Arbeitsbereichen befinden und somit parallel von Entwicklern modifiziert werden. Die Parallelität der Versionierungen ist unkontrolliert und kann zu Konflikten führen. Zwei Versionierungen ${}^{k}\mathtt{vers}_i$ und ${}^{l}\mathtt{vers}_i$ ($k \neq l$) stehen in Konflikt, wenn sie das gleiche Objekt (${}^{j}\mathtt{obj}_i$) ändern, d.h.

$$\exists\ {}^{j}\mathtt{obj}_i,\ {}^{p}\mathtt{obj}_i, {}^{q}\mathtt{obj}_i \in \mathtt{Obj}_i\ :\ {}^{k}\mathtt{vers}_i({}^{j}\mathtt{obj}_i) = {}^{p}\mathtt{obj}_i,\ {}^{l}\mathtt{vers}_i({}^{j}\mathtt{obj}_i) = {}^{q}\mathtt{obj}_i.$$

Der Konflikt ist hier für eine gemeinsame Ursprungsversion ($^{j}obj_{i}$) dargestellt. Er kann aber auch auftreten, wenn es sich um zwei verschiedene Ursprungsversionen handelt. Dieser Konflikt ist zu lösen, sei es durch Integration der Versionierungen oder Integration der Versionen.

In RCS [Tichy 85] werden Konflikte durch syntaktisches Mischen der Dateien aufgelöst. Das UNIX-Programm *diff3* mischt aus einer Ausgangsdatei und zwei Versionen dieser Datei eine dritte Version, die die Änderungen enthält. Beeinflussen sich zwei Versionierungen, so kann das Ergebnis beliebig unsinnig sein. Ein semantikorientierter Ansatz für das Mischen zweier Varianten ist in [Reps, Horwitz, Prins 88] dargestellt.

2.5.2 Kooperation

Die Kooperation der Entwickler ist durch geeignete Projektorganisationsverfahren und Kommunikationsmöglichkeiten zu unterstützen. Ein rechnergestütztes Organisationsverfahren ist beispielsweise das hierarchische Kontraktmodell in ISTAR [Dowson 87]. Jeder Kontrakt ist mit einer Aufgabe verbunden, über die sich Auftraggeber und -nehmer verständigen. Der Kontrakt spezifiziert die Aufgabe, für die der Auftragnehmer verantwortlich ist. Der Auftragnehmer führt die Aufgabe in seinem Arbeitsbereich aus, ggf. durch Unterkontrakte. ISTAR verbindet die Konzepte der Vereinbarung einer Aufgabe und des Arbeitskontextes für die Ausführung.

Entwickler kommunizieren durch Nachrichtenaustausch. Da eine Analyse der natürlichsprachlichen Inhalte von Nachrichten zu aufwendig ist, sind die Nachrichten abstrakt zu beschreiben und zu strukturieren. Eine Sequenz strukturierter Nachrichten beschreibt eine Konversation zwischen Entwicklern. In [Winograd 88] werden verschiedene Arten von Konversationen vorgestellt. Sie unterscheiden sich durch ihre Funktion innerhalb einer Gruppe und ihre Regularien.

Vereinbarungsgespräche sind bi-lateral und haben die Funktion einer Aufgabendelegation. Sie umfassen verschiedene Nachrichtentypen und ein Protokoll, das den konsistenten Nachrichtenaustausch im Sinne einer Vereinbarung spezifiziert. Die Nachrichtentypen entsprechen Sprechakten und Verhaltensweisen von Entwicklern. Das Kontraktmodell von ISTAR [Dowson 87] ist eine Implementierung von Vereinbarungsgesprächen.

Gespräche über Möglichkeiten dienen der Entscheidungsfindung und der Integration der Expertise von Entwicklern. Sie werden modelliert durch Argumentationsmodelle, die die Diskussionsbeiträge strukturieren. Das *Argumentationsmodell* von gIBIS [Conklin und Begeman 88] kennt drei Typen von Diskussionsbeiträgen. Zu lösende Probleme und Fragen werden durch *Sachverhalte* (issues) repräsentiert. Diese bilden den Aufhänger einer Diskussion. Aussagen zur Lösung eines Sachverhalts werden durch *Positionen* (positions) dargestellt. *Argumente* (arguments) beschreiben positive Stellungnahmen zu einer Position oder opponieren gegen Positionen durch negative Stellungnahmen. Ausgehend von einer Typisierung von Diskussionsbeiträgen können Diskussionen durch zulässige Reaktionen modelliert werden. Reaktionen werden in Argumentationsmodellen durch Beziehungstypen zwischen Beitragstypen modelliert. Die Beziehungstypen beschreiben die Regularien für Diskussionen, d.h. sie beschreiben wie ein Diskussionsteilnehmer mit einer Nachricht auf die Nachricht eines anderen reagieren darf. In gIBIS darf ein als Argument eingestufter Beitrag nur eine Position unterstützen oder gegen sie opponieren. Argumente können aber keine Lösungsaussagen zu Sachverhalten sein. Diese Strukturierung ist natürlich nicht formal kontrollierbar, sie liegt in der Verantwortung der Benutzer.

Argumentations- und Kontraktmodelle enthalten den Bezug zur Anwendungsdomäne nur in Form natürlichsprachlicher Texte, die konkrete Software-Objekte oder Projektaktivitäten ggf. als externe Referenzen nennen. Das gleiche gilt für Kontraktmodelle, mit der Ausnahme, daß in Systemen wie ISTAR die Arbeitsbereiche und die Objektverwaltung integriert sind.

2.6 Résumé

Ziel der Objektverwaltung ist die Verwaltung aller in einer Software-Entwicklungsumgebung anfallenden Objekte. Die dateiorientierte Organisation hat in Bezug auf die Objektrepräsentation ihre Zeit überlebt. Gewünscht ist eine bessere Modellierung der Objekte und ihrer Beziehungen. Wie durch entwurfsorientierte Datenmodelle gezeigt, kann dies nur über eine Erweiterung der Datenmodelle geschehen. Softwaredatenbanken sind diesen Weg gegangen. Ihr Nachteil ist die fehlende Spezifikation der Modellierungsstrukturen und der hiermit verbundenen Integritätsbedingungen. Ihre Datenmodelle sind in Handbüchern beschrieben. Das Ziel muß ein spezialisiertes Datenmodell sein, dessen Spezialisierung innerhalb des Datenmodells spezifiziert ist und damit transparent ist, d.h. es muß ein *erweiterbares Datenmodell* verwendet werden, das außerdem auf einem Rechner ablauffähig ist.

Die Objektrepräsentation in der Objektverwaltung bildet die Basis für die Konfigurationenkontrolle. Basiert die Modellierung konsistenter Konfigurierungen auf Eigenschaften von Dokumenten, so kann die Konfigurationenkontrolle nur in der Produktion und Reproduktion von Kode helfen, was auch wohlverstanden ist. Die Konsistenz einer Konfiguration darf sich aber nicht auf Eigenschaften wie die neueste Version, getestete Version oder Verteilversion beschränken. Da in einer Entwicklungsumgebung verschiedene Ergebnisse integriert zu modellieren und zu integrieren sind, kann hier nur die *Repräsentation von Konzepten* helfen. Das Informationssystem benötigt hierfür konzeptuelle Modellierungsfähigkeiten, um die Anwendungssemantik der Objekte in der Anwendungsdomäne zu modellieren. Realisiert werden derartige konzeptuelle Modellierungssprachen durch *deduktive Objektbanken.*

Die Dokumentenebene wird nach wie vor für die persistente Verwaltung und Archivierung benötigt. Auch sollen Verfahren für die effiziente Produktion weiterhin verwendbar bleiben. Der Ausweg kann also nur aus einer *Mehr-Ebenen Repräsentation* bestehen, die sowohl die Dokumentenverwaltung als auch die Konzepte der in den Dokumenten gespeicherten Objekte berücksichtigt.

Es fehlen jedoch Konzepte, die beim Entwickeln-im-Großen geeignet sind, eine Software-Entwicklungsumgebung durch ein Informationssystem für die Versionen- und Konfigurationenverwaltung zu integrieren. Die reine Repräsentation der Objekte, Versionen und Konfigurationsschemata ist noch nicht ausreichend. Wie entstehen beispielsweise die Versionen eines Objekts und welche Anwendungssemantik verbirgt sich hinter einer Versionierung? Die Ansätze der Software-Prozeßmodellierung helfen bei der Lösung dieses Problems nicht; sie modellieren nur Werkzeugaufrufe und ignorieren die sozialen Aspekte der Gruppe. Mit Werkzeugaufrufen kann keine Anwendungssemantik repräsentiert werden. Versionierungen verfolgen ein Ziel und Konfigurationsschemata sind irgendwann aufgrund der Expertise von Entwicklern entstanden. Die Ansätze für die Kooperation in Gruppen zielen auf diese Aspekte. Sie lassen den formalen Bezug zur Anwendungsdomäne aber vermissen.

Die Frage ist, gibt es ein Konzept, das die vielen unterschiedlichen Aspekte der Software-Entwicklung, die oben angesprochen sind, integriert?

Die These dieser Arbeit ist, daß das gesuchte Konzept das der *Entscheidung* ist. Obige Ansätze enthalten verschiedene Facetten einer Entscheidung. Diese Vielzahl von Facetten wird im folgenden in der Arbeit aufgegriffen: die Modellierung von Ausgangssituationen und Handlungsalternativen; die Vorbereitung und Ausführung von Entscheidungen in einer Gruppe von Entwicklern; die Unterstützung in der konkreten Realisierung von Teilaufgaben einer Entscheidung durch Werkzeugintegration; und die Dokumentation ausgeführter Entscheidungen durch die Materialisierung der konkreten Ergebnisse oder die Aufzeichnung der Entscheidungen.

Entscheidungen sind auf der konzeptuellen Ebene angesiedelt. Damit fallen auch Schwierigkeiten dokumentorientierter Konzepte weg, beispielsweise sind das Entwickeln-im-Kleinen und das Entwickeln-in-der-Gruppe mit den dokumentorientiert technischen Konzepten nicht zu integrieren. Da Entscheidungen verschiedene Granularitäten haben und durch Entscheidungen selbst wieder Einzelentscheidungen zu Gesamtentscheidungen komponiert werden können, ermöglicht das Konzept der Entscheidung die terminologische und modellierungstechnische Integration. Voraussetzung ist aber, daß sich die wesentlichen Aufgaben der Software-Entwicklung mit diesem Konzept darstellen lassen. In dieser Arbeit werden das Entwickeln-im-Großen und das Entwickeln-in-der-Gruppe entscheidungsorientiert modelliert, um die Gültigkeit dieser These zu belegen. Für das Entwickeln-im-Kleinen von Informationssystemen ist das Konzept der Entscheidung bereits im DAIDA-Projekt angewendet worden [DAIDA 88, Jarke, Jeusfeld, Rose 90, Jarke et al. 90].

Die Bedeutung von Entscheidungen ist in der Informatik auch bereits von anderen Autoren erkannt, allerdings sind die unterschiedlichen Aspekte nicht in integrierter Form operationalisiert.

[Mostow 85] schlußfolgert in seiner Zusammenfassung eines Workshops über wissensbasierte Entwurfsunterstützung (*Towards better Models of the Design Process*), daß (Entwurfs-) Entscheidungen eine zentrale Rolle haben und besser unterstützt werden müssen. Eine speziell auf die Software-Entwicklung zugeschnittene Darstellung der Bedeutung von Entscheidungen gibt [Curtis 86]: Software-Entwicklung ist die Navigation in komplexen Netzwerken von Entscheidungen, die durch viele Nebenbedingungen und Abhängigkeiten vernetzt sind. Ausgehend von dieser Feststellung sind Methoden und Werkzeuge für die Dokumentation des Entscheidungsprozesses [Potts und Bruns 88] und die Kommunikation für die Entscheidungsausarbeitung und -vorbereitung [Conklin und Begeman 88] entwickelt worden. Diese Arbeiten vernachlässigen aber den Bezug zur formalen Modellierung und persistenten Verwaltung der Objekte und Aufgaben in der Anwendungsdomäne.

Im Folgenden wird das Konzept der Entscheidung formal als zentrale Modellierungsstruktur eines Software-Prozesses in einer konzeptuellen Modellierungssprache repräsentiert und anschließend für die entscheidungsorientierte Modellierung der Versionen- und Konfigurationenverwaltung in der Gruppe angewendet.

3 Grundlagen der formalen Modellierung

Für die Repräsentation der in dieser Arbeit zu entwickelnden Konzepte wird die Technologie einer erweiterbaren deduktiven Objektbank benötigt. Als ein mögliches Datenmodell einer erweiterbaren deduktiven Objektbank wird die Sprache Telos [5] [Mylopoulos et al. 91] verwendet. Telos ist eine hybride Sprache, die Konzepte strukturell objektorientierter Sprachen [Smith und Smith 77, Dittrich 86] und logikorientierter, deduktiver Datenbanken [Gallaire, Minker, Nicolas 84] vereinigt [6]. Telos zeichnet sich durch drei Eigenschaften aus:

(a) *Konzeptuelle Modellierung* - Telos verfügt über konzeptuelle Modellierungsfähigkeiten für die anwendungsorientierte Repräsentation der Konzepte und Strukturen der Anwendungsdomäne im Informationssystem [Brodie, Mylopoulos, Schmidt 84].

(b) *Formale Beschreibung des Informationssystems* - Alle Modellierungskonstrukte und Integritätsbedingungen sind durch Theorien der Prädikatenlogik erster Ordnung formalisierbar [Stanley 86, Koubarakis et al. 89]. Diese Semantik von Telos gibt den darzustellenden Konzepten eine formale Semantik in der Prädikatenlogik.

(c) *Erweiterbarkeit der Modellierungskonstrukte* - Die in Telos realisierten Modellierungskonstrukte bilden eine initiale Theorie. Die Modellierungsfähigkeiten werden erweitert, indem Axiome hinzugefügt werden, die neue Konzepte beschreiben. Die Erweiterbarkeit ermöglicht die Definition gemeinsamer Konzepte in Form von Metaklassen.

Konzeptuelle Modellierungsfähigkeiten beziehen sich auf die bereitgestellten Modellierungsstrukturen. Termini wie "semantisch ausdrucksstark" oder die "Modellierung semantischer Eigenschaften" entstammen semantischen Datenmodellen [Hammer und McLeod 81]. Der Begriff "semantisch" ist hier nicht im formalen Sinne von Modellen einer Theorie zu verstehen, sondern soll die Modellierung durch anwendungsnahe Strukturen vermitteln, so daß gewisse Konsistenzbedingungen bereits implizit durch Modellierungskonzepte dargestellt sind.

Die Modellierungsfähigkeiten und Erweiterbarkeit begründen die Verwendung von Telos als Datenmodell für das in dieser Arbeit zu realisierende Informationssystem.

---

5 Telos wurde unter dem Namen CML (Conceptual Modeling Language) eingeführt. CML ist eine Weiterentwicklung von RML (Requirements Modeling Language - [Greenspan 84]), die ihrerseits ihre Wurzeln in der Datenbankentwurfssprache TAXIS [Mylopoulos, Bernstein, Wong 80] hat.

6 Telos integriert auch einen intervallbasierten Zeitkalkül [Allen 83, Wenig 89] für die temporale Datenmodellierung. Die temporale Datenmodellierung wird nicht verfolgt, da sie nur Objektzustände erfaßt.

3.1 Objektrepräsentation

Telos bietet zwei grundlegende Arten von Objekten: *Individuen* und *Attribute*. Individuen repräsentieren Entitäten der Anwendungsdomäne. Diese Entitäten können konkret - wie etwa der `vi`-Editor - oder abstrakt sein - wie etwa die Klasse der Editoren. Attribute repräsentieren binäre Beziehungen zwischen Entitäten oder Beziehungen.

Für die uniforme Darstellung von Individuen und Attributen verwendet Telos *Propositionen*. Eine Menge von Propositionen ist in Telos eine Objektbank (`ObjectBase`). Jede Proposition repräsentiert ein Objekt und ist durch ein vierstelliges Prädikat `propval` mit Signatur

```
ObjectId x ObjectId x Label x ObjectId
```

dargestellt, wobei `ObjectId` eine Menge von Objektidentifikatoren und die Teilmenge `Label` von `ObjectId` eine Menge von Zeichenketten ist.

```
ObjectBase = { propval (id, source, label, destination) |
               id, source, destination ∈ ObjectId, label ∈ Label }
```

Jede Proposition ist durch den Bezeichner `id` eindeutig identifizierbar. Die Proposition repräsentiert eine Beziehung zwischen den Objekten `source` und `destination`. Die Beziehung ist mit dem Bezeichner `label` benannt. Ein Objekt kann in anderen Propositionen als `source` oder `destination` auftreten.

Es werden vier Muster von Propositionen unterschieden, mit denen in Telos jede Information uniform repräsentiert wird.

(a) *Individuen* werden durch Propositionen der Form `propval (i, i, l, i)` beschrieben. Eine derartige Proposition repräsentiert in der Objektbasis das Objekt `i`, das in der Anwendungsdomäne den Namen `l` hat.

(b) *Instantiierungen* werden in der Form `propval (id, p, instanceof, q)` beschrieben. Diese Proposition repräsentiert, daß das Objekt `p` Instanz des Objekts `q` ist.

(c) *Spezialisierungen* werden durch `propval (id, p, isa, q)` dargestellt. Die Proposition besagt, daß das Objekt `p` eine Spezialisierung des Objekts `q` ist.

(d) Alle verbleibenden Propositionen der Form `propval (id, p, l, q)` repräsentieren *Attribute*. Sie beschreiben, daß das Objekt `p` mit dem Objekt `q` durch das mit `l` benannte Attribut in Beziehung steht. Diese Beziehung ist ein vollwertiges Objekt. Der Identifikator ist `id`. Die Beziehung wird syntaktisch auch in der Form `p!l` notiert. Der Ausdruck `p!l` identifiziert das Objekt `id`.

Die Telos bekannten Modellierungskonzepte werden ebenfalls durch Propositionen beschrieben. Diese - als Systemklassen bezeichneten - Propositionen beschreiben die Individuen und Attribute, die Telos für die Objektmodellierung kennt. Sie bilden die initiale Theorie, auf der alle anderen Modelle aufbauen.

Es existieren vier Systemklassen: `Individual`, `InstanceOf`, `IsA` und `Attribute`. Jede Proposition muß Instanz einer dieser Systemklassen sein, was ein Axiom in der Theorie realisiert. Propositionen, die nicht Instanz einer dieser Systemklassen sind, sind nicht ableitbar und somit nicht gültig. Instantiierungen werden ebenfalls durch Propositionen dargestellt.

Zum Beispiel repräsentiert die Proposition

```
propval (editor, editor, Editor, editor)
```

einen Editor. Um ihn als Individuum zu charakterisieren, ist er als Instanz von `Individual` darzustellen

```
propval (id1, editor, instanceof, Individual),
```

wobei die Proposition `id1` selbst wieder Instanz der Systemklasse `InstanceOf` ist.

Die Systemklasse `Individual` ist durch folgende Proposition repräsentiert

```
propval (Individual, Individual, Individual, Individual).
```

Mit obigen Systemklassen können Klassen eingeführt werden. Als Klassen werden Objekte aufgefaßt, zu denen andere Objekte in einer Instantiierungsbeziehung stehen. Klassen werden durch das Individuum `Class` repräsentiert, wovon jede zu modellierende Klasse eine Instanz sein muß. `Class` ist durch

```
propval (Class, Class, Class, Class)
```

beschrieben. `Class` steht zu sich selbst in Beziehung durch das Attribut `attribute`

```
propval (id2, Class, attribute, Class). (*)
propval (id3, id2, instanceof, Attribute) (**)
```

repräsentiert durch die Instantiierungsbeziehung zur Systemklasse `Attribute`, daß es sich bei der Proposition mit dem Identifikator `id2` um ein Attribut handelt. Durch die Proposition (*) wird `attribute` somit als Objekt eingeführt und mit (**) als Attribut charakterisiert. Die Proposition (*) besagt, daß Klassen als Eigenschaft über Attribute verfügen.

Die nachfolgenden Propositionen beschreiben, daß Editoren und Hard- bzw. Software-Umgebungen Individuen sind. Ein Editor verfügt über ein Attribut `runson`, das die Umgebung angibt, für die er realisiert ist.

```
propval (editor, editor, Editor, editor)
propval (id1, editor, instanceof, Class)
propval (environment, environment, Environment, environment)
propval (id4, environment, instanceof, Class)
propval (id5, editor, runson, environment)
propval (id6, id5, instanceof, id2),
```

mit `id2` als Identifikator des Attributs `attribute` von `Class` (`Class!attribute`)

Formal werden alle Objekte und Beziehungen zwischen Objekten durch Propositionen repräsentiert. Für die textuelle Darstellung von Telos-Objekten wird eine frame-artige Sicht auf bestimmte Propositionen-Mengen verwendet. Propositionen mit gleicher Quelle (`source`) werden textuell zu einem Objekt zusammengefaßt. Das obige Beispiel wird in der frame-artigen Darstellung folgendermaßen notiert.

```
Individual Environment in Class with
end Environment

Individual Editor in Class with
    attribute
        runson : Environment
end Editor
```

Die frame-artige Notation verfügt über die in Abb. 3-1 skizzierte Syntax. Es exisitieren nur die Sonderzeichen `in`, `isa`, `with`, `:` und `end`. Alle anderen Symbole sind Namen von Propositionen in der Objektbank.

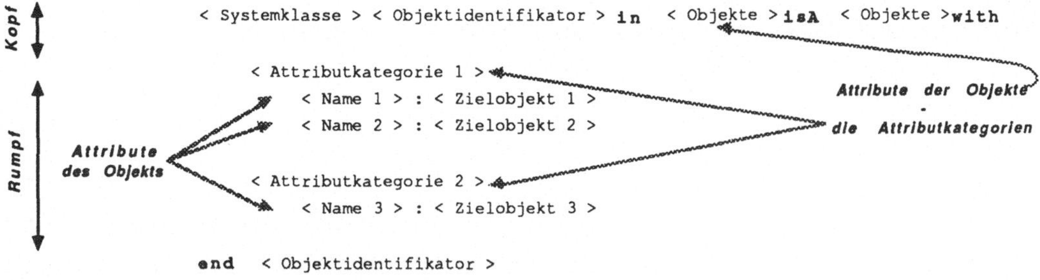

Abb. 3-1: Schematische Skizze der frame-artigen Notation

Die Objektnotation unterscheidet Kopf und Rumpf. Der *Kopf* enthält die Einordnung des Objekts zu bestehenden Individuen (oder Attributen). Er enthält die Systemklasse, zu der das Objekt Instanz ist, und alle weiteren Objekte, zu denen das Objekt Instanz oder von denen es eine Spezialisierung ist (in- und isA-Klausel). Der *Rumpf* enthält alle Attribute, die dieses Objekt als gemeinsamen Ausgangspunkt haben. Attribute werden durch ihren Namen und das Zielobjekt notiert. Für jedes Attribut ist eine Attributkategorie anzugeben. Eine Attributkategorie ist Attribut eines Objekts, das in der Liste der instantiierten Objekte im Kopf aufgeführt ist. Instantiiert ein Attribut `attribute1` ein `attribute2`, so ist `attribute2` die Kategorie zu `attribute1`.

Alternativ können Propositionen als semantische Netze dargestellt werden. Jede Proposition wird als eine gerichtete Kante aufgefaßt, die eine Beziehung zwischen Propositionen beschreibt. Propositionen, die Individuen repräsentieren, werden als Knoten dargestellt. Abb. 3-2 zeigt die netzartige Darstellung für das obige Beispiel. Für die graphische Notation werden folgende Konventionen getroffen. Alle Individuen sind durch ihren Namen notiert; sie sind die Knoten. Attribute werden durch Kanten dargestellt, die mit dem Namen des Attributs versehen sind. Kanten ohne Namen stellen Instantiierungspropositionen dar, die i.a. vertikal gezeichnet werden. Spezialisierungen zwischen Objekten werden als Kanten dargestellt, die mit *isA* markiert sind.

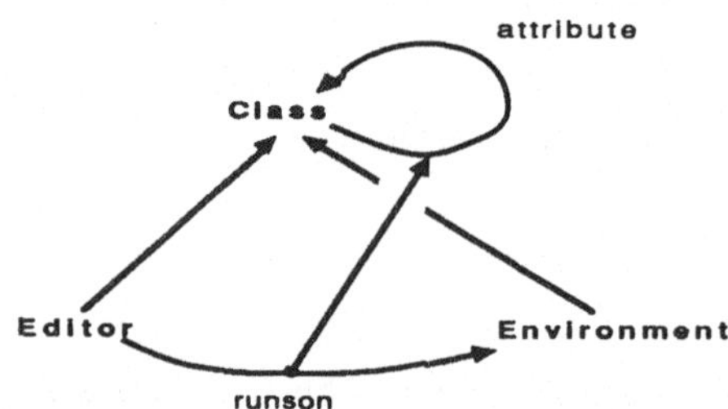

Abb. 3-2: Darstellung von Propositionen als semantisches Netz

Die uniforme Repräsentation durch Propositionen ist die Grundlage für die logikorientierte Darstellung aller Modellierungskonstrukte, ihrer formalen Beschreibung und der Erweiterbarkeit.

3.2 Objektbankorganisation

Aufbauend auf der logikorientierten Darstellung von Objekten durch Propositionen bietet Telos Modellierungs- und Manipulationskonstrukte für die Spezifikation von Objektbankverwaltungssystemen.

3.2.1 Objekttaxonomie

Telos bietet die Prinzipien der Klassifikation, Generalisierung und Aggregation für die Strukturierung von Objektbanken. Sie können angewendet werden auf Individuen und Attribute. Dargestellt werden sie durch Propositionen.

(a) *Klassifikation* bezeichnet die Zusammenfassung von Objekten o_1,.., o_n mit gleichen Eigenschaften zu einem Objekt c_1, das üblicherweise als Klasse bezeichnet wird.

(b) *Generalisierung* ermöglicht die Abstraktion von speziellen Eigenschaften von Objekten o_1,.., o_n, indem sie zu einem Objekt o verallgemeinert werden.

(c) *Aggregation* bezeichnet die Zusammenfassung von Attributen eines Objekts. Die Objektaggregation wird durch Propositionen mit gemeinsamer Quelle dargestellt. Ein explizites Konstrukt für die Aggregation existiert nicht [7].

Eine Objektbank ist in Telos logisch in zwei Teile partitioniert. Die *initiale* Objektbank definiert die zulässigen Modellierungsstrukturen und ihre konsistente Verwendung. Sie definiert die Strukturen, mit denen Individuen und Attribute organisiert werden. Der zweite Teil enthält die konzeptuellen Modelle, die mit diesen Strukturen beschrieben werden.

Die initiale Objektbank besteht aus den bereits oben vorgestellten Systemklassen `Individual`, `Attribute`, `InstanceOf` und `IsA`, und solchen für die Einordnung von Objekten in Instantiierungshierarchien. Für die Einordnung in Instantiierungshierarchien werden die Klassen `Token`, `SimpleClass`, `MetaClass` und `MetametaClass` benötigt. Jedes Objekt muß eindeutig einer dieser Klassen zugeordnet sein, sei es durch direkte syntaktische Angabe oder Ableitung aus anderen Informationen. `Token` sammelt alle Objekte, die selbst keine Instanzen mehr haben. `SimpleClass` sammelt solche Objekte, die über Instanzen von `Token` als Instanzen verfügen. `MetaClass` verfügt über alle Objekte, deren Instanzen Instanz von `SimpleClass` sind, etc.

Diese eindeutige Zuordnung ist notwendig für die Vermeidung von Paradoxa innerhalb des Modells. Aus den Systemklassen allein ist nicht ableitbar, ob ein Objekt beispielsweise die Spezialisierung oder Instantiierung eines Objekts sein darf. Jeder Proposition muß einer Instantiierungsebene und einer Systemklasse zugeordnet sein.

---

7 In der frame-artigen Notation ist jeder frame die Zusammenfassung der Attribute eines Objekts. Diese Aggregation erzeugt ein Übersetzer und ist nicht Bestandteil der formalen Beschreibung der Sprache.

Die Axiome von Telos sind Integritätsbedingungen der Systemklassen. Axiome definieren, wie die Systemklassen korrekt instantiiert werden dürfen, d.h. welche Anwendungen korrekte Modellierungen in Bezug auf die Modellierungsfähigkeiten sind (vgl. Kapitel 3.3).

3.2.2 Integritätsbedingungen und Deduktionsregeln

Telos bietet eine typisierte, prädikatenlogische Sprache für die Spezifikation von Integritätsbedingungen und Deduktionsregeln. Integritätsbedingungen und Regeln werden als Objekte aufgefaßt. Sie sind Instanzen der Klasse `MSFOLconstraint`, bzw. `MSFOLrule`, welche die Auswertung festlegen [Jeusfeld und Krüger 90].

Integritätsbedingungen und Regeln sind als Attribute von Objekten modelliert. Hierfür hat das Objekt `Class` die Attribute `constraint` und `rule`.

```
propval (id7, Class, rule, MSFOLconstraint)
propval (id8, Class, constraint, MSFOLrule)
```

`Rule` und `constraint` sind Attributkategorien für zu spezifizierende Regeln und Integritätsbedingungen. Prädikatenlogische Formeln werden gebildet aus:

(a) *Quantoren* der Form `exists x/C` und `forall x/C`, wobei die Variable `x` an den durch `C` gegebenen Bereich (Typ) gebunden ist;

(b) *Junktoren* `and`, `or`, `not` und die Implikation →;

(c) *Literale*, die die atomaren Formeln bilden.

Literale beziehen sich auf die durch Propositionen dargestellte Information, die wichtigsten sind:

- `x In c` :<=> `x` ist eine Instanz von `c`;
- `x IsA y` :<=> `x` ist eine Spezialisierung von `y`;
- `x.l = v` :<=> `x` hat für die Attributkategorie `l` den Wert `v`;
- `source (p) = s` :<=> `s` ist das Quellobjekt der Proposition `p`;
- `target (p) = d` :<=> `d` ist das Zielobjekt der Proposition `p`;
- `x == y` :<=> die Objekte `x` und `y` sind gleich, d.h. sie haben denselben Identifikator.

3.2.3 Abgeleitete Objekte

Anfrageklassen (oder kurz Anfragen) ermöglichen die Darstellung abgeleiteter Objekte [Staudt 90]. Wie der Name sagt, integrieren sie Anfragen in die Sprache.

Eine Anfrage ist eine Klasse, deren Instanzen und Attribute der Instanzen dynamisch berechnet werden. Die Zugehörigkeit eines Objekts wird durch eine Anfragebedingung beschrieben. Die Anfragebedingung kann rein strukturell gegeben sein, wie für `GraphicEditor`

```
QueryClass GraphicEditor isA Editor, GraphicTool
end GraphicEditor.
```

Die Menge der Antworten ist der Durchschnitt der Instanzen. Attribute der Instanzen werden durch Projektion beschrieben oder durch Deduktionsregeln berechnet [Staudt 90]. Zusätzlich zur strukturellen Beschreibung der Objekte können prädikative Anfragebedingungen formuliert werden. Alle Instanzen der Anfrage haben diese Selektionsbedingung (`query_rule`) zu erfüllen.

```
QueryClass UNIXEditor isA Editor with
    query_rule
        $ forall e/UNIXEditor
          e.runson = UNIX $
end UNIXEditor
```

Anfragen sind vollwertige Klassen in Telos, die selbst wieder in Anfragen als Klassen verwendbar sind. Anfragen können parametrisiert sein, was als generische Anfragen bezeichnet wird. Eine *generische Anfrage* ist selbst wieder eine Anfrage; sie kann insbesondere für ihren formalen Parameter ausgewertet werden. Generische Anfragen können in spezialisierte Anfragen überführt werden. Alle Instanzen der Spezialisierung sind auch Instanzen der generischen Form. Ein Beispiel einer generische Anfrage ist `SpecialEditor`.

```
GenericQueryClass SpecialEditor isA Editor with
    parameter
        runson: Environment
    query_rule
        $ forall e/SpecialEditor
          exist env/Environment
          e.runson = env $
end specialEditor
```

Der Parameter ist Instanz der Kategorie `parameter`, die Attribut der Klasse `GenericQueryClass` ist. Eine generische Anfrage kann auf zwei Weisen spezialisiert werden: Parameterspezialisierung und Parametersubstitution. Bei der *Parameterspezialisierung* wird der Parameter auf eine Subklasse eingeschränkt, beispielsweise `GraphicEnvironment` als eine gegebene Spezialisierung von `Environment`. Bei der ***Parametersubstitution*** wird ein Wert für den Parameter vorgegeben, beispielsweise `UNIX` als eine Instanz von `Environment`. Notiert werden die beiden Anfragespezialisierungen durch `SpecialEditor [runson:GraphicEnvironment]` für die Parameterspezialisierung und `SpecialEditor [UNIX/runson]` für die Parametersubstitution.

3.2.4 Objektmanipulation und -anfrage

Die Manipulation einer Objektbank wird durch *TELL-*, *UNTELL-* und *ASK-Funktionen* notiert. Aus der Sicht abstrakter Datentypen beschreiben sie die Operationen, mit denen auf die Menge der Propositionen `ObjectBase` zugegriffen wird.

```
TELL:   ObjectBase x ObjectBase → ObjectBase
UNTELL: ObjectBase x ObjectBase → ObjectBase
ASK:    ObjectBase x Query      → Answer
```

TELL entspricht einer Einfügeoperation. Das Ergebnis der Einfügeoperation ist die (mengentheoretische) Vereinigung beider Propositionen-Mengen. Die Operation TELL ist genau dann korrekt, wenn die Vereinigung beider Propositionenmengen konsistent ist. Eine Propositionenmenge ist genau dann korrekt, wenn alle Integritätsbedingungen erfüllt sind.

UNTELL macht die spezifizierten Objekte in der aktuellen Objektbank ungültig, überführt sie aber in ein Archiv für Anfragen über frühere Zustände der Objektbank. Bei UNTELL sind ebenfalls Integritätsprüfungen auszuführen.

ASK entspricht einer Anfrageoperation, die alle Objekte berechnet, die den in der Anfrage spezifizierten Bedingungen genügen.

3.3 Formalisierung der Modellierungsstrukturen

Die objekt- und logikorientierten Konzepte von Telos wurden bis jetzt syntaktisch vorgestellt. Für die angestrebten Modellierungsprinzipien wurde implizit ein intuitives - üblicherweise mit diesen Prinzipien assoziiertes - Verständnis angenommen. Für die Verwendung als Datenmodell eines Informationssystems wird aus zwei Gründen eine formale Semantik benötigt.

(a) *Konsistenz in der Modellierung* - Eine formale Semantik spezifiziert, welche Objekte des Informationssystems konsistent in Bezug auf die Modellierungskonstrukte sind.

(b) *Anfrageauswertung* - Eine formale Semantik ermöglicht die Spezifikation einer Anfrageauswertung, d.h. welche Objekte des Informationssystems erfüllen die durch Anfrage beschriebenen Eigenschaften.

Die Formalisierung wird an dieser Stelle nur skizziert. Die Semantik einer Sprache, die objekt- und logikorientierte Elemente integriert, ist nicht das Thema dieser Arbeit. Es soll lediglich verdeutlicht werden, daß die Modellierungskonstrukte als prädikatenlogische Theorie dargestellt sind [8]. Die Bedeutung einer korrekten Instantiierung oder der Spezialisierung ist somit nicht Benutzerhandbüchern zu entnehmen, sondern in einem Kalkül formuliert.

Die Semantik von Telos wird mit einer erweiterten Prädikatenlogik erster Stufe beschrieben. Grundlage der Beschreibung ist die uniforme Repräsentation aller Objekte durch Propositionen. Der Menge der Propositionen bildet das Informationssystem. Zulässige Propositionen werden mittels einer Theorie beschrieben. Für die semantische Beschreibung eines Datenmodells bzw. einer Theorie können zwei Ansätze verfolgt werden: der modelltheoretische und der beweistheoretische Ansatz [Reiter 84].

(a) Im *modelltheoretischen Ansatz* wird das Datenmodell als Formeln einer Theorie aufgefaßt. Die Theorie gibt alle möglichen Interpretationen vor, wovon eine das Informationssystem ist. Die Objekte im Informationssystem müssen ein *Modell* dieser Theorie sein. Insbesondere müssen sie auch ein Modell der *Integritätsbedingungen* sein, unabhängig ob strukturell durch das Datenmodell oder den Benutzer definiert.

    Übertragen auf Telos besagt der modelltheoretische Ansatz, daß eine Objektbank konsistent ist, wenn sie ein Modell der Theorie ist, die die Modellierungsprinzipien von Telos beschreibt.

    Der modelltheoretische Ansatz unterscheidet immer zwischen Schemata (Theorien) und den zu verwaltenden Objekten (Modelle).

(b) Im *beweistheoretischen Ansatz* werden das Datenmodell und die verwalteten Objekte uniform durch Formeln dargestellt. Die Existenz eines Objekts im Informationssystem wird durch die Ableitbarkeit der Formel definiert, die das Objekt repräsentiert.

    Die Gültigkeit von *Integritätsbedingungen* ist im beweistheoretischen Ansatz durch die Ableitbarkeit formalisiert. Alle Integritätsbedingungen müssen aus der die Objektbank repräsentierenden Theorie ableitbar sein.

---

8 Eine ausführliche Darstellung der Semantik enthalten [Stanley 86, Koubarakis et al. 89].

Die Semantik von Telos folgt dem beweistheoretischen Ansatz. Alle Informationen über Schema und zu verwaltende Objekte werden als Propositionen repräsentiert.

```
Proposition = { propval (id, source, label, destination) |
                id, source, destination ∈ ObjectId, label ∈ Label }
```

Für die Notation der Axiome, die die konsistente Modellierungen mit diesen Prädikaten beschreiben, sind die Funktionen *source, label* und *target* mit Signatur

```
Proposition --> ObjectId,
```

und die Prädikate *in* und *isa* mit Signatur

```
Proposition x Proposition
```

einzuführen. *Source, label* und *target* beschreiben für eine Proposition jeweils die Komponenten Quelle, Name und Ziel. *In* und *isa* dienen als abkürzende Schreibweise für Instantiierung und Spezialisierung zwischen Objekten.

Konsistente Objektbanken erfüllen u.a. folgende (strukturelle) Axiome [Koubarakis et al. 89]:

(a) *Wohlgeformtheit der Propositionen* - Jede Proposition beschreibt Beziehungen zwischen Propositionen. Für jedes in einer Proposition als Quelle oder Ziel referenzierte Objekt existiert eine Proposition, die durch den Objektidentifikator der Quelle und des Zieles identifiziert ist.

```
(∀ p, x , y, z / Proposition) (propval (p, x , y, z) =>
    source (p) = x und label (p) = y und target (p) = z))
```

(b) *Transitivität der Spezialisierung* - Die Spezialisierung ist eine transitive Relation.

$$(\forall\ p_1, p_2, p_3\ /\ \mathrm{Proposition})\ ((\mathrm{isa}\ (p_1, p_2)\ \mathrm{und}\ \mathrm{isa}\ (p_2, p_3) \Rightarrow \mathrm{isa}\ (p_1, p_3))$$

(c) *Spezialisierung als Untermengen* - Jede Instanz einer Klasse c_1 ist auch Instanz aller Oberklassen c_2 von c_1.

$$(\forall\ o_1, c_1, c_2\ /\ \mathrm{Proposition})\ ((\mathrm{in}\ (o_1, c_1)\ \mathrm{und}\ \mathrm{isa}\ (c_1, c_2) \Rightarrow \mathrm{in}\ (o_1, c_2))$$

(d) *Korrekte Instantiierung* - Instantiiert eine Proposition p eine Proposition q, dann müssen die Quelle und das Ziel von p die Quelle und das Ziel von q instantiieren. Hiermit werden die korrekten Instantiierungen von Attributen beschrieben. Das Axiom besagt nicht, daß alle Attribute instantiiert werden müssen.

```
(∀ i, a1, a2 / Proposition) (propval (i, a1, instanceof, a2) =>
 (∃ i1, i2 / Proposition)
   ((propval (i1, source (a1),instanceof, source (a2)) und
     propval (i2, target (a1), instanceof, target (a2)))
```

(e) *Netzwerkbedingung* - Im semantischen Netz dürfen keine zwei Propositionen mit gleicher Quelle und gleichem Bezeichner existieren.

```
(∀ p1, s1, d1, p2, d2 / Proposition)
   (propval (p1, s1, l1, d1) und
    propval (p2, s2, l2, d2) und
    source (p1) = source (p2) und label (p1) = label (p2)
   => p1 = p2))
```

Telos axiomatisiert alle Modellierungskonzepte in dieser Weise. Obige Axiome geben nur einen Ausschnitt wieder. Nach TELL- und UNTELL-Operationen ist zu beweisen, daß alle Axiome erfüllt sind, was formal durch einen Test auf Ableitbarkeit aus der Theorie bewiesen wird.

3.4 Erweiterbarkeit

Erweiterbarkeit wird durch die Fähigkeit zur Definition von Metaklassen und Metaattributen ermöglicht. Ermöglicht wird die Definition von Metastrukturen in Telos durch die einheitliche Repräsentation von Strukturen und Instantiierungsbeziehungen durch Propositionen. In der Repräsentation wird nicht zwischen den verschiedenen Instantiierungsebenen differenziert. In Erweiterungen können somit Bedingungen für neue Individuen und Attribute formuliert werden.

Metaklassen sind Objekte für die Modellierung von Klassen. Aufgrund des Instantiierungsaxioms haben alle Klassen dem durch die Metaklasse vorgegebenen Schema zu folgen. Als interessanteres Beispiel wird hier die Erweiterbarkeit durch Metaattribute demonstriert. Das Attribut `attribute` der Klasse `Class` definiert als Eigenschaft von Klassen, daß sie Attribute haben. Es macht keine Aussage darüber, welche Bedingungen an die Instantiierung dieses Attributs gestellt werden. Es kann durch eine, mehrere oder keine Beziehung instantiiert werden. `Necessary` ist eine Attributkategorie für die Repräsentation von Attributen, die immer instantiiert sein müssen (Modell 3-1). Attribute mit derartigen Bedingungen sind Metaattribute.

```
Attribute necessary in MetaClass with
    constraint
        necessaryconstraint:
        $ forall ac/necessary
          forall c/Class
          forall e/Proposition
           (source (ac) = c and e In c)
            → exists a/Attribute
              (source (a) = e and a In ac) $
end necessary
```

Modell 3-1: Erweiterung um die Attributkategorie `necessary`

`Necessary` wird hier analog zu `attribute` als Attribut von `Class` eingeführt. Zusätzlich zu `attribute` ist es mit einer Integritätsbedingung (`necessaryconstraint`) versehen. Für jedes Attribut `ac` einer Klasse `c`, das Instanz von `necessary` ist, gilt: für alle Objekte `e`, die Instanz von `c` sind, existiert ein Attribut `a` von `e`, das Instanz von `ac` ist (Abb. 3-3). Die Formulierung der Integritätsbedingung von `necessary` ist unabhängig von konkreten Klassen. Sie gilt für beliebige Attribute zu definierender Klassen.

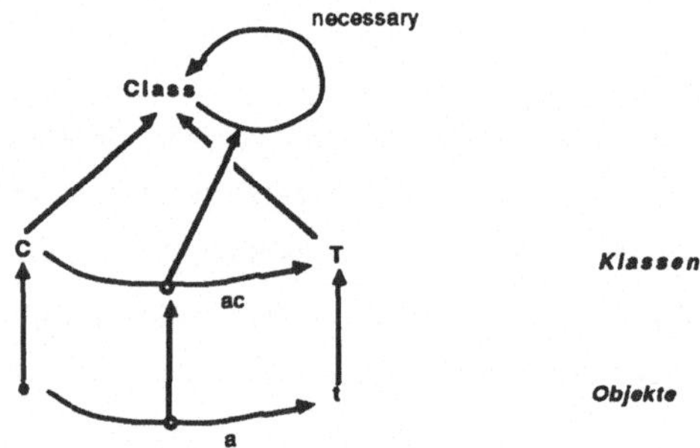

Abb. 3-3: Notwendige Instantiierung von Attributen

3.5 Verwendung von Telos

Im Rest dieser Arbeit wird Telos für die formale Modellierung der Modellierungsstrukturen des zu entwerfenden Datenmodells verwendet. Die Strukturen erhalten damit eine formale Semantik. Aufgrund der Erweiterbarkeit werden sie Teil von Telos, so daß die logik- und objektorientierten Konzepte von Telos auch für die neu eingeführten Strukturen zur Verfügung stehen.

Die Modellierung in Telos kann prinzipiell als logikbasierte Beschreibung verstanden werden. Zum Beispiel können Editoren, ihre Eigenschaften und konkrete Versionen von Editoren als

Formeln modelliert werden. Die Gültigkeit einer Editorversion in Bezug auf die Klasse der Editoren kann durch die Ableitbarkeit von Formeln modelliert werden. Ebenso lassen sich gültige Konfigurationen durch prädikatenlogische Formeln darstellen.

Die Menge der Formeln macht die Modellierung schnell unübersichtlich. Hierbei hilft die objektorientierte Sicht von Telos auf strukturelle Beschreibungen. Die frame-Notation bietet eine "syntaktisch strukturierte" Sicht auf die logikbasierte Beschreibung. Eine weitere Motivation einer gesonderten Behandlung struktureller Information liegt in der einfacheren Konsistenzprüfung.

Für einen Konsistenztest lassen sich die Axiome in Telos in zwei Klassen aufteilen. *Strukturelle Axiome* betreffen die Wohlgeformtheit der Propositionen bzw. des semantischen Netzes. Sie beschreiben die strukturellen Integritätsbedingungen eines Modells und sind billig zu testen außer den Bedingungen für die Spezialisierung von Objekten. Veränderungen von Spezialisierungsbeziehungen modifizieren das Schema einer Objektbank und sind nicht lokal.

Integritätsbedingungen beschreiben die nicht-strukturellen Beziehungen zwischen Objekten wie sie beispielsweise für die Integritätsbedingungen von Konfigurationen benötigt werden. Sie eröffnen die vollen Modellierungsfähigkeiten prädikativer Sprachen. Tests von prädikativen Integritätsbedingungen sind aufwendiger als beispielsweise der Test einer strukturellen Bedingung für die korrekte Instantiierung.

Ziel jeder Modellierung sollte sein, möglichst viele Eigenschaften einer Anwendungsdomäne strukturell zu repräsentieren, da diese billiger zu testen sind.

Im Rest der Arbeit werden sowohl die frame-artige Notation als auch die semantischer Netze verwendet. Graphische Darstellungen wie in Abb. 3-3 haben immer eine eindeutige Bedeutung in der Propositionendarstellung. Sie sind nur eine abkürzende Schreibweise, um Konzepte übersichtlich darzustellen.

Telos bildet den Kern des *Datenmodells* des zu entwickelnden Informationssystems. Aufgrund der konzeptuellen Modellierungsfähigkeiten ist Telos für die Repräsentation der *konzeptuellen Modelle* herkömmlicher Anwendungsdomänen geeignet. Es fehlen noch konkrete Konzepte und Strukturen für eine integrierte Modellierung der in dieser Arbeit gewählten Anwendungsdomäne.

Ein Software-Informationssystems darf sich nicht auf die Modellierung der Ergebnisse der Entwicklung beschränken, sondern es muß auch den *Prozeß dieser Entwicklung* modellieren. Die Repräsentation von Entwicklungsprozessen in Prozeßmodellen ist allerdings bisher durch vier Nachteile geprägt.

(1) Prozeßmodelle sind dominiert durch die Beschreibung der Werkzeugaufrufe, die für die Ausführung eines Software-Prozesses benötigt werden. Somit beschreiben sie nur die operationale Ausführung. Das Konzept hinter einer Aktivität wird nicht anwendungsorientiert dargestellt.

(2) Sie spezifizieren und dokumentieren keine Abhängigkeiten zwischen Objekten, die sich durch den Entwicklungsprozeß ergeben [9]. Abhängigkeiten können im Falle der Wartung oder Wiederverwendung nicht analysiert und berücksichtigt werden.

(3) Sie erfassen nicht, welche Entwurfsprinzipien und Begründungen hinter der Ausführung der Aktivitäten stehen. Ein Werkzeugaufruf beschreibt nicht die Entscheidungen, die ein Entwickler trifft um ein Ziel zu erreichen. Er trifft die Entscheidung aufgrund bestehender Objekte, Abhängigkeiten und zu erreichender Entwurfsziele. Das Werkzeug beschreibt nur ein Hilfsmittel, mit dem er die Entscheidung umsetzen kann.

(4) Sie behandeln nicht die Vorbereitung von Aktivitäten in einer Gruppe. Eine auszuführende Aktivität ist zunächst einmal unbekannt. Gegeben ist eine Aufgabe, die unter Berücksichtigung der gegebenen Situation und der Handlungsalternativen in auszuführende Aktivitäten umzusetzen ist.

Im Zentrum des in dieser Arbeit entwickelten Software-Prozeßdatenmodells *CAD^o^* steht das Konzept der *Entscheidung*, was eine wesentliche Bedeutung in Entwicklungsprozessen hat [Mostow 85, Curtis 86]. *CAD^o^* (Conversations among Agents about Decisions on Objects) ist eine

---

9 Begrifflich sind zwei Interpretationen des Terms *Abhängigkeit* zu unterscheiden. *Abhängigkeiten zwischen Aktivitäten* beziehen sich auf die Regularien für korrekte Arbeitsabläufe (vgl. Kapitel 2.3). *Abhängigkeiten zwischen Objekten* bezeichnen entwicklungsbedingte Beziehungen zwischen Objekten.

Erweiterung des *D.O.T.*-Modells (Decision-Object-Tool) [Jarke und Rose 88, Jarke, Jeusfeld, Rose 90] um Kooperation. Es enthält die für die Repräsentation der Software-Entwicklung notwendigen Konzepte, und strukturiert und integriert sie entlang des Konzepts der Entscheidung.

Entscheidungen werden in der normativen Entscheidungstheorie durch Auswahlfunktionen bewertet [Keeney und Raiffa 76]. In Abhängigkeit von der Ausgangssituation, den Zielen und möglicherweise Präferenzen von Entwicklern wird eine Handlungsalternative ausgewählt. Diese Alternative ist in gewissem Sinne optimal im Hinblick auf den erwarteten Nutzen. Diese streng formalisierte Sicht erfordert es, daß in der Anwendungsdomäne Handlungsalternativen, Nutzfaktoren, Bewertungen und ähnliches gegeben sind. Diese Voraussetzungen befinden sich in der Software-Entwicklung erst in der Entstehung, wie etwa Metriken für die Qualitätsbewertung. Ob eine vollständige Qualifizierung und Quantifizierung möglich ist, ist noch offen aber eher unwahrscheinlich. Zumindest die Rationalität eines Entwicklers ist immer beschränkt [Simon 60].

Das in dieser Arbeit gewählte Konzept verzichtet auf Präferenzen und formale Optimierungen. Es wird eine anwendungsnahe Modellierung der Handlungsalternativen und eine "soziale" Optimierung der Auswahl angestrebt, d.h. die Handlungsalternativen werden durch Entscheidungsklassen repräsentiert und die Auswahl ist Benutzern überlassen. Für die Auswahl können Benutzer kommunizieren, um ihre unterschiedlichen Auswahlkriterien unformal zu integrieren.

4.1 Das Software-Prozeßdatenmodell CAD^o

Das Software-Prozeßdatenmodell CAD^o ist als Datenmodell für die Spezifikation und Dokumentation von Software-Prozessen konzipiert. Es integriert vier Modellierungskonzepte.

(a) *Objekte* und ihre Beschreibungen dienen der Abbildung von Software-Objekten, Konzepten und Dokumenten auf das Datenmodell. Sie repräsentieren die Ergebnisse der Software-Entwicklung und bilden die Grundlage für die Repräsentation von Entscheidungen. Die anwendungsorientierte Modellierung der Objekte als Charakterisierung der Objektwelt ist die Basis für die Formulierung möglicher Entscheidungsklassen.

(b) *Entscheidungen* repräsentieren die Alternativen in Form von Entscheidungsklassen. Sie beschreiben, wie die Alternativen die Objekte der Software-Entwicklung verändern. Sie ermöglichen die anwendungsorientierte Repräsentation der Veränderungen, die durch Software-Prozesse entstehen. Ausgeführte Entscheidungen dokumentieren die Entwicklung eines Software-Systems. Sie beschreiben welche Objekte auseinander hervorgegangen sind aufgrund der Auswahl einer der Alternativen. Sie dokumentieren die Abhängigkeiten zwischen Objekten, die sich durch eine Entscheidung ergeben haben.

(c) *Agenten* treten in zwei Varianten auf. Technische Agenten beschreiben die Unterstützung einer Entscheidungsausführung durch ein Werkzeug. Humane Agenten repräsentieren soziale Individuen mit technischer Expertise, die auszuführende Entscheidungen diskutieren und für die Ausführung verantwortlich sind.

(d) *Konversationen* strukturieren den Nachrichten- und Objektaustausch zwischen Agenten. Für menschliche Agenten handelt es sich um Nachrichten für die Entscheidungsfindung und Vereinbarung. Im Falle technischer Agenten werden durch Nachrichten Objekte ausgetauscht und Ergebnisse propagiert.

Diese Modellierungskonzepte motivieren den Namen *CAD°* (Conversation among Agents about Decisions on Objects). CAD° wird schrittweise definiert, von Abhängigkeiten und Objekten, über Entscheidungen und ausführenden Agenten, hinzu Konversationen.

Objekte und Abhängigkeiten

Objekte repräsentieren die Konzepte und Dokumente der Anwendungsdomäne. Ihre Eigenschaften werden durch *semantische Beschreibungen* modelliert. Für semantische Beschreibungen ist kein zusätzliches Konzept in CAD° eingeführt. Es wird `Class` verwendet, wodurch beliebige Telosobjekte als semantische Beschreibungen möglich sind (Modell 4-1).

```
IndividualClass Object in MetametaClass with
    attribute
        objsemantic : Class
end Object

IndividualClass Class with
    attribute
        attribute : Class
        dependsOn : Class
end Class
```

Modell 4-1: Objekte, semantische Objektbeschreibungen und Abhängigkeiten

Abhängigkeiten werden als Beziehungen zwischen den Eigenschaften von Objekten dargestellt. `DependsOn` modelliert, daß ein Attribut einer semantischen Beschreibung von einem Attribut einer anderen semantischen Beschreibung abhängt. Diese Abhängigkeit ist bereits durch `Class` gegeben. Das Attribut `dependsOn` beschreibt eine Beziehung von `Class` zu sich selbst. Da Attributklassen - wie `Class!dependsOn` - auch Instanzen von `Class` sein können, sind mit `dependsOn` auch Abhängigkeiten zwischen Attributen modelliert. Eine Abhängigkeit ist Attribut eines Attributs. Zum Beispiel beschreibt das Attribut `envdependency` des Attributs `Editor-!runson`, daß die Lösch- und Einfügefähigkeiten eines Editors von der Umgebung abhängen, in der er realisiert ist.

```
Attribute Editor!runson in Class with
    dependsOn
        envdependency: Editor!cut_paste_facilities
end Editor!runson
```

Da die Abhängigkeiten vollwertige Objekte sind, können sie durch Objekttaxonomien strukturiert und auch attributiert werden.

Entscheidungen

Entscheidungen sind das zentrale Konzept von CAD° für die Prozeßmodellierung und Integration. Während der Entwicklung werden fortlaufend Entscheidungen getroffen und ausgeführt. Für die Repräsentation dieser Entscheidungen sind fünf Eigenschaften zu berücksichtigen.

(a) Entscheidungen repräsentieren die Handlungen, die menschliche Entwickler in der zum Informationssystem externen Anwendungsdomäne begehen.

(b) Entscheidungen überführen Objekte in Objekte. Sie sind die semantischen Beschreibungen der Aktivitäten, die während der Entwicklung auszuführen sind.

(c) Entscheidungen strukturieren und erzeugen Abhängigkeiten zwischen Objekten.

(d) Entscheidungen werden durch Aktionen, Entwickler und automatisierte Werkzeuge realisiert.

(e) Entscheidungen sind Gegenstand der Kooperation, um sich über Ziele der Realisierung zu einigen und die Ausführung von Entscheidungen zu koordinieren.

Entscheidungen sind ein gerichteter Beziehungstyp zwischen Objekten der Software-Entwicklung. Sie überführen Eingabeobjekte (`from`) in Ausgabeobjekte (`to`) (Modell 4-2).

Es ist zwischen der Spezifikation einer Entscheidungsklasse und der Dokumentation einer individuellen Entscheidung zu differenzieren. Entscheidungsklassen definieren ein Schema, das individuelle Entscheidungen während ihrer Ausführung einzuhalten haben.

```
IndividualClass Decision isA Object with
   attribute
      from : Object
      to : Object
      decsemantic : DecisionDescription
end Decision

IndividualClass DecisionDescription in MetametaClass with
   attribute
      dependencies : Class!dependsOn
end DecisionDescription
```

Modell 4-2: Entscheidungen und die Strukturierung von Abhängigkeiten

Entscheidungen verfügen über semantische Beschreibungen (`DecisionDescription`). Entscheidungsbeschreibungen abstrahieren von der detaillierten Ebene der Abhängigkeiten. Sie strukturieren die Abhängigkeiten, die mit einer Entscheidung verbunden sind. Auf der Spezifikationsebene modellieren Entscheidungsbeschreibungen zulässige Typen von Abhängigkeiten. Auf der Dokumentationsebene dienen Entscheidungsbeschreibungen der Aggregation dokumentierter Abhängigkeiten, die gemäß der definierten Typen strukturiert sind.

Entscheidungsklassen können zusätzlich mit Integritätsbedingungen und deduktiven Regeln versehen werden. Diese können sich sowohl auf die semantische Beschreibung der Objekte als auch auf die Abhängigkeiten beziehen.

Entscheidungsklassen dienen der semantischen Beschreibung der Aktivitäten. Sie spezifizieren Integritätsbedingungen, die durch die Ausführung einzuhalten sind, und die Abhängigkeiten, die während der Ausführung einer externen Aktivität entstehen. Sie beschreiben nicht die Ausführung. Dieses ist auch nicht sinnvoll, wenn heterogene Umgebungen zu integrieren sind. Hierfür sind Werkzeuge zu modellieren. Es kann nur das Ergebnis der Entscheidungsausführung im Informationssystem in Bezug auf korrekte Instantiierung des Schemas geprüft werden.

Agenten

Das Konzept `Agent` beschreibt das Objekt, das eine Entscheidung fällt oder ausführt. `Action` beschreibt die technische Aktivität in der Anwendungsdomäne (`realization`), mit der der Agent die Entscheidung (`qualification`) ausführt. `Agent` ist eine Generalisierung für *humane Agenten* (Entwickler) und *technische Agenten* (Werkzeug). Für einen technischen Agenten gibt `realization` den Aufruf des Werkzeugs, mit dem die Entscheidung (`qualification`) durch dieses Werkzeug ausgeführt bzw. unterstützt wird.

```
IndividualClass Agent isA Decision with
    attribute
        qualification : Decision
        realization : Action
end Agent

IndividualClass Action in MetaClass isA Object with
    attribute
        call : String
end Action
```

Modell 4-3: Agenten für die Werkzeugintegration

Die Werkzeugunterstützung kann sich von der automatischen Ausführung bis zur methodenfreien Unterstützung durch einen Editor erstrecken. Im letzten Fall ist der Entwickler gänzlich verantwortlich für die korrekte Ausführung. Die Integrität der Ausführung wird unabhängig vom Unterstützungsgrad durch die Spezifikation der Entscheidung überwacht.

Die Semantik einer Aktion in der Anwendungsdomäne wird nicht erfaßt. Sie ist durch die Entscheidung über das Attribut `qualification` gegeben; die Entscheidung modelliert die Wirkung innerhalb des Informationssystems. Dieser Zusammenhang zwischen Modellierung im Informationssystem und Wirkung in der Anwendungsdomäne kann aber nicht geprüft werden, da Entscheidungen in heterogenen Umgebungen durch verschiedene Aktionen unterstützt werden; diese Relation wird vom Datenmodell vorausgesetzt. Die Relation entspricht der Realisierungsentscheidung in der Anwendungsdomäne, eine Entscheidung durch eine Aktion auszuführen. Deshalb ist `Agent` auch eine Spezialisierung von `Decision`.

Neben der passiven Dokumentation kann das Prozeßdatenmodell aufgrund der Entscheidungsmodellierung auch eine aktive Unterstützung für Software-Prozesse bieten. Ausgehend von einem Software-Objekt können die Entscheidungen ermittelt werden, die für das Software-Objekt anwendbar sind. In einem zweiten Schritt kann ein Werkzeug gewählt werden, das diese Entwicklungsaktivität unterstützt. Beide Unterstützungen beruhen auf einer einheitlichen Anfrage: der Anfrage nach anwendbaren Entscheidungen.

Konversationen

Die Kooperation in Software-Prozessen ist in das Modell durch *Konversationen* integriert. Konversationen beziehen sich immer auf Entscheidungen (`subject`) und nicht auf Objekte (Modell 4-4). An einer Konversation beteiligen sich Agenten (`participants`), die zur Kooperation Nachrichten austauschen. Das Konzept der Konversation zielt auf die Strukturierung und

Dokumentation des Nachrichtenaustausch. Konversationen aggregieren nicht nur Nachrichten, sondern werden von Nachrichten beeinflußt und gesteuert. Nachrichten "treiben" Konversationen (`drives`). Sie sind überhaupt nur zugelassen, wenn sie einer Konversation zugeordnet werden können. Eine Nachricht wird von einem Agenten (`from`) an einen Agenten (`to`) geschickt und bezieht sich immer auf eine Entscheidung (`correspondsto`).

```
IndividualClass Conversation isA Object with
    attribute
        subject: Decision
        participants: Agent
        convsemantics: ConversationDescription
end Conversation

IndividualClass Message isA Decision with
    attribute
        from: Agent
        to: Agent
        drives: Conversation
        correspondsto: Decision
        causes: ConversationState!transition
        next: Message
end Message

IndividualClass ConversationDescription in MetametaClass with
    attribute
        state: ConversationState
end ConversationDescription

IndividualClass ConversationState in MetametaClass with
    attribute
        transition: ConversationState
end ConversationState
```

Modell 4-4: Kooperation durch Konversationen

Analog zu Objekten und Entscheidungen haben Konversationen eine semantische Beschreibung (`ConversationDescription`). Die Beschreibung modelliert die Zustände (`state`) einer Konversation, die diese semantisch beschreiben. Die Zustände gehen durch Transitionen (`transition`) ineinander über. Transitionen korrespondieren mit Nachrichten. Nachrichten verursachen Zustandsübergange (`causes`). Die Zulässigkeit einer Nachricht hängt vom Zustand der Konversation und den Transitionen ab. Allgemein sind in diesem Modell nur die Nachrichten zulässig, für die eine Konversation existiert, in die die Nachricht korrekt eingefügt werden kann.

Diese Modellierung der Konversationsbeschreibung entspricht endlichen Automaten. Sie ermöglicht nur die Beschreibung und Kontrolle *linearer* Konversationen. Es können keine kontextsensitiven Konversationen modelliert werden, d.h. eine Nachricht kann sich immer nur auf ihre Vorgängernachricht in der Konversation beziehen. Diese Einschränkung der möglichen Protokolle wird hier hingenommen, um eine einfache Modellierung zu erhalten und die Kontrolle der Zulässigkeit und die Zuordnung einer Nachricht schnell ausführen zu können.

4.2 Prozeßmodellierung in *CAD^o*

CAD^o ist formal in Telos modelliert. Aufgrund der Erweiterbarkeit von Telos sind die Konzepte und Strukturen von CAD^o formal in Telos integriert. Telos ist somit zu einem Datenmodell für die konzeptuelle Prozeß-Modellierung erweitert. Umgekehrt stehen CAD^o die vollen Modellierungsfähigkeiten von Telos zur Verfügung, so daß CAD^o die konzeptuelle Modellierung von Software-Prozessen ermöglicht. Im folgenden wird CAD^o als Bezeichnung des Datenmodells für das Software-Informationssystem verwendet.

In der Modellierung von Software-Prozessen in CAD^o werden drei Abstraktionsebenen unterschieden, die als Instantiierungshierarchie repräsentiert sind.

(a) *Basismodell* - Die oberste Ebene der Instantiierungshierarchie ist *CAD^o*. Es bietet die Datenmodellierungsfähigkeiten, für die Repräsentation von Software-Prozessen.

(b) *Umgebungsmodell* - Konzeptuelle Modelle von Software-Prozessen einer Anwendungsdomäne werden als Umgebungsmodelle bezeichnet. Sie sind Instanz von *CAD^o* und werden in dem Schema von *CAD^o* modelliert. Umgebungsmodelle modellieren die in einer Entwicklungsumgebung unterstützte Software-Entwicklung.

(c) *Projektmodell* - Entwicklungsprojekte, die in einer Umgebung ausgeführt werden, werden durch Projektmodelle spezifiziert. Konkret ausgeführte Prozesse werden als Instanzen der Projektmodelle dokumentiert. Durch die Axiome von Telos wird bei der Dokumentation (Ausführung) eines Projekts geprüft, ob es konsistent ist in Bezug auf das spezifizierte Projektmodell.

4.3 Résumé der Prozeßmodellierung

CAD^o umfaßt die Konzepte Objekt, Abhängigkeit, Entscheidung, Werkzeug, Entwickler und Nachricht, wobei Werkzeug und Entwickler durch die Verallgemeinerung Agent dargestellt sind. Diese Konzepte repräsentieren die Entitäten, die für die Integration in einer Software-Entwicklungsumgebung relevant sind. CAD^o strukturiert die Konzepte als entscheidungsorientierten Software-Prozeß. Dieser Software-Prozeß konstituiert sich aus werkzeugunterstützten Entscheidungen, die Eingabe- in Ausgabeobjekte transformieren und über die Nachrichten ausgetauscht werden. Nachrichten werden zwischen Agenten ausgetauscht und durch Konversationen strukturiert. Eine graphische Übersicht der Modellierungskonzepte und ihrer Struktur gibt Abb. 4-1.

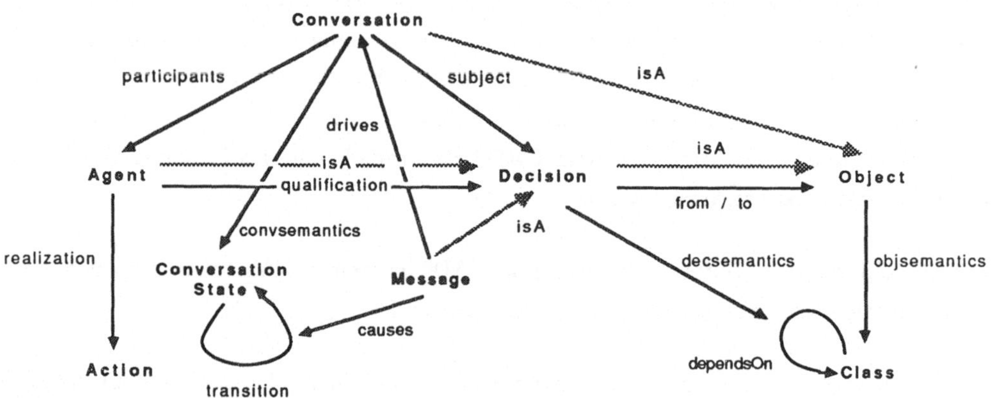

Abb. 4-1: Das Software-Prozeßdatenmodell *CAD^o* [10]

Das Konzept der Entscheidung integriert, in dem es (1) von Werkzeugaufrufen zu Konzepten abstrahiert und damit die Integration von Werkzeugen ermöglicht, und (2) konzeptionell die Modellierung der technischen und der sozialen Aspekte einer Aktivität durch Konversationen über Entscheidungen verbindet.

In CAD^o sind zunächst nur einzelne Entscheidungen modelliert; *Mehr-Schritt*-Aspekte sind nicht unmittelbar dargestellt. Sie sind durch Entscheidungen zu modellieren, die Software-Prozesse konfigurieren.

10 Aus Gründen der Übersichtlichkeit sind nicht alle Objekte und Attribute eingezeichnet. Insbesondere sind nicht die Knoten für die semantischen Beschreibungen eingezeichnet.

CAD° erweitert die Datenmodelle heutiger Software-Datenbanken um die Darstellung des Entwicklungsprozesses. Neben der Objekt- und Entscheidungsverwaltung integriert CAD° Werkzeuge, womit die Interoperabilität in einer Software-Entwicklungsumgebung durch ein Informationssystem unterstützt ist. Entscheidungen können durch unterschiedliche Werkzeuge heterogen realisiert werden - in verschiedenen Umgebungen oder mit unterschiedlicher Funktionalität.

Ansätze der Prozeß-Modellierung konzentrieren sich auf Abhängigkeiten und Kontrollstrukturen von Aktivitäten in Software-Prozessen. Aktivitäten werden immer im Sinne von Werkzeugaufrufen verstanden. CAD° verbessert diese Ansätze durch die Unterscheidung zwischen dem Konzept einer Entscheidung und einer Ausführung durch ein Werkzeug. Im Gegensatz zu ADELE [Belkhatir und Estublier 87] oder MARVEL [Kaiser und Feiler 87] kennt CAD° kein automatisches Propagierungskonzept für Entscheidungen, d.h. welche Folgeentscheidungen nach einer Entscheidung auszuführen sind, um den Prozeß oder die Objekte konsistent zu halten. Diese Propagierungskonzepte sind dokumentorientiert in zweierlei Weise. Erstens beziehen sich die Propagierungen (in den in der Literatur gegebenen Beispielen) auf die Konsistenz in der Dokumentenorganisation, beispielsweise Übersetzung nach Modifikation. Zweitens sind triggerbasierte Propagierungskonzepte dokumentorientiert, da Trigger ein Implementierungskonzept für die Wahrung der Konsistenz sind, weshalb sie auch schnell zu unübersichtlichen Auswirkungen führen. Die Konsistenz zwischen Objekten und Entscheidungen ist in CAD° deklarativ durch Integritätsbedingungen und deduktive Regeln zu modellieren.

5 Entscheidungsbasierte Versionen- und Konfigurationenmodellierung

Die Aufgabe der Versionen- und Konfigurationenverwaltung ist die persistente Verwaltung der Objekte eines Software-Systems und die konsistente Integration der Objekte, die verteilt entwickelt werden und in Versionen existieren. Das Ziel ist die Realisierung dieser Aufgabe durch ein Informationssystem, das konzeptuell die *Daten* der Software-Entwicklung integriert. Hierfür wird ein *Datenmodell* benötigt, mit dem das *konzeptuelle Modell des Entwickeln-im-Großen* erstellt werden kann.

Traditionell wird das Entwickeln-im-Großen durch Werkzeuge der Versionen- und Konfigurationenverwaltung unterstützt. Diese Werkzeuge sind fast ausschließlich verbal dokumentiert oder "einfach implementiert" [Feiler 90]. Die realisierten Konzepte für das Entwickeln-im-Großen sind nicht beschrieben. Bisherige Werkzeuge sind auf die Verwaltung von Dokumenten und die Produktion von Kode beschränkt. Was fehlt ist eine konzeptuelle Modellierung [Tichy 88].

An ein Informationssystem für das Entwickeln-im-Großen zur Integration einer Software-Entwicklungsumgebung sind vier Anforderungen gestellt.

(a) *Integrierte Modellierung* - Die Objekte der Software-Entwicklung sind aus Gründen der Datenintegration und Interoperabilität einheitlich zu modellieren.

(b) *Integration von Objekten* - Objekte repräsentieren Komponenten eines Systems und sind Arbeitsergebnisse von Entwicklern. Das Informationssystem hat die Integration dieser Objekte ineinander zu unterstützen.

(c) *Konzeptorientierung und Persistenz der Versionierung* - Software-Systeme unterliegen stetigen Weiterentwicklungen und Wartungen. Diese Versionierungen sind konzeptuell zu repräsentieren und persistent zu verwalten.

(d) *Integration von Versionierungen* - Versionierungen repräsentieren die Veränderungen innerhalb eines Software-Systems. Versionierungen sind auf ihre Auswirkungen zu analysieren und in das Software-System zu integrieren.

Ziel diese Kapitels ist es, zu zeigen, daß man diese Aufgaben mit CAD^{o} lösen kann. Auszuarbeiten sind Modellierungskonzepte für das Datenmodell CAD^{o}, mit denen diese Aufgaben gezielt unterstützt werden können. Hierfür wird die Versionen- und Konfigurationenverwaltung als entscheidungsbasierter Software-Prozeß modelliert, dessen Ziel die Konsistenz-im-Großen ist. Die formale Modellierung in CAD^{o} führt zur Erweiterung von CAD^{o} zu einem Datenmodell für das Entwickeln-im-Großen.

In komplexen Entwurfsanwendungen wie der Software-Entwicklung kann sich die Datenmanipulationsschnittstelle eines Informationssystems nicht mehr auf Programmierschnittstellen beschränken. Gesucht ist eine Schnittstelle, die Benutzer interaktiv und möglichst in einer graphischen Umgebung für Anfragen und Eingaben unterstützt. In dieser Arbeit wird eine derartige Schnittstelle durch Assistenten realisiert. Die Funktionalität der Assistenten ist jeweils durch die Umgebungsmodelle spezifiziert. Die Assistenten unterstützen die Interaktion mit spezifischen Projektmodellen interaktiv in einer einheitlichen, graphikorientierten Umgebung.

5.1 Konfigurationenmodell

Konfigurationen können auf zwei Weisen entstehen. Zum einen ergeben sie sich aus der *Partitionierung* von Objekten aus Gründen der Arbeitsteilung oder einer Entwicklungsmethodik. Zum anderen entstehen sie durch die *Aggregation* bestehender Objekte. Zum Beispiel können existierende Oberflächenwerkzeuge zu einer neuen Umgebung konfiguriert werden, die auf die Aufgaben eines Entwicklers zugeschnitten ist.

Die Integration ist nicht nur auf Programme zu beschränken. Die Integration von Programmen im Sinne einer Kodeproduktion ist wohlverstanden. Integration bezieht sich auf alle Objekte der Software-Entwicklung, wie etwa Entwürfe, Spezifikationen und die gemischte Integration von Spezifikationen, Entwürfen und Programmen zu zusammenhängenden Systembeschreibungen. Die Integration von Objekten stellt drei Anforderungen an das Konfigurationenmodell:

(a) *Konzeptualisierung* - Es sind die Konzepte im Informationssystem darzustellen, die mit der Integration in der Anwendungsdomäne verbunden sind. Das Modell hat die konzeptuellen Eigenschaften der Objekte und Konfigurationen zu repräsentieren.

(b) *Konsistenz* - Konfigurationen beschreiben zunächst gültige Schemata von Objekten. Benötigt werden Konsistenzbedingungen, mit denen Verträglichkeiten und Abhängigkeiten zwischen Objekten modelliert werden. Die Konsistenzbedingungen können nicht mit Versionsbezeichnern einer Datei formuliert werden. Sie haben auf den konzeptuellen Eigenschaften der Objekte aufzubauen.

(c) *Inkrementalität* - Konfigurierungen sind inkrementell und interaktiv zu unterstützen. Für eine schrittweise Konfigurierung sind Hilfen anzubieten, die alle verwendbaren Versionen eines Objekts anzeigen und Inkonsistenzen in einer Konfiguration ermitteln und anzeigen.

5.1.1 Konzeptuelle Modellierung der Konfigurierung

Für die Integration von Objekten durch Konfigurationen sind zu modellieren:

(a) Wissen über die Konfiguration als Ganzes, die Schnittstelle;

(b) Menge von Komponenten, die die Eigenschaften der Konfiguration als Ganzes realisieren wie in der Schnittstelle vorgegeben;

(c) Beschreibung der Beziehung zwischen Schnittstelle und Komponenten.

Über die Notwendigkeit obiger Informationen besteht Konsens zwischen formalen Ansätzen [Ehrig und Mahr 90] und dokumentorientierten Ansätzen [Estublier 88] der Konfigurationenverwaltung. Die Ansätze divergieren in den gewählten Formalismen und den Verifikationsmöglichkeiten, insbesondere zu Punkt (c).

Schnittstelle und *Komponenten* werden durch *Objekte* repräsentiert. Beide sind mit Objektbeschreibungen versehen, die die Eigenschaften in der Terminologie der Anwendungsdomäne beschreiben. Ein Objekt, das eine Konfiguration repräsentiert, modelliert diese Konfiguration als ein monolithisches Objekt. Es beschreibt die Eigenschaften der Konfiguration als ein Objekt aufgefaßt und repräsentiert nur, daß ein derartiges Objekt existiert. Nur durch die Anwendungsdomäne ist bekannt, daß das Objekt zu konfigurieren ist, um seine Eigenschaften zu realisieren.

Die Beziehung zwischen Schnittstelle und Komponenten wird durch eine Entscheidung in der Anwendungsdomäne dargestellt. Sie wird durch das Konzept der *Entscheidung* in CAD^{O} repräsentiert. Eine *Konfigurierungsentscheidung* modelliert die Aggregation von Objekten unabhängig von der Entstehung dieser Beziehung in der Anwendungsdomäne, d.h. ob sie durch eine Partitionierung innerhalb einer *top-down*-Entwicklung oder durch Aggregation während einer *bottom-up*-Entwicklung entstanden ist.

Aufgrund der Unterscheidung zwischen einem komplex intendierten Objekt und der Konfigurierung kann zwischen der Konsistenz eines Objekts und der Konsistenz der Konfigurierung differenziert werden. Ein Objekt ist inkonsistent, wenn es keine gültige Instanz einer zugehörigen Klasse ist. Eine Konfigurierung ist inkonsistent, wenn es keine gültige Instanz einer Konfigurierungsklasse ist. Inkonsistente Konfigurierungen implizieren nicht die Inkonsistenz des zu konfigurierenden Objekts. Die Trennung zwischen komplexem Objekt und Konfigurierung erlaubt die einfache Modellierung alternativer Konfigurierungen eines Objekts. Zum Beispiel kann ein Objekt aktuell durch Konfigurierung implementiert sein, das in früheren Phasen atomar war.

Die formale Modellierung der Objekte in CAD° zeigt Modell 5-1. `ConceptualObject` repräsentiert die Objekte der Versionen- und Konfigurationenverwaltung. Als Instanz des Konzepts des *Objekts* in CAD° hat es eine semantische Beschreibung (`ObjectDescription`). Die semantische Beschreibung ist durch das Attribut `objdescription` referenziert, das formal eine Instanz der Attributkategorie `objsemantics` ist. Aufgrund der Instantiierungsaxiome von Telos ist `ConceptualObject` Objekt eines Software-Prozesses und verfügt über die semantische Beschreibung `ObjectDescription`.

```
IndividualClass ConceptualObject in Object with
   objsemantics
      objdescription : ObjectDescription
end ConceptualObject

IndividualClass ObjectDescription with
   attribute
      facilities : ObjectFacility
end ObjectDescription

IndividualClass ObjectFacility with
end ObjectFacility
```

Modell 5-1: Konzeptuelle Modellierung der Objekte in CAD°

`ObjectDescription` dient der Modellierung der konzeptuellen Eigenschaften der Objekte in der Anwendungsdomäne. Hierfür stehen die Modellierungsfähigkeiten von Telos zur Verfügung. Im Projektmodell werden Attribute spezifiziert, die die Objekte charakterisieren. Diese Attribute dienen als Attributkategorien für die zu dokumentierenden Versionen auf der untergeordneten Instantiierungsebene.

Konzeptuelle Objekte werden zu Komponenten (`Component`) und letztere weiter zu Schnittstellen (`Interface`) spezialisiert (Modell 5-2). Komponenten beschreiben atomar aufgefaßte Objekte, d.h. Objekte, die über keine Konfigurierungsentscheidung für die Realisierung verfügen. Schnittstellen hingegen sind für die Darstellung komplex strukturierter Objekte entworfen. Sie beschreiben Objekte, die durch Konfigurierung realisiert sind, was die Integritätsbedingung `proper-interface` besagt. Es können somit keine komplexen Objekte modelliert werden, die über keine (korrespondierende) Konfigurierungsentscheidung verfügen.

```
IndividualClass Component isA ConceptualObject with
    objsemantics
        objdescription : ComponentDescr
end Component

IndividualClass ComponentDescr isA ObjectDesciption with
end ComponentDescr

IndividualClass Interface isA Component with
    objsemantics
        objdescription : InterfaceDescr
    constraint
        properinterface :
        $ forall i/Interface
          exists c/ConceptConfiguration
          c.interface_spec = i $
end Interface

IndividualClass InterfaceDescr isA ComponentDescr with
end InterfaceDescr
```

Modell 5-2: Spezialisierung der Objekte zu Schnittstellen und Komponenten

Die Spezialisierung in Komponente und Schnittstelle unterstützt die strukturelle Objektorientierung. Objekte der Anwendungsdomäne können im Informationssystem als Schnittstelle oder Komponente definiert werden. Es können konzeptuelle Sichten auf Objekte definiert werden, wie beispielsweise die Eigenschaften eines Objekts einmal als atomare Komponente oder zum anderen als komplex strukturiertes Objekt aufgefaßt.

Die Schnittstelle ist als Spezialisierung der Komponente ausgeführt, da jedes konfigurierte Objekt wieder als atomar aufgefaßte Komponente in einer durch Konfiguration zu realisierenden Schnittstelle dienen kann. Ihre Beschreibungen spezialisieren `ObjectDescription` analog.

Konfigurierungen werden als Instanzen des Konzepts Entscheidung in CAD^O modelliert (Modell 5-3). Konfigurierungsentscheidungen gehen von Komponenten (Attribut `body_impl` als Instanz des Attributs `from` in CAD^O) zu einer Schnittstelle (`interface_spec` Instanz von `to` in CAD^O). Hiermit werden die strukturellen Eigenschaften von Konfigurationen als die Entscheidung modelliert, Objekte (`component`) zu einem Objekt (`interface`) zu integrieren, das die in der Schnittstelle spezifizierten Eigenschaften besitzt.

```
IndividualClass ConceptConfiguration in Decision with
    to, necessary, single_valued
        interface_spec : Interface
    from, necessary
        body_impl : Component
    decsemantic
        confdescription : ConfigurationDescr
end ConceptConfiguration
```

Modell 5-3: Konfigurationenmodellierung als Entscheidungen in CAD[O]

Zusätzlich wird eine Konfigurierungsentscheidung durch Einschränkung der Attribute `body_impl` und `interface_spec` strukturell charakterisiert. Diese Einschränkung wird formal durch Attributkategorien modelliert, die Integritätsbedingungen für Attribute sind.

Da die Attribute `body_impl` und `interface_spec` Instanz der Kategorie `necessary` sind (vgl. Kapitel 3.4), muß eine Konfigurierungsentscheidung immer mindestens von einer Komponente zu einer Schnittstelle gehen, d.h. Konfigurationen ohne eine Schnittstelle und eine Komponente werden im Modell als strukturell inkonsistent erkannt.

Die Attributkategorie `single_valued` ist eine Erweiterung von Telos. Sie definiert ein Attribut, das nur einmal instantiiert werden darf, d.h. nur über einen Wert verfügen kann. Die Definition erfolgt als Integritätsbedingung des Attributs `single_valued` analog zu `necessary` (Modell 5-4). Da `interface_spec` Instanz von `single_valued` ist, kann eine Konfiguration maximal über eine Schnittstelle verfügen.

```
Attribute single_valued in MetaClass with
    constraint
        singlevaluedconstraint:
        $ forall ac/single_valued
          forall c1, c2 /Class
          forall a1, a2/Attribute
          (source (ac)= c1 and c2 In c1 and
           source (a1) = c2 and source (a2) = c2 and
           a1 In ac and a2 In ac) →
           a1 == a2 $
end single_valued
```

Modell 5-4: Erweiterung von Telos um die Attributkategorie `single_valued`

Beispiel 5-1 (*Dialog-Box*): Die Dialog-Box ist ein Werkzeug in *ConceptBase* für die generische Realisierung von Benutzerdialogen. Alle benötigten Eingaben werden über die Dialog-Box angefordert und über diese eingegeben. Der Bildschirmabzug in Abb. 5-1 zeigt zwei Versionen: eine in einer fensterfähigen Umgebung und eine für ASCII-Terminals.

Bei Aufruf der Dialog-Box übergibt das aufrufende Werkzeug eine Liste von Fragen, für die Eingaben erwartet werden. Die Antworten werden nach erfolgreicher Beendigung des Dialogs mit dem Benutzer an das aufrufende Werkzeug zurückgegeben.

Jede Frage kann mit Optionen versehen werden. Die Optionen bestimmen, wie der Dialog abläuft und wie Benutzereingaben zu verarbeiten sind. Die zulässigen Optionen unterscheiden die verschiedenen Versionen der Dialog-Box. Beispielsweise können mit Fragen Prozeduren assoziiert werden, um Vorschlagswerte für eine Antwort zu berechnen und anzuzeigen. Prozeduren können Benutzereingaben auf Plausibilität testen und ggf. Fehlermeldungen anzeigen. Die Syntax der Eingaben ist wählbar. Es ist zwischen der Eingabe von Prolog-Strukturen, Ausdrücken in Telos oder Zeichenketten zu wählen.

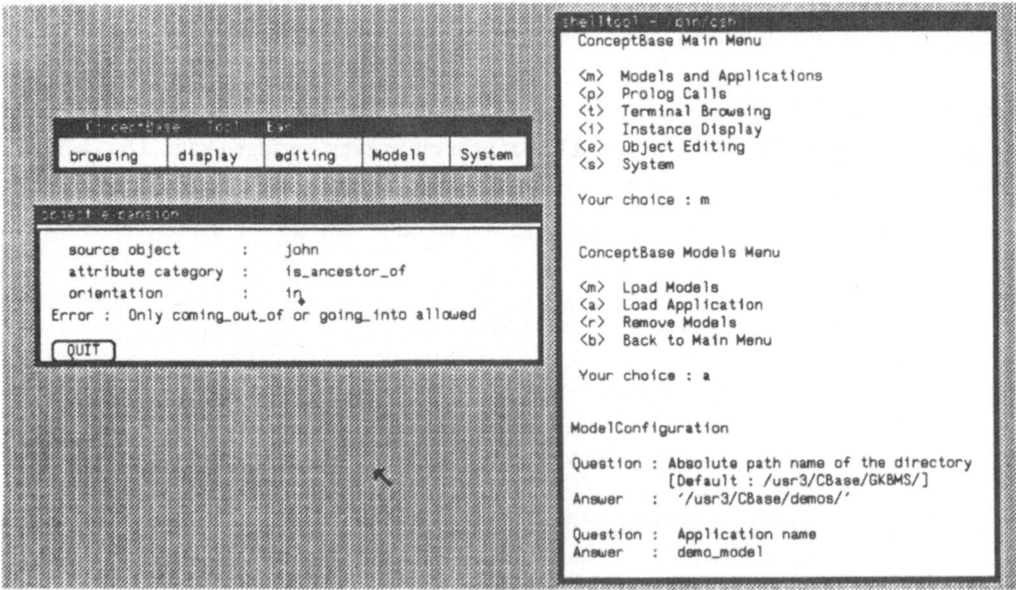

Abb. 5-1: Dialog-Box [11]

11 Der Bildschirmabzug zeigt zwei Versionen der Dialog-Box in einer SUNView-Umgebung. Die fensterbasierte Version befindet sich auf dem Bildschirm links. Die Terminalversion ist aus einem *shell tool* aufgerufen und rechts gezeigt. Beide Versionen sind zusammen in einer SUNView-Umgebung gezeigt.

Die Dialog-Box wird konzeptuell durch ihre Eigenschaften für Benutzerinteraktionen modelliert. Die Eigenschaften sind in drei Kategorien eingeteilt (Modell 5-5).

(a) Die *Interaktionsfähigkeiten* werden durch das Attribut `interaction` repräsentiert. Es modelliert, welche Eingabevorbereitung und -verarbeitung unterstützt ist. Es bezieht sich auf Eigenschaften wie Vorschlagswerte, Plausibilitätstest, Fehlermeldung, etc.

(b) Die Fähigkeit der *Benutzeroberfläche* wird durch das Attribut `environment` modelliert. Es sagt, in welcher Umgebung die Dialog-Box operiert.

(c) Die *Eingabesyntax* wird durch das Attribut `input` beschrieben.

```
IndividualClass DialogueBox in Interface with
    objdescription
        dialoguedescr : DialogueDescr
end DialogueBox

IndividualClass DialogueDescr in InterfaceDescr with
    facilites
        interaction : Interaction
        input : Input
        environment : Environment
end DialogueDescr
```

Modell 5-5: Modellierung der Dialog-Box

Die Modellierung der Dialog-Box beschreibt nur die Eigenschaften dieses Werkzeugs. Sie sagt noch nichts darüber aus, wie dieses Werkzeug realisiert ist. Konzeptuell ist die Dialog-Box durch eine Konfigurierungsentscheidung realisiert.

Beispiel 5-2 (*Konfigurierung der Dialog-Box*): Die Dialog-Box ist durch die Konfigurierungsentscheidung `ConfDialogueBox` realisiert (Modell 5-6). Die Entscheidung konfiguriert die Objekte `QueryEvaluator` und `QueryInterface`.

`QueryInterface` implementiert die technische Interaktion mit dem Benutzer. Es bietet generische Ein- und Ausgabeoperationen für die Ausgabe der Fragen und das Lesen der Antworten. Charakterisiert ist dieses Objekt durch ein Attribut für die Umgebung, in der die Ein- und Ausgabeoperationen bereitgestellt werden. `QueryEvaluator` steuert die Ausführung des Dialogs und die Verarbeitung der Antworten. Es ist unabhängig von den physischen Ein- und Ausgabeoperationen. Es realisiert die Interaktionsfähigkeiten und verarbeitet die Eingaben syntaktisch. Die Eigenschaften werden durch Attribute für die Eingabesyntax und die Interaktionsfähigkeiten modelliert.

```
IndividualClass ConfDialogueBox in ConceptConfiguration with
   interface_spec
      facility: DialogueBox
   body_impl
      functionality: QueryEvaluator
      systeminterface: QueryInterface
end ConfDialogueBox

IndividualClass QueryEvaluator in Component with
   objdescription
      evaluatordescr: QueryEvaluatorDescr
end QueryEvaluator

IndividualClass QueryEvaluatorDescr in ComponentDescr with
   facilities
      processes: Input
      function: Interaction
end QueryEvaluatorDescr

IndividualClass QueryInterface in Component with
   objdescription
      interfacedescr: QueryInterfaceDescr
end QueryInterface

IndividualClass QueryInterfaceDescr in ComponentDescr with
   facilities
      runsin: Environment
end QueryInterfaceDescr
```

Modell 5-6: Konfigurierung der DialogBox

`Interface` und `Component` werden hier zur Modellierung konfigurierter Objekte verwendet. `Interface` repräsentiert das konfigurierte Objekt als Ganzes und mit `Component` werden die Objekte repräsentiert, durch deren Konfigurierung `Interface` realisiert ist. `Interface` ist hier nicht im Sinne einer Schnittstelle wie in modularen Programmiersprachen zu verstehen.

5.1.2 Modellierung konsistenter Konfigurierungen

Konfigurierungsentscheidungen modellieren Konfigurationen strukturell. Mit ihnen lassen sich Systemarchitekturen und Konfigurationsschemata beschreiben. Allgemein ermöglichen sie die Integration verschiedener Objekte der Software-Entwicklung zu Objekten. Das Konfigurationenmodell unterstützt die strukturelle Objektorientierung für Objekte und Konfigurationen.

Versionsspezifikationen für die Beschreibung konsistenter Konfigurationen werden durch prädikative Integritätsbedingungen modelliert. Die Integritätsbedingungen für eine konsistente Konfiguration können i.a. nicht mehr strukturell modelliert werden, ohne eine Explosion und die Entartung von Objekttaxonomien zu vermeiden. Sie müssen prädikativ formuliert werden. Der Konsistenztest wird damit aufwendiger als für strukturelle Formulierungen.

Integritätsbedingungen beziehen sich auf die semantischen Eigenschaften der Objekte, wie sie im Informationssystem aufgrund der konzeptuellen Modellierungsfähigkeit von Telos bereitstehen. Die Konsistenz einer Konfiguration ist somit anwendungsorientiert repräsentierbar. Die Modellierung ist nicht auf vordefinierte Attribute oder Bezeichner beschränkt. Das Vokabular für die Integritätsbedingungen ist konzeptorientiert. Das Vokabular kann adaptiert oder erweitert werden, wenn es die Anwendungsdomäne erfordert, sei es aufgrund von Domänenänderungen - etwa neue Software-Objekte oder neue, relevante Eigenschaften der Objekte - oder konzeptueller Verfeinerungen in der Modellierung der Mini-Welt.

Die Integritätsbedingungen einer konsistenten Konfiguration sind mit Konfigurierungsentscheidungen und nicht mit Schnittstellenobjekten assoziiert. Sie beschreiben semantische Abhängigkeiten im Konfigurierungsprozeß. Schnittstellen können natürlich auch mit Integritätsbedingungen versehen werden; sie formulieren Konsistenzbedingungen für das Objekt als Ganzes unabhängig von der Konfigurierung. Somit lassen sich Konsistenzverletzungen der Schnittstelle und der Konfigurierung unterscheiden.

Das Konfigurationenmodell enthält drei Modellierungskonzepte für die Repräsentation von Versionsspezifikationen. Die Konzepte unterscheiden sich durch die angestrebte Anwendung in der Ausführung von Konfigurierungsentscheidungen.

(a) *Konsistenzbedingungen* beschreiben die Konsistenz der Implementierung. Sie modellieren die konsistente Realisierung der Schnittstelleneigenschaften durch die Komponenten. Sie zielen auf die Unterstützung der Konfigurierung in *bottom-up*-Richtung.

(b) *Vervollständigungsregeln* beschreiben die Abhängigkeit der Schnittstelleneigenschaften von Komponenteneigenschaften. Sie unterstützen die Vervollständigung unvollständig eingegebener Konfigurierungsentscheidungen. Für nicht spezifizierte Komponenten kann ein Benutzer alle zulässigen Versionen erfragen. Diese Fähigkeit ist typischerweise für Re-Konfigurierungen sinnvoll. Allgemein können sie für die *top-down*-Konfigurierung angewendet werden.

(c) *Kompatibilitätsbedingungen* sind spezialisierte Integritätsbedingungen für die Kompatibilität zwischen Komponenten. Sie beschreiben lokale Integritätsbedingungen zwischen Komponenten, die unabhängig von den (globalen) Schnittstelleneigenschaften sind. Sie werden sowohl für *top-down-* als auch *bottom-up*-Konfigurierungen eingesetzt.

Jede Konfigurierungsentscheidung kann über (allgemeine) *Integritätsbedingungen* verfügen. Integritätsbedingungen können sich auf Schnittstellen und Komponenten beziehen. Für sie existiert keine besondere Unterstützung. Im Falle einer Verletzung wird die Konfigurierungsentscheidung zurückgewiesen, ohne differenzierte Hinweise auf die in die Verletzung involvierten Eigenschaften.

Die Typen (a) und (b) zielen auf die interaktive und inkrementelle Konfigurierung. Prinzipiell repräsentieren beide die gleiche Information. Typ (a) kontrolliert die konsistente Konfigurierung; mit Typ (b) werden Versionen selektiert, die eine konsistente Konfigurierung ergeben. Im Falle einer Konsistenzverletzung, werden konfligierende Eigenschaften ermittelt. Inkonsistenzen werden nicht zurückgewiesen, sondern für spätere Korrekturen oder Vervollständigungen verwaltet.

Kompatibilitäts- und Konsistenzbedingungen bilden die semantische Beschreibung einer Konfigurierungsentscheidung. Sie werden als Abhängigkeiten in CAD^O modelliert, da Kompatibilitäts- und Konsistenzbedingungen Abhängigkeiten zwischen Schnittstelle und Komponenten bedingen. Sie beschreiben keine Abhängigkeiten zwischen in der Konfiguration involvierten Objekten, sondern zwischen den Eigenschaften dieser Objekte. Das Konfigurationenmodell bietet die strukturellen Möglichkeiten drei Abhängigkeitstypen zu repräsentieren: Abhängigkeiten für Konsistenz, Kompatibilität und Vervollständigung. Sie werden als Abhängigkeiten (`dependsOn`) in CAD^O dargestellt.

`ComponentDescr!facilities` und `InterfaceDescr!facilities` identifizieren die Attribute der semantischen Beschreibungen. Die Attribute sind Instanzen der Telos-Klasse `AttributeClass`. Sie sind attributiert wie in Modell 5-7 gezeigt. Das Attribut `ComponentDescr!facilities` hat die Attribute `consistencydep` und `compatibledep`, welche Instanz der Attributkategorie `dependsOn` sind. `Consistencydep` und `compatibledep` haben `InterfaceDescr!facilities` (Attribut der semantischen Beschreibung der Schnittstelle) bzw. `ComponentDescr!facilities` (Attribut der semantischen Beschreibung der Komponenten) als Zielobjekt. Analog werden Vervollständigungsabhängigkeiten durch das Attribut `completiondep` des Attributs `InterfaceDescr!facilities` dargestellt.

```
AttributeClass ComponentDescr!facilities with
    dependsOn
        consistencydep : InterfaceDescr!facilities
        compatibledep : ComponentDescr!facilities
end ComponentDescr!facilities

AttributeClass InterfaceDescr!facilities isA
        ComponentDescr!facilities with
    dependsOn
        completiondep : ComponentDescr!facilities
end InterfaceDescr!facilities
```

Modell 5-7: Modellierung der Konfigurierungsbedingungen als Abhängigkeiten

In Abhängigkeit von der angestrebten Anwendung unterscheiden sich die Konfigurierungsabhängigkeiten in ihrer Richtung. Vervollständigungsabhängigkeiten sind von der Schnittstelle zu den Komponenten gerichtet. Konsistenzabhängigkeiten sind von der Komponente zu der Schnittstelle gerichtet, d.h. die konsistente Realisierung einer Schnittstelleneigenschaft basiert auf einer Komponenteneigenschaft. Kompatibilitätsabhängigkeiten beschreiben die Abhängigkeiten von Komponenteneigenschaften untereinander, d.h. sie verweisen wieder auf Komponenteneigenschaften.

```
IndividualClass ConfigurationDescr in DecisionDescription with
   dependencies
     consistencydependencies : ComponentDescr!facilities!consistencydep
     completiondependencies : InterfaceDescr!facilities!completiondep
     compatibledependencies : ComponentDescr!facilities!compatibledep
end ConfigurationDescr
```

Modell 5-8: Semantische Beschreibung einer Konfigurierung

Die drei Konfigurierungsabhängigkeiten bilden die semantischen Beschreibungen einer Konfigurierungsentscheidung `ConfigurationDescr` (Modell 5-8). Die Attribute `consistencydep`, `completiondep` und `compatibledep` referenzieren die drei Abhängigkeiten.

Da die Abhängigkeiten mit einer Entscheidung assoziiert sind, können für eine Komponente verschiedene Bedingungen in Abhängigkeit vom Kontext der Konfigurierungsentscheidung modelliert werden.

Bis jetzt sind im Umgebungsmodell die Integritätsbedingungen einer Konfiguration nur strukturell als Abhängigkeiten dargestellt. Motiviert ist diese Darstellung durch das Ziel der interaktiven Unterstützung in der Konfigurierung im Sinne eines Wartungsassistenten (*maintenance assistant* [Tichy 88]), der die inkrementelle Integration von Versionierungen ermöglicht. Hierfür ist eine

Modellierung der Konsistenz- und Kompatibilitätsbedingungen als Integritätsbedingungen einer Entscheidung in Telos unzureichend. Im Falle einer direkten Modellierung als Integritätsbedingung würden inkonsistente Konfigurierungen zwar erkannt und zurückgewiesen, aber es könnte dem Benutzer keine Hilfe gewährt werden in der Auflösung der Inkonsistenz.

In diesem Modell werden die Bedingungen in Form von Anfragen (Kapitel 3.2.3) repräsentiert. Die Konsistenz- und Kompatibilitätsbedingungen werden als Anfragebedingungen in den Anfragen repräsentiert. Die mit einer Abhängigkeit assoziierte Anfrage berechnet die Objekte, die gemäß einer Integritätsbedingung konsistent bzw. kompatibel zu einem gegebenen Objekt sind. Die Anfragen für Konsistenz, Kompatibilität und Vervollständigung werden als Attribute der Abhängigkeiten modelliert (Modell 5-9). Die Abhängigkeit für die Konsistenz wird durch `ComponentDescr!facilities!consistencydep` repräsentiert. Ihr Attribut `consistencyquery` verweist auf das Objekt `QueryClass`, mit dem in Telos Anfragen modelliert werden. Die Einhaltung dieser durch Anfragen modellierten Integritätsbedingungen ist in der Verantwortung eines Konfigurationsassistenten (vgl. Kapitel 5.1.3). Für jedes Objekt in einer Konfiguration sind die relevanten Abhängigkeiten zu ermitteln und es ist auszuwerten, ob die anderen Objekte der Konfiguration in den betreffenden Antwortmengen der zugehörigen Abhängigkeiten enthalten sind.

```
AttributeClass ComponentDescr!facilities!consistencydep with
    attribute
        consistencyquery : QueryClass
end ComponentDescr!facilities!consistencydep

AttributeClass ComponentDescr!facilities!compatibledep with
    attribute
        compatiblequery : QueryClass
end ComponentDescr!facilities!compatibledep

AttributeClass InterfaceDescr!facilities!completiondep with
    attribute
        completionquery : QueryClass
end InterfaceDescr!facilities!completiondep
```

Modell 5-9: Modellierung der Konsistenz, Kompatibilität und Vervollständigung als Anfragen

Auf der Projektebene können Integritätsbedingungen formuliert werden, die unterschiedliche Intentionen verfolgen. Es lassen sich positive und negative, sowie intensionale und extensionale Bedingungen formulieren.

(a) *Extensional bezogene Zusicherungen* machen explizite Aussagen über verträgliche bzw. nicht verträgliche Versionen. Es können Bedingungen formuliert werden wie

- Version `alpha` der Komponente `A` benötigt immer Version `beta` der Komponente `B`, d.h. Version `alpha` ist inkompatibel zu allen Versionen der Komponente `B` ausgenommen `beta`,
- Version `alpha` der Komponente `A` ist kompatibel zu allen Versionen der Komponente `B`, die die Eigenschaften `X` bzw. nicht die Eigenschaft `Y` haben.

(b) *Intensional bezogene Zusicherungen* betreffen die durch Eigenschaften der Komponenten induzierten Kompatibilitäten. Sie behandeln Bedingungen wie

- hat eine Version der Komponente `A` die Eigenschaft `X`, so sind alle Versionen der Komponente `B` kompatibel zur Version von `A`, die eine Eigenschaft `Y` haben bzw. nicht haben.

In den Zusicherungen können sowohl notwendige Eigenschaften für die Integrität als auch die Integrität ausschließende Eigenschaften formuliert werden. Notwendige Eigenschaften können durch Zusicherungen ohne Negation formuliert werden, indem sie durch eine Implikation verknüpft werden. Aussschließende Eigenschaften werden durch Zusicherungen mit Negation formuliert. Schließt eine Eigenschaft `X` die Integrität aus, so wird dieses durch die Negation der Eigenschaft `X` dargestellt.

Eine Übersicht des Konfigurationenmodells gibt Abb. 5-2. Es zeigt die Konzepte des Modells, mit denen anwendungsspezifische Konfigurierungen beschrieben werden.

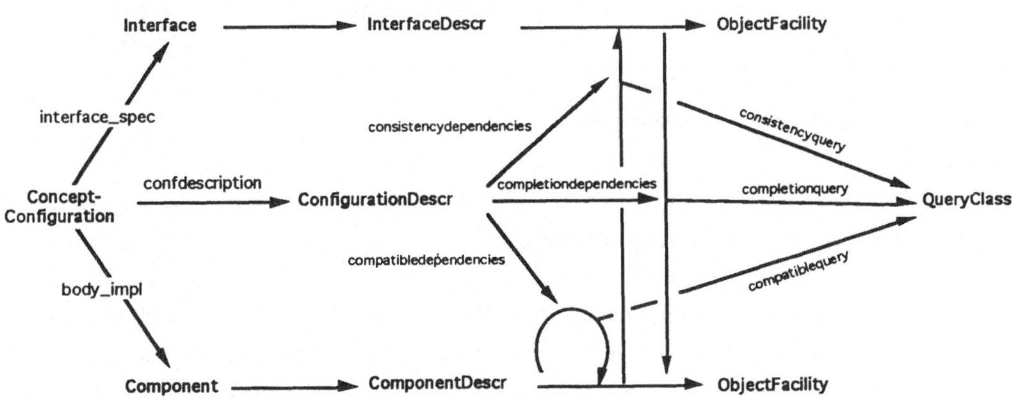

Abb. 5-2: Struktur des Konfigurationenmodells

Beispiel 5-3 (*Konsistente Konfigurierung der Dialog-Box*): Die Konfigurierungsentscheidung `ConfDialogueBox` modelliert die Konfigurierung der Dialog-Box strukturell (Beispiel 5-2). Für die Repräsentation konsistenter Konfigurierungen von Versionen der Dialog-Box aus Versionen von `QueryEvaluator` und `QueryInterface` sind noch Konsistenz- und Kompatibilitätsbedingungen als Abhängigkeiten zu repräsentieren.

Die Abhängigkeiten sind in Abb. 5-3 als graue Pfeile notiert. Die drei rechten Pfeile stehen für Konsistenzbedingungen. Sie besagen, daß jede der in `DialogueBox` geforderten Eigenschaften in `QueryEvaluator` oder `QueryInterface` realisiert sein muß. Die Kompatibilitätsbedingung beschreibt eine Abhängigkeit zwischen den Interaktionsfähigkeiten von `QueryEvaluator` und der Umgebung von `QueryInterface`. Bestimmte Interaktionsfähigkeiten sind in der fensterorientierten Umgebungen anders realisiert. Fehlermeldungen werden beispielsweise in einem speziellen Unterfenster ausgegeben.

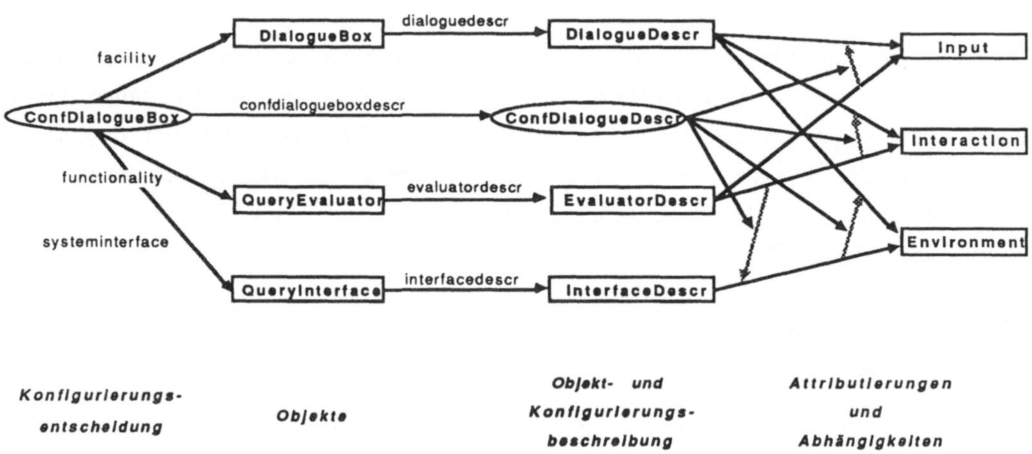

Abb. 5-3: Konfigurierung der Dialog-Box

5.1.3 Assistenz in der Konfigurierung

Das Konfigurationenmodell ist ein Datenmodell. Es bildet die Basis für die Spezifikation eines Konfigurationsassistenten, mit dem die Konsistenz einer individuellen Konfiguration in Bezug auf eine anwendungsspezifische Konfigurationsspezifikation auf der Projektebene entschieden wird. Der Konfigurationsassistent realisiert die Konfigurationsmanipulationsschnittstelle. Er bietet die interaktive Unterstützung für die Ausführung von Konfigurierungsentscheidungen.

Konsistenz einer Konfigurierungsentscheidung: Eine Konfigurierungsentscheidung `c` ist in Bezug auf eine Konfigurationsspezifikation `cs` genau dann konsistent, wenn

(i) `c` eine Instanz von `cs` ist, und

(ii) `c` alle für `cs` gegebenen Konsistenz- und Kompatibilitätsbedingungen erfüllt.

Vollständigkeit einer Konfigurierungsentscheidung: Eine Konfigurierungsentscheidung `c` ist genau dann vollständig in Bezug auf eine Konfigurationsspezifikation `cs`, wenn

(i) für alle Attribute `int` und $\texttt{comp}_i$ von `cs`, die Schnittstelle und Komponenten referenzieren, existieren Attribute von `c`, die diese instantiieren, d.h. `c` muß über eine Schnittstelle und alle Komponenten verfügen, die durch `cs` spezifiziert sind, und

(ii) `c` konsistent in Bezug auf `cs` ist.

Als ein Werkzeug aufgefaßt realisiert der Konfigurationsassistent eine Entscheidung. Für diese Entscheidung ist zu modellieren, welche Abhängigkeiten auszuwerten sind, und wann eine Auswertung zu einem gültigen Ergebnis führt. Zunächst wird beschrieben, wie die zu berücksichtigenden Abhängigkeiten ermittelt werden. Diese Selektion ist unabhängig von der Repräsentation und Auswertung der mit diesen Abhängigkeiten assoziierten Integritätsbedingungen. Repräsentation und Auswertung werden anschließend dargestellt.

5.1.3.1 Ableitung relevanter Abhängigkeiten

Die auszuwertenden Abhängigkeiten sind abhängig von einer Konfigurationsspezifikation `cs`, der zu testenden Konfigurierungsentscheidung `c` und den durch `c` zu konfigurierenden Objekten $\texttt{o}_i$. `cs` und `c` sind Parameter, die vom Konfigurationsassistenten substituiert werden, beispielsweise durch `ConfDialogueBox` und `ConfASCIIDialogueBox`, wobei `ConfASCIIDialogueBox` eine individuelle Version der Dialog-Box für Terminals konfiguriert.

Zu testende Abhängigkeiten werden durch eine Anfrage spezifiziert. In der Berechnung der Abhängigkeiten wird nicht zwischen Konsistenz und Kompatibilität differenziert. Die Anfrage bietet eine deklarative Spezifikation des Konfigurationsassistenten, für die Berechnung zu testender Abhängigkeiten.

```
GenericQueryClass IntegrityDependencies with
    parameter
     cs: ConceptConfiguration
     c: Class
    query_rule
     : $    forall dep/IntegrityDependencies
              exists cs/ConceptConfiguration
(I)           exists csdescr/ConfigurationDescr
              exists object1, object2/ConceptualObject
              exists objectdescr1, objectdescr2/ConceptualObject
              exists objfacilities1, objfacilities2/Proposition
              ( cs.confdescription = csdescr and
                ( cs.interface_spec = object1 or
                  cs.body_impl = object1) and
                cs.body_impl = object2 and
                object1.objdescription = objectdescr1 and
                object2.objdescription = objectdescr2 and
                source (objfacilities1) = objectdescr1 and
                source (objfacilities2) = objectdescr2 and
(II)            (csdescr.consistencydependencies = dep or
                 csdescr.compatibledependencies = dep) and
                source (dep) = objfacilities1 and
                target (dep) = objfacilities2 and
(III)           exists c/Class
                exists version1, version2/Class
                exists a1, a2/Attribute
                ( c In cs and
                  version1 In object1 and
                  version2 In object2 and
                  source (a1) = c and target (a1) = version1 and
                  source (a2) = c and target (a2) = version2 and
(IV)              exists versiondescr1, versiondescr2/Class
                  exists a3, a4/Attribute
                  ( versiondescr1 In objectdescr1 and
                    versiondescr2 In objectdescr2 and
                    source(a3)= version1 and target(a3)= versiondescr1 and
                    source(a4)= version2 and target(a4)= versiondescr2 and
(V)                 exists versionfacility1, versionfacility2/Attribute
                    ( source (versionfacility1) = versiondescr1 and
                      source (versionfacility2) = versiondescr2 and
(VI)                  versionfacility1 In objfacilities1 and
                      versionfacility2 In objfacilities2))))      $
end IntegrityDependencies
```

Modell 5-10: Selektion der für die Konsistenzprüfung auszuwertenden Abhängigkeiten

Erläuterung der Anfrage `IntegrityDependencies` in Modell 5-10

Die Anfrage `IntegrityDependencies` besteht aus sechs Phasen (Abb. 5-4 gibt eine schematische Übersicht).

(I) Es sind zunächst konzeptuelle Konfigurierungsentscheidungen, die zugehörige Entscheidungsbeschreibung und die konzeptuell zu konfigurierenden Objekte zu ermitteln. Für die Objekte werden ihre semantische Beschreibung und die Attribute dieser Beschreibung ermittelt.

(II) Die Abhängigkeit beschreibt eine Integritätsbedingung zwischen den zuvor lokalisierten Attributen der semantischen Beschreibung der Objekte, die in die konzeptuelle Konfiguration involviert sind. Bis hier sind alle Instanzen der Antwortmenge von `IntegrityDependencies` als Abhängigkeiten einer anwendungsspezifischen, konzeptuellen Konfigurierungsentscheidung (`cs`) auf der Projektebene klassifiziert.

Es werden in der Anfrage sowohl Konsistenz- als auch Kompatibilitätsbedingungen betrachtet.

(III) Es werden eine individuelle Konfigurationsentscheidung (`c`) und die hierdurch zu konfigurierenden Objekte ($\texttt{version}_1$, $\texttt{version}_2$) bestimmt, die das zuvor ermittelte Schema instantiieren.

(IV) Es werden die semantischen Beschreibungen ($\texttt{versiondescr}_1$, $\texttt{versiondescr}_2$) der zu konfigurierenden Objekte selektiert.

(V) Jede der semantischen Beschreibungen verfügt über Attribute ($\texttt{versionfacility}_1$, $\texttt{versionfacility}_2$).

(VI) Eine Abhängigkeit ist nur dann zu betrachten, wenn die zu konfigurierenden Objekte Eigenschaften haben, für die in der Konfigurationsspezifikation eine Abhängigkeit angegeben ist.

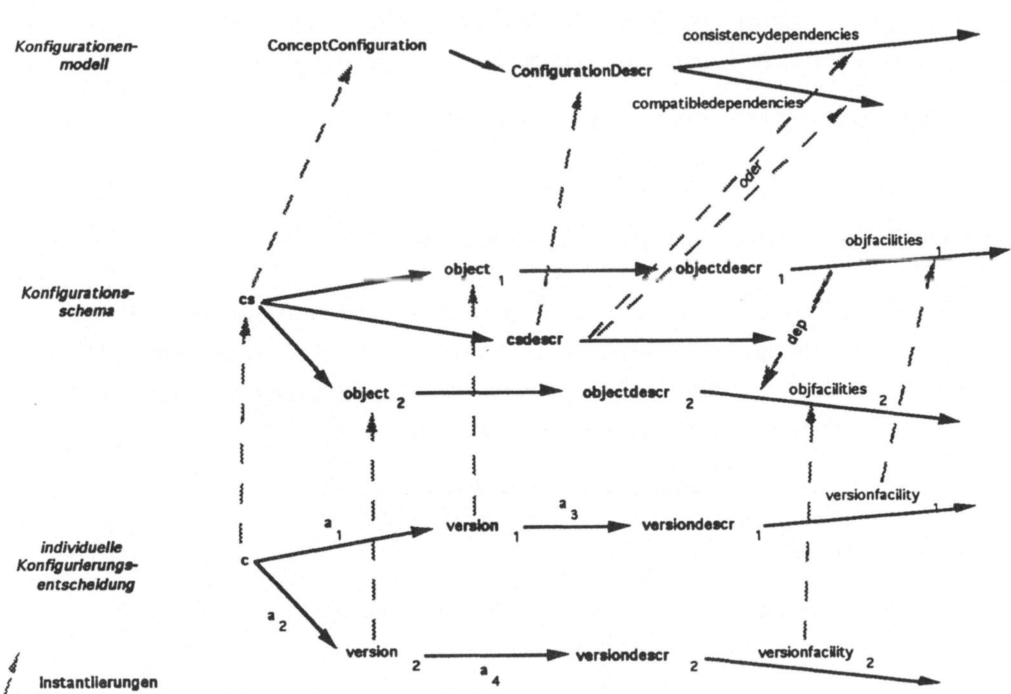

Abb. 5-4: Schemaskizze der Anfrage `IntegrityDependencies`

Auszuwertende Konsistenz- und Kompatibilitätsabhängigkeiten: Die Anfrage `IntegrityDependencies` in Modell 5-10 berechnet alle Abhängigkeiten,

(i) die durch eine konzeptuelle Konfiguration (Variable `cs` in der Anfrage) anwendungsspezifisch auf der Projektebene beschrieben sind, wie zum Beispiel die Konfigurationsbeschreibung der Dialog-Box, und

(ii) die für die Konsistenzentscheidung einer individuellen Konfigurierungsentscheidung (Variable `c` in der Anfrage) auszuwerten sind aufgrund der Konfigurierungsentscheidung und der Beschreibungen der Objekte, die durch diese Entscheidung konfiguriert werden.

Der Konfigurationsassistent spezialisiert die generische Anfrage `IntegrityDependencies` durch Parametersubstitution. Der Parameter spezifiziert die anwendungsorientierte Konfigurierungsentscheidung, die durch den Assistenten zu unterstützen ist. Die in generischen Anfragen als Parameter notierten Variablen werden bei einer Parametersubstitution während der Ausfrageauswertung entquantifiziert und mit einem Wert gebunden [Staudt 90]. Modell 5-11 zeigt die Spezialisierung auf die Konfigurierung der Dialog-Box. Der Parameter `cs` wird durch die Entscheidung `ConfDialogueBox` substituiert [12]. `Cs` ist damit durch `ConfDialogueBox` gebunden.

```
GenericQueryClass IntegrityDependencies [ConfDialogueBox/cs]
    with
end IntegrityDependencies
```

Modell 5-11: Spezialisierung auf ein Konfigurationsschema

Für den Konsistenztest einer individuellen Konfiguration - beispielsweise `ConfASCII_DialogueBox` - wird die Anfrage weiter spezialisiert (Modell 5-12). Es werden nur noch die Abhängigkeiten selektiert, die für die gegebene Konfigurierungsentscheidung (hier `ConfASCII_DialogueBox`) und die zu konfigurierenden Objekte zu berücksichtigen sind.

```
GenericQueryClass IntegrityDependencies
    [ConfDialogueBox/cs, ConfASCII_DialogueBox/c] with
end IntegrityDependencies
```

Modell 5-12: Spezialisierung auf eine individuelle Konfigurierung

12 Die hier gewählte syntaktische Darstellung weicht von der Implementierung in [Staudt 90] ab. In der Implementierung werden die Anfragen während einer ASK-Operation durch Parametersubstitution spezialisiert und nicht durch die Spezialisierung des Anfrageobjekts.

Die Spezialisierungen von `IntegrityDependencies` in Modell 5-11 und 5-12 vereinfachen die Anfrage für die Selektion der auszuwertenden Abhängigkeiten. Durch die Spezialisierungen wird die Anfrage auf die Abhängigkeiten eingeschränkt, die für eine bestimmte Konfigurierungsentscheidung und die zu konfigurierenden Objekte auszuwerten sind. Die Konfigurierungsentscheidung und die Objekte bestimmen somit die Abhängigkeiten.

> ***Inkrementell zu testende Konsistenz- und Kompatibilitätsabhängigkeiten***: Für die inkrementelle Konfigurierung ist der Konsistenztest auf die Abhängigkeiten einzuschränken, die durch die Änderung einer Konfigurierungsentscheidung betroffen sind.

Formal wird diese Einschränkung der Abhängigkeiten durch Parametrisierung der Anfrage modelliert. In der Anfrage `IntegrityDependencies` (Modell 5-10) wird ein weiterer Parameter für zu konfigurierende Objekte eingeführt.

```
parameter
    version1:Proposition
```

Die Spezialisierung der Anfrage in Modell 5-13 selektiert nur die Abhängigkeiten, die für das Objekt o_1 in der individuellen Konfigurierungsentscheidung c_1 gemäß der Konfigurationsspezifikation cs_1 zu testen sind.

```
GenericQueryClass IntegrityDependencies
    [cs1/cs, c1/c, o1/version1] with
end IntegrityDependencies
```

Modell 5-13: Spezialisierung auf inkrementell zu testende Abhängigkeiten

Der Konsistenztest ist mit dieser Spezialisierung auf die Abhängigkeiten beschränkt, die für ein Objekt zu berücksichtigen sind. Diese Spezialisierung ermöglicht die interaktive Unterstützung eines Benutzers während der Konfigurierung. Der Konfigurationsassistent testet inkrementell die Integration der Objekte, die ein Benutzer interaktiv in einer Konfigurierungsentscheidung ergänzt oder ersetzt hat.

> *Aussage* (*Korrektheit und Minimalität der Selektion der Abhängigkeit*): Durch Spezialisierung der Anfrage `IntegrityDependencies` mittels Parametersubstitution werden alle Abhängigkeiten berechnet (*Korrektheit*), die für ein Objekt in einer Konfigurierung zu berücksichtigen sind, und es werden nur die Abhängigkeiten berechnet, die jeweils für eine Konfigurierung und ein Objekt relevant sind (*Minimalität*).

Beweis: Sei obj ein Objekt, dessen semantische Beschreibung über das Attribut facility verfügt. Sei weiterhin conf die Konfigurierung, die obj enthält, d.h. für die Konfigurierungsentscheidung conf sind die Abhängigkeiten zu ermitteln, die für die Version obj zu testen sind. Conf ist Instanz der Konfigurationsspezifikation configuration, die das Konfigurationsschema auf der Projektebene beschreibt. Die zu testenden Abhängigkeiten sind als semantische Beschreibung von configuration gegeben. Zu zeigen ist, daß die Anfrage IntegrityDependencies [configuration/cs, conf/c, obj/version$_1$] alle für obj und conf zu berücksichtigenden Abhängigkeiten berechnet (*Korrektheit*), und für alle berechneten Abhängigkeiten eine relevante Eigenschaft von obj in der Konfigurierung conf existiert (*Minimalität*).

IntegrityDependencies berechnet alle Abhängigkeiten, die die unter query_rule angegebene Bedingung erfüllen (vgl. auch Erläuterungen zu Modell 5-10). Sei die Anfrage zu IntegrityDependencies [configuration/cs, conf/c, obj/version$_1$] spezialisiert, dann gilt:

(i) Aufgrund der Teilformel I der Anfragebedingung beschreibt configuration eine konzeptuelle Konfigurierungsentscheidung, die die Objektklassen object$_1$ und object$_2$ enthält, die jeweils über semantische Beschreibungen mit den Attributen objfacilities$_1$ und objfacilities$_2$ verfügen; und

(ii) wegen II ist dep eine Abhängigkeit der semantischen Beschreibung von configuration zwischen den Attributen objfacilities$_1$ und objfacilities$_2$ [13]; und

(iii) wegen III existiert ein Objekt version$_2$, das zusammen mit obj in der Konfigurierung conf enthalten ist, wobei obj Instanz von object$_1$ und version$_2$ Instanz von object$_2$ ist; und

(iv) es existieren semantische Beschreibungen von obj und version$_2$ (wegen IV), für die Attribute versionfacility$_1$ und versionfacility$_2$ existieren (wegen V).

Zusammen mit (i) bis (iv) besagt die Teilformel VI, daß dep eine Instanz der Anfrage ist, wenn das Attribut facility der semantischen Beschreibung von obj Instanz von objfacilities$_1$ ist (dem Quellobjekt der Abhängigkeit im Konfigurationsschema) und das Attribut versionfacility$_2$ von version$_2$ Instanz von objfacilities$_2$ ist (dem Ziel-

---

13 Welche Konsistenz- und Kompatibilitätsbedingungen der Anwendungsdomäne durch Abhängigkeiten repräsentiert werden, wird und kann im Konfigurationenmodell und der Anfrage IntegrityDependencies nicht geprüft werden. Beispielsweise kann in einem Konfigurationsschema als semantische Beschreibung einer Konfigurierungsentscheidung eine Abhängigkeit intern für eine Objektklasse definiert sein (object$_1$ = object$_2$). Ist eine Abhängigkeit derart definiert, so wird sie berücksichtigt.

objekt der Abhängigkeit im Konfigurationsschema). D.h., ist eine Abhängigkeit relevant, so ist sie Instanz von `IntegrityDependencies [configuration/cs, conf/c, obj/version`$_1$`]` (*Korrektheit*).

Sei `dep` eine Instanz von `IntegrityDependencies [configuration/cs, conf/c, obj/version`$_1$`]`, dann gilt:

(i) Aufgrund der Bedingungen in den Teilformeln I und II existieren Objektklassen `object`$_1$ und `object`$_2$, die in der Konfigurierungsentscheidung `configuration` enthalten sind. `Dep` ist eine Abhängigkeit der Konfigurierungsentscheidung `configuration` und ist definiert zwischen Attributen `objfacilities`$_1$ und `objfacilities`$_2$ der semantischen Beschreibungen von `object`$_1$ und `object`$_2$. Andere Abhängigkeiten können im Konfigurationenmodell nicht existieren, da (1) jede Abhängigkeit als Start- und Zielobjekt ein Attribut hat und (2) durch ein Attribut der Kategorie `consistencydependencies` bzw. `compatibledependencies` referenziert wird; und

(ii) wegen III ist `obj` Instanz von `object`$_1$ und es existiert eine Instanz `version`$_2$ von `object`$_2$, die beide in der gegebenen Konfigurierung `conf` enthalten sind, die das Konfigurationsschema `configuration` instantiiert; und

(iii) wegen IV existieren semantische Beschreibungen `versiondescription`$_1$ und `versiondescription`$_2$ für `obj` bzw. `version`$_2$, die Instanz von `objectdescription`$_1$ und `objectdescription2` sind; und

(iv) es existieren Attribute `versionfacility`$_1$ und `versionfacility`$_2$ der semantischen Beschreibungen von `obj` und `version`$_2$, die Instanz von `objfacilities`$_1$ und `objectfacilities`$_2$ sind, für die die Abhängigkeit `dep` definiert ist.

Wenn `dep` eine Instanz von `IntegrityDependencies [configuration/cs, conf/c, obj/version`$_1$`]` ist, dann existiert in der individuellen Konfigurierungsentscheidung `conf` ein Objekt `version`$_2$, dessen semantische Beschreibung über ein Attribut `versionfacility`$_1$ verfügt, und es existiert ein Attribut `versionfacility`$_2$ von `obj`, wobei für beide Attribute `versionfacility`$_1$ und `versionfacility`$_2$ eine Abhängigkeit im Konfigurationsschema `configuration` von `conf` definiert ist. D.h., ist eine Abhängigkeit Instanz von `IntegrityDependencies [configuration/cs, conf/c, obj/version`$_1$`]` , so ist sie relevant (*Minimalität*). ❑

Eine im Konfigurationsschema `configuration` beschriebene Abhängigkeit `dep` ist nicht Instanz von `IntegrityDependencies [configuration/cs, conf/c, obj/version`$_1$`]`, wenn

(i) die individuelle Konfiguration `conf` nicht Instanz des Schemas `configuration` ist oder `dep` keine im Schema `configuration` definierte Abhängigkeit ist; oder

(ii) alle Attribute der semantischen Beschreibung von `obj` nicht Instanz von $\texttt{objfacilities}_1$ sind; oder

(iii) alle Attribute von $\texttt{version}_2$ nicht Instanz von $\texttt{objfacilities}_2$ sind; oder

(iv) kein Objekt $\texttt{version}_2$ in der Konfigurierung `conf` existiert, für das Abhängigkeiten bezüglich `obj` im Konfigurationsschema beschrieben sind.

Es werden durch die Spezialisierung der Anfrage genau die Abhängigkeiten ermittelt, die für ein Objekt in einer Konfigurierung bezüglich des Konfigurationsschemas relevant sind. Abhängigkeiten müssen immer durch die semantische Beschreibung einer Konfigurierungsentscheidung referenziert sein. Zwischen Attributen definierte Abhängigkeiten, die nicht Bestandteil der zu berücksichtigenden Konfigurierungsentscheidung sind, sind nicht relevant.

Die Berechnung der Abhängigkeiten ist unabhängig davon, ob das Objekt in die Konfiguration eingefügt oder aus ihr entfernt wird. Lediglich beim Test der Gültigkeit der Abhängigkeit ist zwischen Einfügen und Entfernen zu unterscheiden.

Die inkrementelle Konfigurierung kann noch weiter für die Änderung einzelner Objekteigenschaften verfeinert werden. Die Einschränkung erfolgt analog, indem ein Parameter für Attribute semantischer Beschreibungen eingeführt wird. Diese Verfeinerung unterstützt die inkrementelle Auswertung modifizierter Objekteigenschaften. Sie wird hier nicht dargestellt.

5.1.3.2 Gültigkeit der Abhängigkeiten

Die Abhängigkeiten bieten ein strukturelles Modellierungsmittel für die Repräsentation der Integritätsbedingungen einer Konfigurierung. Ihr Ziel ist die selektive Auswahl für inkrementelle Konfigurierungen. Es ist hiermit noch keine Aussage über die Gültigkeit der Abhängigkeiten gemacht. Die Gültigkeit der Abhängigkeiten kann auf zwei Weisen modelliert werden.

(a) *logikorientiert* - Sie werden als Integritätsbedingungen formuliert. Die Formeln werden durch ein Metaprädikat wie *holds* in Telos [Mylopoulos et al. 91] ausgewertet. Die Integritätsbedingungen werden als offene Formel dargestellt. Nicht-gebundene Variablen werden durch die Objekte substituiert, für die die Bedingung zu testen ist.

(b) *objektorientiert* - Sie werden durch Anfragen modelliert. Jede Abhängigkeit repräsentiert eine Anfrage, die die zu einem Objekt konsistenten Objekte berechnet. Die Anfragen werden hierbei mit dem Objekt parametrisiert, für das die Abhängigkeiten auszuwerten sind.

Um eine einheitliche Darstellung zu erhalten, ist im Hinblick auf die Implementierung des Konfigurationsassistenten die objektorientierte Form gewählt worden. Der Konfigurationsassistent zeigt die Objekte und Konfigurierungen auf dem Bildschirm an und unterstützt in der interaktiven Selektion. Für ein interaktiv auf dem Bildschirm selektiertes Objekt kann mit den passend zu selektierenden Anfragen entschieden werden, ob die Selektion konsistent zu den bisher selektierten Objekten ist. Das selektierte Objekt bestimmt die auszuwertenden Abhängigkeiten. Das Ergebnis der Anfrage(n) ist mit den bereits ausgewählten bzw. gegebenen Objekten der Konfigurierung zu vergleichen. Eine zwischen den Objekten o_1 und o_2 in der Konfigurierung c zu testende Abhängigkeit dep ist genau dann *erfüllt* bzw. gültig, wenn o_2 Instanz der mit dep assoziierten Anfrage ist, falls die Richtung der Abhängigkeit von o_1 nach o_2 ist, d.h. die Eigenschaften von o_1 hängen von o_2 ab. Gemeinsam in ein Objekt eingehende Abhängigkeiten sind durch den mengentheoretischen Durchschnitt zu realisieren.

In der existierenden Implementierung des Konfigurationsassistenten [Gocek 90] ist die Berechnung und Auswertung der Abhängigkeiten vereinfacht. Ist ein Objekt in mehrere Abhängigkeiten involviert, so sind diese zu einer zusammengefaßt. Die eigentlich notwendigen mengentheoretischen Operationen werden durch Junktoren in den Integritätsbedingungen repräsentiert. Die Auswertung der Abhängigkeit wird hierdurch implementierungstechnisch vereinfacht. Gleichzeitig geht dadurch aber auch die feine Granularität in der Selektion auszuwertender Abhängigkeiten verloren. Es werden i.a. mehr Integritätsbedingungen für den Konsistenztest ausgewertet als notwendig.

5.1.3.3 Nutzung der Abhängigkeiten

Die Abhängigkeiten können nicht nur für die Optimierung des Konsistenztests genutzt werden, sondern auch als Erklärungshilfen verwendet werden. Abhängigkeiten erlauben es, die Integritätsbedingungen einer Konfigurierungsentscheidung zu visualisieren. Für eine inkonsistente Konfigurierung lassen sich die ungültigen Abhängigkeiten anzeigen, um in der Auflösung der Inkonsistenz zu helfen. Es können konfligierende Objekte bzw. Objekteigenschaften und Abhängigkeiten ermittelt und graphisch dargestellt werden.

Konfligierende Objekte - Ein Objekt o_1 konfligiert mit einem Objekt o_2 genau dann, wenn eine relevante Abhängigkeit `dep` zwischen zwei Eigenschaften von o_1 und o_2 ($o_1 \neq o_2$) existiert, die nicht erfüllt ist.

Konfligierende Abhängigkeiten - Zwei Abhängigkeiten dep_1 und dep_2 ($dep_1 \neq dep_2$) konfligieren für ein Objekt o genau dann, wenn

(i) zwei Objekte o_1 und o_2 existieren, so daß dep_1 und dep_2 zwei relevante Abhängigkeiten zwischen o und o_1, und o und o_2 sind, und

(ii) dep_1 erfüllt und dep_2 nicht erfüllt ist.

Ist o_1 gleich o_2, so sind zwei Abhängigkeiten zwischen o und o_1 für verschiedene Eigenschaften relevant.

Die Selektion konfligierender Objekte und Abhängigkeiten läßt sich durch Anfragen spezifizieren. Hierfür sind zunächst die Spezialisierungen `ValidIntegrityDependencies` und `UnvalidIntegrityDependencies` von `IntegrityDependencies` einzuführen. Sie repräsentieren erfüllte und unerfüllte Abhängigkeiten, wobei die gewählte Formalisierung der *Gültigkeit* zu berücksichtigen ist.

Aus beiden Spezialisierungen von `IntegrityDependencies` sind konfligierende Objekte und Abhängigkeiten (durch den Konfigurationsassistenten) abzuleiten und dem Benutzer zu visualisieren. Konfligierende Abhängigkeiten ($dep_1 \neq dep_2$) widersprechen sich i.a. nicht; dieses ist i.a. auch nicht entscheidbar. Ein Konflikt repräsentiert nur, daß eine Abhängigkeit für ein Objekt erfüllt ist und eine andere Abhängigkeit nicht erfüllt ist. Bei einer Änderung ist also auch die erfüllte Abhängigkeit zu beachten.

Das Ziel der Abhängigkeiten ist, auch in der Auflösung konfligierender Eigenschaften zu helfen. Die Information über verletzte Abhängigkeiten und konfligierende Objekte muß nicht auf die graphische Darstellung im Konfigurationsassistenten beschränkt sein. Es können auch betroffene Entwickler durch elektronische Nachrichten informiert werden.

Die Konflikterkennung im Konfigurationenmodell bezieht sich auf die Integration von Objekten. In Kapitel 6 werden die Konflikte behandelt, die sich bei der Integration von Versionierungen in einer Gruppe ergeben.

5.1.4 Résumé des Konfigurationenmodells

Im Konfigurationenmodell wird die Integration von Objekten ineinander als entscheidungsbasierter Software-Prozeß repräsentiert. Komplexe Strukturierungen von Objekten in der Anwendungsdomäne und die konsistente Integration werden durch Konfigurierungsentscheidungen modelliert. Im Konfigurationenmodell sind auf der Projektebene die verschiedenen Konfigurierungen zu beschreiben. Sie repräsentieren jeweils die Konzepte, die in der Anwendungsdomäne mit den Strukturierungen verbunden sind. Aufgrund der konzeptuellen Modellierung können die Entitäten der Anwendungsdomäne integriert modelliert und zu Objekten integriert werden. Sie sind die Objekte eines einheitlich in CAD° modellierten Software-Prozesses.

Diese Modellierung der Konfigurierungsprozesse ist nicht auf Programme beschränkt, sondern kann auch Entwürfe, Spezifikationen, Dokumentationen und andere Objekte in einer Software-Entwicklungsumgebung umfassen. Das Konfigurationenmodell repräsentiert jeweils die Konzepte für die Integration dieser, so weit sie in der Anwendungsdomäne existieren.

Das Konfigurationenmodell ist nicht nur ein Datenmodell für die konsistente Integration von Objekten, sondern verfügt mit dem Konfigurationsassistenten auch über eine graphische Visualisierungs- und Manipulationsschnittstelle. Der Konfigurationsassistent unterstützt interaktiv die inkrementelle Konfiguration von Objekten. Die Funktionalität basiert formal auf der Modellierung von Abhängigkeiten. Die für eine Konfigurierung auszuwertenden Abhängigkeiten werden formal durch Anfragen selektiert. Vom Benutzer initiierte oder möglicherweise tentative Änderungen können inkrementell auf ihre Auswirkungen überprüft werden, wie es für Wartungsassistenten gefordert wird [Tichy 88]. Das Modell zeichnet sich hier durch die feine Granularität in der Selektion auszuwertender Abhängigkeiten und die operationale Unterstützung aus.

Die Abhängigkeiten sind im aktuellen Ansatz vom Benutzer anzugeben. Das Modell kann keine Benutzerfehler erkennen oder Benutzereingaben verändern. Das Ziel muß hier eine Kompilation der Konsistenzbedingungen für Konfigurierungsklassen sein. Ähnlich zur Kompilation und Spezialisierung von Integritätsbedingungen in Datenbanken [Bry, Manthey, Martens 90] sind Integritätsbedingungen auf Objekte und Konfigurierungen der Objekte zu spezialisieren. Die Erfüllung der Konsistenzbedingung wird inkrementell für jede Operation auf den Objekten und Konfigurierungen getestet, d.h. die Integrität wird nicht für die gesamte Datenbasis nach Beendigung einer Transaktion getestet, sondern es werden spezialisierte Integritätstester für jedes Objekt und jede Operation generiert. Die spezialisierten Integritätstester garantieren die Wahrung der Konsistenz der Konfiguration.

Das Konfigurationenmodell bietet primär nur Integritätsbedingungen lokal zu einer Konfigurierungsentscheidung. Globale Zusicherungen und die Propagierung von Zusicherungen werden im Gegensatz zu ADELE [Belkhatir und Estublier 87] nicht speziell unterstützt.

Globale Zusicherungen können als Integritätsbedingungen in Telos dargestellt werden. Sie können aber auch für die Konfigurierung von Konfigurierungsentscheidungen formuliert werden. Ein System kann als (hierarchische) Konfiguration von Konfigurierungsentscheidungen aufgefaßt werden. Die Konfiguration der Entscheidungen nennt die Integritätsbedingungen, die alle Konfigurierungsentscheidungen erfüllen müssen. Hiermit können auch globale Zusicherungen formuliert werden. Insbesondere kann das Konfigurationenmodell dann nicht nur auf Software-Objekte sondern auch auf Entscheidungen eines Software-Prozesses allgemein angewendet werden. Dieses führt zur Software-Wiederverwendung durch die Konfigurierung von Software-Prozessen. Gerade für die Wiederverwendung sind aufgrund unterschiedlicher Entwicklungskontexte unabhängig ausgeführte Software-Prozesse zu integrieren und auf ihre konsistente Integrierbarkeit zu prüfen. Diese Möglichkeit wird an dieser Stelle aber nicht weiterverfolgt.

Das Konfigurationenmodell unterstützt keine Präferenzregeln [Lavency und Vanhoedenaghe 88]. Präferenzen erfordern Ordnungsrelationen auf Attributwerten. Da die Sprache Telos keine Ordnungen zwischen Objekten kennt, können keine Präferenzen für die Objektselektion formuliert werden. Es können lediglich zusätzliche Auswahlkriterien formuliert werden, wie zum Beispiel letzte Version oder Verteilversion, wenn hierfür eine Attributkategorie definiert wird.

5.2 Versionenmodell

Heutige Versionenmodelle konzentrieren sich auf die persistente Verwaltung von Versionen. Die Versionierung wird nur insofern berücksichtigt, als ihre Existenz durch zwei Versionen dargestellt ist. Eine Modellierung der Versionierung selbst fehlt. Das Modell hat zwei Eigenschaften von Versionierungen zu berücksichtigen.

(a) *Konzeptuelle Modellierung* - Versionierungen modifizieren Objekte inkrementell. Die syntaktischen Unterschiede sind in der Anwendungsdomäne i.a. gering, da nur Teile eines Objekts geändert werden. Heutige Versionenmodelle nutzen diese Eigenschaft, um die persistente Verwaltung der Versionen zu optimieren. Versionierungen realisieren aber ein Konzept in der Anwendungsdomäne, wie beispielsweise die Fehlerkorrektur. Dieses erfordert die konzeptuelle Modellierung der Versionierungen.

(b) *Integration in Konfigurationen* - Die Ergebnisse von Entwicklung und Wartung eines Software-Systems sind neue Versionen. Diese Versionen sind in das System zu integrieren. Um das Wissen über die konzeptuellen Eigenschaften einer Versionierung zu nutzen, sind Versionierungs- und Konfigurierungsmodellierung zu integrieren. Versionierungen bestimmen notwendige Re-Konfigurierungen.

5.2.1 Konzeptuelle Modellierung der Versionierungen

Versionierungen manifestieren Entscheidungen in der Anwendungsdomäne, um ein Objekt weiterzuentwickeln oder zu warten. Ein notwendiger Aspekt der *Versionsmodellierung* ist die Repräsentation der Anwendungssemantik der Versionierung [Tichy 88], was in heutigen Versionsmodellen aber nicht realisiert ist. Im Versionenmodell werden Versionierungen als Entscheidungen in CAD^{o} modelliert, die konzeptuelle Objekte ineinander überführen. Die Entscheidungen und Objekte betreffen das Entwickeln-im-Großen. Das Versionenmodell strukturiert Versionierungen in einer Konzepthierarchie. `ConceptVersioning` ist die allgemeinste Entscheidung (Modell 5-14) und repräsentiert zunächst nur, daß ein konzeptuelles Objekt aus einem anderen entstanden ist.

Die Versionierungen sind spezialisiert in Varianten und Revisionen. Diese Spezialisierung ist im Modell spezifizierbar und somit auch kontrollierbar im Gegensatz zu Varianten und Revisionen von Dokumenten.

```
IndividualClass ConceptVersioning in Decision with
    from
        oldconcept: ConceptualObject
    to
        newconcept: ConceptualObject
end ConceptVersioning
```

Modell 5-14: Konzeptuelle Versionierung

Konzeptrevisionen repräsentieren Entscheidungen zwischen Objekten, durch die in der Anwendungsdomäne Objekte weiterentwickelt werden. Derartige Entscheidungen werden Verfeinerungen genannt. Verfeinerungen versionieren Objekte gleichen Typs (Modell 5-15). Zwei Objekte werden als Revisionen bezeichnet, wenn zwischen ihnen eine konzeptuelle Revision existiert, d.h. eine Revision entsteht durch die Versionierung eines Objekts.

```
IndividualClass ConceptRevision isA ConceptVersioning with
    constraint
        properrevision:
            $ forall c/ConceptRevision
              forall o1,o2/ConceptualObject
              (c.oldconcept = o1 and c.newconcept = o2)
              → o1 == o2  $
end ConceptRevision
```

Modell 5-15: Konzeptuelle Revision

Konzeptvarianten entstehen durch die *Versionierung von Entscheidungen*. Das Objekt o_3 ist genau dann eine Konzeptvariante des Objekts o_2, wenn ein Objekt o_1 existiert, Entscheidungen d_1 und d_2 von o_1 nach o_2 bzw. o_3 und eine Versionierungsentscheidung zwischen d_1 und d_2. Bei den versionierten Entscheidungen d_i handelt es sich typischerweise um Realisierungs- bzw. Abbildungsentscheidungen zwischen Phasen im Entwicklungszyklus oder um Verfeinerungsentscheidungen. `ConceptVariant` repräsentiert konzeptuelle Varianten (Modell 5-16). Eine konzeptuelle Variante entsteht durch die alternative Ausführung bzw. durch die inkrementelle Änderung einer Entscheidung (`properconceptvariant`).

Die allgemeine Versionierungsentscheidung `ConceptVersioning` und ihre Spezialisierungen bilden die Wurzel einer objektorientierten Konzepthierarchie. Abb. 5-5 zeigt diese Taxonomie der Versionierungen. Sie ermöglicht zwischen verschiedenen konzeptuellen Typen der Versionierung zu differenzieren. Die Fehlerbeseitigung (`BugFix`) und funktionale Erweiterung (`FunctionalExtension`) aufgrund einer Anpassungsanforderung sind konzeptuelle Versionierungen. Gemeinsamkeiten von Versionierungen werden durch Oberklassen repräsentiert. Obige Versionierungen haben die gemeinsame Eigenschaft eine konzeptuelle Revision zu sein.

```
IndividualClass ConceptVariant isA ConceptVersioning with
   to
      variantconcept: ConceptualObject
   constraint
      properconceptvariant:
         $   forall variant/ConceptVariant
             forall o2, o3/ConceptualObject
             variant.oldconcept = o2 and
             variant.variantconcept = o3
             →  exists o1/ConceptualObject
                exists d1, d2/ConceptVersioning
                exists a1, a2, a3, a4 , a5, a6/Attribute
                exists alternative/Proposition
                 ( source (a1) = d1 and target (a1) = o2 and
                   source (a2) = d1 and target (a2) = o1 and
                   source (a3) = d2 and target (a3) = o3 and
                   source (a4) = d2 and target (a4) = o1 and
                   { die Entscheidung alternative beschreibt die Entscheidungsalternative
                     zwischen d1 und d2, die in zwei konzeptuellen Varianten resultiert }
                   source (a5) = alternative and target (a5) = d1 and
                   source (a6) = alternative and target (a6) = d2 )   $
end ConceptVariant
```

Modell 5-16: Konzeptuelle Variante

`ConceptRepresentation` bezeichnet eine Beziehung zwischen Objekten verschiedenen Typs, beispielsweise einer Spezifikation und einem Entwurf. Es handelt sich um eine spezielle Form einer Variante, die alternative Darstellungen eines Objekts in der Anwendungsdomäne modelliert und typischerweise durch Abbildungsentscheidungen zwischen Phasen im Entwicklungszyklus entstehen. Eine `ConceptVariant` bezeichnet eine Variante zwischen Objekten gleichen Typs. Beide Formen der Variante sind zu unterscheiden, da sie verschiedene Konzepte in der Anwendungsdomäne repräsentieren. Eine Versionierung durch Restrukturierung (`Re-Structure`) modelliert, daß die Eingabeobjekte der Entscheidung durch ihre Ausgabeobjekte in der Anwendungsdomäne ersetzt sind. Die Restrukturierung ist in Dekomposition (`Decomposition`) und Verschmelzung (`Merge`) verfeinert.

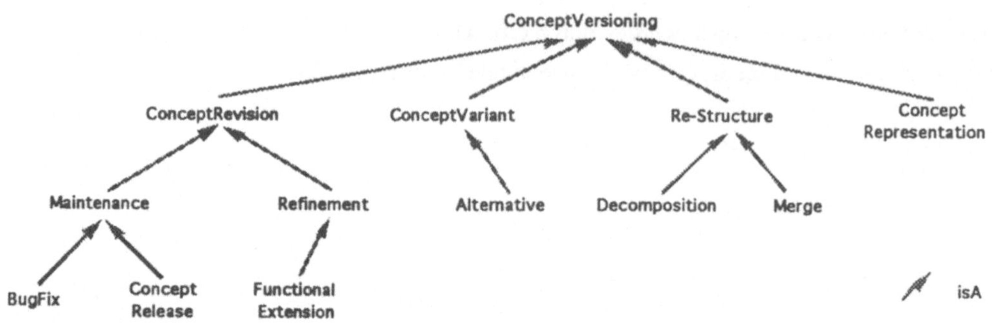

Abb. 5-5: Konzepthierarchie für konzeptuelle Versionierungen

Konzeptuelle Revisionen sind in Wartungs- und Verfeinerungsrevisionen spezialisiert. Eine Wartungsrevision (`Maintenance`) erhält die konzeptuellen Eigenschaften eines Objekts. Eine Verfeinerungsrevision (`Refinement`) verändert die konzeptuellen Eigenschaften eines Objekts. Konzeptuelle Varianten sind in Restrukturierungen und Alternativen spezialisiert. `Alternative` ist eine konzeptuelle Variante, die äquivalente Varianten eines Objekts modelliert.

5.2.2 Integration von Versionierungen in Konfigurierungen

Re-Konfigurierungen koppeln im Modell die Konfigurierung und die Versionierung. Versionierungen repräsentieren die Veränderung von Objekten. Ist das Eingangsobjekt Teil einer Konfigurierung, so ist eine Aktualisierung der Konfigurierung zu prüfen. Eine *Re-Konfigurierung* bezeichnet die Aktualisierung einer existierenden Konfiguration aufgrund einer Versionierung. Die existierende Konfigurierung wird durch die Versionierung nicht ungültig, sondern sie ist auf eine mögliche Aktualisierung zu prüfen, was wieder eine Entscheidung ist. Die bestehende Konfigurierung kann durch die Versionierung obsolet werden, wenn durch die Versionierung eine Verbesserung realisiert ist, die sinnvollerweise in die Konfiguration zu integrieren ist. Sie kann aber auch eine Variante oder eine Testversion sein, die nicht zwingend zu integrieren ist.

Das Ziel der Re-Konfigurierung ist die Reduzierung des Konfigurierungsaufwands für die Aktualisierung einer bestehenden Konfigurierung. Es sollen nur die Integritätsprüfungen ausgeführt werden, die hinreichend sind, um wieder eine konsistente Konfiguration zu erhalten. Eine Re-Konfigurierung wird als konsistent bezeichnet, wenn die Integration der Versionierung in eine konsistente Konfigurierung durch die Re-Konfigurierung eine konsistente Konfigurierung ergibt.

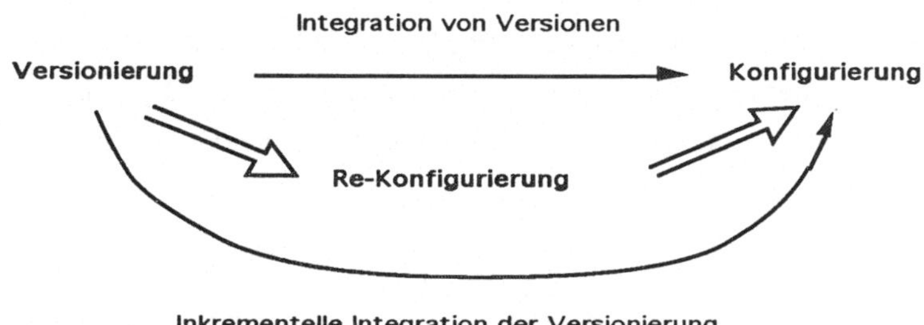

Abb. 5-6: Integration der Versionierung durch Re-Konfigurierung

Es können konzeptuelle Versionierungen und Konfigurierungen existieren, die zu einer konsistenten Konfiguration integriert werden können, für die die Re-Konfigurierung aber nicht konsistent ist. Die Versionierung kann in dem Modell lediglich nicht inkrementell durch Re-Konfigurierung integriert werden und muß durch eine Konfigurierung integriert werden. Konsistente Re-Konfigurierungen sind nicht notwendig für konsistente Konfigurierungen (Abb. 5-6).

Die Re-Konfigurierung ist als inhärente Struktur des Datenmodells erwünscht, um die Integration der Versionierung in die Konfigurierung repräsentieren zu können. Es ist zu modellieren, in welche Konfigurierungen eine Versionierung zu propagieren ist und wie die Versionierung konsistent zu integrieren ist [Katz 90]. Es kann i.a. nicht jede Versionierung automatisch in eine Konfigurierung propagiert werden. Die automatische Propagierung setzt voraus, daß durch die Konfigurierung nur die Struktur von komplexen Objekten beschrieben wird, deren Konfiguration keine Integritätsbedingungen zu erfüllen haben [Katz, Chang, Bhateja 86]. Das Ziel ist in diesen Ansätzen, aktuelle Versionen von Konfigurationen zu erzeugen.

Die Modellierung der Re-Konfigurierung kann im Modell aus zwei Sichten erfolgen: als spezialisierte Konfigurierungs- oder als spezielle Versionierungsentscheidung, die eine Konfigurierungsentscheidung versioniert.

Die Modellierung als spezielle Versionierungsentscheidung erscheint zunächst attraktiv, da die Re-Konfigurierung die Entwicklung einer Konfigurierung modelliert. Diese Modellierung birgt aber das Problem in sich, daß die Re-Konfigurierung keine Konfigurierungsentscheidung ist und somit die Assistenz für die Konfigurierung verliert. Die Modellierung als Spezialisierung einer Konfigurierung erhält die Konzepte des Konfigurationenmodells und erlaubt die Spezialisierung zu Konzepten der inkrementellen Re-Konfigurierung.

Re-Konfigurierungen sind als Entscheidungen in CAD° modelliert. Eine Re-Konfigurierungsentscheidung (`ConceptRe-Configuration`) spezialisiert konzeptuelle Konfigurierungen (Abb.

5-7). Eine Re-Konfigurierung ist begründet durch eine konzeptuelle Versionierung (`integrates`) und modifiziert eine existierende Konfigurierungsentscheidung (`modifies`). Eine Re-Konfigurierung erzeugt eine neue Konfigurierungsentscheidung (`generates`), in der alle Objekte substituiert sind, die in die Versionierung involviert sind.

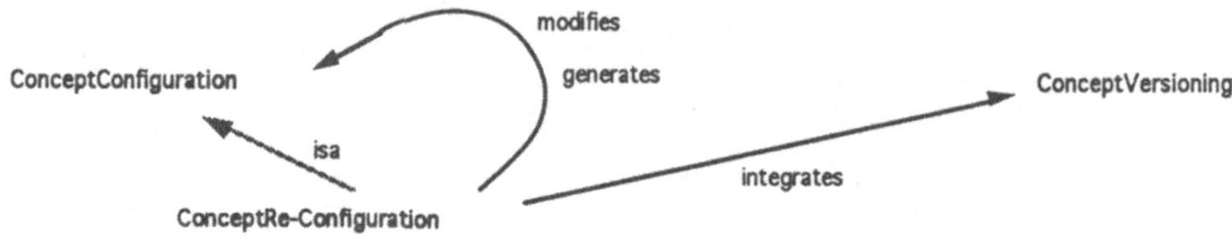

Abb. 5-7: Integration der Versionierung und Konfigurierung durch Re-Konfigurierung

Das Modell enthält zwei Formen der Re-Konfigurierung: `ConceptRe-Configuration` und `CompatibleRe-Configuration` (Modell 5-17). `ConceptRe-Configuration` beschreibt die Integration einer Versionierung in Konfigurierungen. `ConceptRe-Configuration` repräsentiert die Entscheidung, aus einer Versionierung und einer Konfigurierung eine neue Konfigurierung zu generieren. Die Integritätsbedingung `properconceptre-configuration` besagt, daß alle die Objekte in der neuen Konfigurierung enthalten sind, die durch die integrierten Versionierungen gegenüber der alten Konfiguration modifiziert worden sind. Insbesondere kann die neue Konfigurierung keine Objekte enthalten, die nicht in der alten Konfigurierung enthalten waren oder durch eine integrierte Versionierung verändert wurden.

`ConceptRe-Configuration` modelliert die Integration konzeptueller Revisionen. Konzeptuelle Revisionen können i.a. nicht ohne Integritätsprüfungen in Konfigurierungen integriert werden, da ihr Ergebnis die Konsistenz der Konfigurierung verletzen kann. `CompatibleRe-Configuration` spezialisiert `ConceptRe-Configuration` mit dem Ziel, Versionierungen ohne Integritätsprüfungen in Konfigurierungen zu integrieren, d.h. die Versionierung kann automatisch in die Konfigurierung propagiert werden. Diese Art der Propagierung geht natürlich nicht für konzeptuelle Revisionen generell. Es werden spezielle Revisionen des Typs `Maintenance` vorausgesetzt. `Maintenance`-Versionierungen werden als Entscheidungen vorausgesetzt, die die anwendungsorientierten Eigenschaften eines Objekts invariant lassen. Die Konsistenz der Re-Konfigurierung wird strukturell durch den Typ der konzeptuellen Versionierung dargestellt. Handelt es sich um eine `Maintenance`-Versionierung so kann sie automatisch integriert werden. Was eine `Maintenance`-Versionierung ist und welche Integritätsbedingungen mit ihr verbunden sind, ist im Versionenmodell zu beschreiben.

```
IndividualClass ConceptRe-Configuration isA
        ConceptConfiguration with
    from
        integrates: ConceptRevision
        modifies: ConceptConfiguration
    to
        generates: ConceptConfiguration
    constraint
        properconceptre-configuration:
        $   forall reconfiguration/ConceptRe-Configuration
            forall configuration/ConceptConfiguration
            forall revision/ConceptRevision
            forall object/ConceptualObject
                {   alle auf der Projektebene spezifizierten Re-Konfigurierungen reconfiguration
                    für die Integration einer konzeptuellen Revision revision mit einer
                    Konfigurierung configuration }
                revision.oldconcept = object and
                revision.newconcept = object and
                ( configuration.interface_spec = object or
                  configuration.body_impl = object) and
                reconfiguration.modifies = configuration and
                reconfiguration.generates = configuration and
                reconfiguration.integrates = revision
                →  forall reconf, conf1, conf2, vers, obj1, obj2/Class
                   forall a1, a2, a3, a4, a5/Attribute
                      {  die durch die Re-Konfigurierung reconf generierte Konfigurierung
                         conf2 enthält (1) die Objekte, die in der Konfigurierung conf1 enthalten
                         sind, oder (2) die Objekte, die durch die Versionierung vers der Objekte
                         von conf1 entstanden sind }
                      reconf In reconfiguration and
                      conf1 In configuration and
                      conf2 In configuration and
                      vers In revision and
                      obj1 In object and
                      obj2 In object and
                      source (a1) = reconf and target (a1) = conf1 and
                      source (a2) = reconf and target (a2) = vers and
                      source (a3) = reconf and target (a3) = conf2 and
                      source (a4) = conf2 and target (a4) = obj2 and
                      source (a5) = conf1 and target (a5) = obj1
                      → ( obj1 == obj2 or
                          exists a6, a7/Attribute
                          (source (a6) = vers and target (a6) = obj1 and
                           source (a7) = vers and target (a7) = obj2))    $
end ConceptRe-Configuration

IndividualClass CompatibleRe-Configuration isA
        ConceptRe-Configuration with
    from
        integrates: Maintenance
end CompatibleRe-Configuration
```

Modell 5-17: Re-Konfigurierungsentscheidungen

Beide Re-Konfigurierungstypen sind in Projektmodellen für die Beschreibung anwendungsorientierter Re-Konfigurierungen zu verwenden. Das Modell kann hier nur als Datenmodell fungieren. Die Spezifikation einer automatisch propagierbaren Versionierung ist projektspezifisches Wissen, das nur auf der Ebene der Projektmodelle spezifiziert werden kann.

`ConceptRe-Configuration` ist eine Abschwächung von `CompatibleRe-Configuration`. Um die Konfiguration konsistent zu rekonfigurieren, sind noch Integritätsbedingungen zu prüfen. Es werden keine neuen Integritätsbedingungen für die Re-Konfigurierung eingeführt. Es wäre ansonsten immer zu gewährleisten, daß die Integritätsbedingungen der Re-Konfigurierung die der Konfigurierung implizieren.

Für die Re-Konfigurierung wird auf die Integritätsbedingungen der Konfigurierung zurückgegriffen. Im Konfigurierungsmodell können Objekte bereits inkrementell integriert werden, d.h. es werden nur die Bedingungen getestet, die für ein gegebenes Objekt unter Berücksichtigung der Abhängigkeiten relevant sind.

Ausgehend von den dokumentierten Versionierungen werden durch die Anfrage (`Affected-Configuration`) die Konfigurationen ermittelt, die nicht mehr aktuell sind (Modell 5-18).

```
GenericQueryClass AffectedConfiguration isA Token
    parameter
        vers: Class
    query_rule
        : $ forall conf/AffectedConfiguration
            exists configuration/ConceptConfiguration
            exists versioning/ConceptVersioning
            exists object/ConceptualObject
            exists a1/Attribute
                source (a1) = versioning and target (a1) = object and
                a1 In ConceptVersioning!oldconcept and
                versiong.newconcept = object and
                (configuration.interface_spec = object or
                 configuration.body_impl = object) and
                conf In configuration
                → exists obj, vers/Class
                    exists a2, a3/Attribute
                      obj In object and vers In versioning and a3 In a1 and
                      source (a2) = conf and target (a2) = obj and
                      source (a3) = vers and target (a3) = obj  $
end AffectedConfiguration
```

Modell 5-18: Selektion zu aktualisierender Konfigurierungen

Die Anfrage berechnet alle Konfigurierungen, in denen ein Objekt durch eine konzeptuelle Versionierung betroffen ist. In der Anfrage sind zunächst alle konzeptuellen Versionierungen berücksichtigt. Sie ist nicht auf konzeptuelle Revisionen und Konfigurierungen eingeschränkt, für die Re-Konfigurierungen spezifiziert sind.

```
GenericQueryClass AffectedConfiguration [MyVersioning/vers]
    with
end AffectedConfiguration
```

Modell 5-19: Spezialisierung für eine Versionierung

Durch Instantiierung des Parameters `vers` mit einer individuellen Versionierung `MyVersioning` werden jeweils die Konfigurierungen ermittelt, die von der Versionierung `MyVersioning` betroffen sind (Modell 5-19). Die Spezialisierung unterstützt die Propagierung von Versionierungen in Konfigurierungen auf der konzeptuellen Ebene.

```
GenericQueryClass AffectedReConfigurableConfiguration
        isA AffectedConfiguration
    parameter
        rev: Class
    query_rule
        : $ forall conf/AffectedReConfigurableConfiguration
            exists configuration/ConceptConfiguration
            exists revision/ConceptRevision
            exists reconfiguration/ConceptRe-Configuration
            exists object/ConceptualObject
            exists a1/Attribute
                source (a1) = revision and target (a1) = object and
                a1 In ConceptRevision!oldconcept and
                revision.newconcept = object and
                ( configuration.interface_spec = object or
                  configuration.body_impl = object) and
                reconfiguration.modifies = configuration and
                reconfiguration.generates = configuration and
                reconfiguration.integrates = revision
                →  exists rev, obj/class
                   exists a2, a3/Attribute
                       rev In revision and obj In object and
                       source (a2) = conf and target (a2) = obj and
                       source (a3) = rev and target (a3) = obj and
                       a3 In a1   $
    end AffectedReConfigurableConfiguration
```

Modell 5-20: Selektion automatisch re-konfigurierbarer Konfigurierungen

Falls die neue Objektversion in die Konfigurierung integriert werden kann, so sind keine weiteren Propagierungen auf der konzeptuellen Ebene notwendig. Auf der Dokumentenebene kann eine Versionierung weitere Propagierungen erfordern, um durch Übersetzen und Binden aktualisierten und korrekten Kode zu erzeugen [14].

Für die durch die Anfrage `AffectedConfiguration` ermittelten Konfigurierungen ist der Konfigurationsassistent zu aktivieren, um die neuen Versionen zu integrieren.

Die Spezialisierung von `AffectedConfiguration` in Modell 5-20 ermittelt die Versionierungen, für deren Integration eine Re-Konfigurierung spezifiziert ist.

5.2.3 Résumé des Versionenmodells

Das Versionenmodell repräsentiert Versionen und ihre Entstehung konzeptuell. Im Gegensatz zu Entwurfs- oder Softwaredatenbanken wird nicht nur die Version modelliert. Im Vordergrund steht die Versionierung. Versionierungen repräsentieren Entscheidungen des Entwickeln-im-Großen. Die Konzepthierarchie der Versionierungen gibt eine Klassifikation grundlegender Aktivitäten des Entwickeln-im-Großen. Die Versionierungsentscheidungen können durch Instantiierung in Projektmodellen verwendet werden. Sie können aber auch umgebungsspezifisch spezialisiert werden.

Versionierungen werden durch Re-Konfigurierungen in Konfigurationen integriert. Analog zur inkrementellen Integration im Konfigurationenmodell ist die Re-Konfigurierung ein Bestandteil des Modells. Die Re-Konfigurierung ist nicht einfach durch ein Werkzeug realisiert, dessen Hintergrundkonzept unbekannt ist [Feiler 90]. Re-Konfigurierungen lassen sich zu automatisch integrierbaren Re-Konfigurierungen spezialisieren, wenn Information über die Versionierung integriert ist. Diese Verbesserung ist nur durch die Klassifikation konzeptueller Versionierungen möglich. Die Spezifikation dieser Versionierungen kann nur projektspezifisch in der Anwendung erfolgen. Als ein Datenmodell bietet das Versionenmodell die Modellierungsstrukturen und die Integritätsbedingungen zwischen diesen Strukturen. Die automatische Integrierbarkeit von Versionierungen und die explizite Modellierung von Re-Konfigurierungen wird in heutigen

---

14 *Smart Recompilation* [Tichy 86] nutzt differenzierte syntaktische Informationen für die Propagierung und Einschränkung von Re-Produktionsnotwendigkeiten.

Für die Produktionskonsistenz können Abschwächungen betrachtet werden wie die Tolerierung formal inkonsistent produzierter Systeme - *living with inconsistency* [Schwanke und Kaiser 88].

Die Konsistenz bzw. Inkonsistenz bezieht sich aber nur auf produktionstechnische Notwendigkeiten. Die konzeptuelle Ebene wird nicht betrachtet.

Werkzeugen überwiegend vernachlässigt. Es fehlt die konzeptuelle Modellierung der Versionierung. Die Re-Konfigurierung basiert überwiegend auf Zeitstempeln wie zuerst in MAKE realisiert. Die Re-Konfigurierungen sind i.a. produktorientiert. Es werden die Dokumente ermittelt, die durch die Versionierung betroffen sind. Ein Dokument ist betroffen, wenn es das versionierte Dokument enthält oder verwendet. Es werden die Produktionen ausgeführt, die unter Berücksichtigung des versionierten Objekts und der Abhängigkeiten notwendig sind, um wieder ein lauffähiges Software-System zu erzeugen [Lewerentz 88]. Die Eigenschaften der in diesen Dokumenten enthaltenen Software-Objekte bleiben unberücksichtigt. Die Voraussetzung dieses Vorgehens ist, daß eine Re-Konfigurierung immer konsistent ist, wenn sie die neueste Version integriert.

In ADELE [Estublier 88] werden neue Versionen mit Triggern in existierende Konfigurierungen propagiert. Trigger aktivieren die Aktionen für die Aktualisierung betroffener Konfigurierungen. Eigenschaften der Versionierung können nicht berücksichtigt werden. Der formale Ansatz in CACTIS [Hudson und King 87] auf der Basis von Attributgrammatiken berücksichtigt die Versionierung auch nicht, es können aber aufgrund der Modellierung von Objekteigenschaften die betroffenen Objekte durch Auswertung der Attributabhängigkeiten ermittelt und aktualisiert werden.

Versionierungen werden in unserem Modell in Konfigurierungen propagiert. Die Notwendigkeit einer Konfiguration wird also nicht durch den Zeitstempel eines Objekts während einer Produktion entschieden. Versionierungen bestimmen notwendige Re-Konfigurierungen und lassen sich in alle Varianten propagieren.

5.3 Implementierungsmodell

Konfigurationen- und Versionenmodell ermöglichen die konzeptuelle Modellierung. Sie beschränken sich nicht auf die Modellierungsfähigkeiten dokumentorientierter Systeme; andererseits fehlt ihnen noch die persistente Verwaltung und effiziente Produktion von Dokumenten. Das Implementierungsmodell überbrückt diese Lücke.

5.3.1 Mehr-Ebenen Repräsentation

Das Implementierungsmodell basiert auf einer Mehr-Ebenen Repräsentation der Objekte und Entscheidungen der Versionierung und Konfigurierung. Es umfaßt zwei Ebenen, die verschiedene Sichten auf die Objekte der Versionen- und Konfigurationenverwaltung darstellen.

(a) ***Konzepte*** - Die Ebene der Konzepte zielt auf die *anwendungsorientierte Modellierung* konsistenter Konfigurierungen und Versionierungen. Die Integrität wird strukturell und durch Konsistenzbedingungen beschrieben. Im Gegensatz zu Dokumentverwaltungssystemen ist das Vokabular für die Modellierung konsistenter Konfigurationen nicht auf alphanumerische Bezeichner beschränkt. Die Modellierung der Konzepte ist unabhängig von der persistenten Verwaltung eines Objekts durch Dokumentenverwaltungssysteme.

(b) ***Dokumente*** - Im Gegensatz zu den Konzepten konzentriert sich die Ebene der Dokumente auf die persistente Verwaltung. Sie bietet die *physischen Verwaltungsdienstleistungen*. Ziel ist die effiziente Persistenz versionierter Dokumente und die effiziente Produktion von Dokumenten. Die Versionierungsfähigkeiten sind durch die Speicherungstechniken bestimmt. Es werden typischerweise nur Revisionen und Varianten unterstützt, wobei diese sich nur in der Speicherung unterscheiden. Konsistente Konfigurierungen werden durch Selektionsfunktionen dargestellt, die die Komponentenversionen identifizieren. Die Identifikation von Objekten erfolgt i.a. durch alphanumerische oder mnemonische Versionsbezeichner und nicht durch ihre Eigenschaften.

Die anwendungsorientierte Modellierung ist notwendig für die Versionen- und Konfigurationenverwaltung [Tichy 88]. Die effiziente Verwaltung erfordert hingegen die Einschränkung auf wenige Strukturen, die einfach realisierbar sind. Effizienz und Anwendungsorientierung stellen i.a. gegensätzliche Ziele dar. Zur Lösung dieses Dilemmas differenziert das Implementierungsmodell zwischen der Repräsentation der Konzepte und der Dokumente. Für die Versionen- und Konfigurationenmodellierung sind beide Ebenen zu modellieren und zu integrieren, in dem

Objekte und Entscheidungen der konzeptuellen Modellierung auf dokumentbasierte Objekte und Werkzeuge abgebildet werden.

5.3.2 Ein Implementierungsbeispiel - Die Restrukturierung der Dialog-Box

Die Repräsentationsebenen und die hiermit verbundenen Eigenschaften kontrastiert das nachfolgende Beispiel anhand einer Re-Strukturierung.

> ***Beispiel 5-4*** *(Restrukturierung der Dialog-Box)*: In ihrer ursprünglichen Form ist die Dialog-Box ein fensterbasiertes Werkzeug für Benutzereingaben. Für die Entwicklung einer Terminal-Schnittstelle für *ConceptBase* ist die Dialog-Box von einer fensterbasierten auf eine terminalbasierte Umgebung umgestellt worden.
>
> Da viele Teile in der Implementierung der Dialog-Box unabhängig von der Umgebung für die Aus- und Eingabe waren, erfolgte keine vollständige Reimplementierung einer Terminalvariante. Die bestehende Implementierung wurde in Komponenten für die Eingabeauswertung und die technischen Benutzerinteraktionen restrukturiert (Beispiel 5-1). Somit mußte nur die Komponente für die physischen Ein- und Ausgaben reimplementiert werden.

Für die Restrukturierung sind die Dokumente der Implementierung der Dialog-Box aufzuspalten. Die Implementierung befand sich ursprünglich in der Datei `DialogueBox.pro`. Nachfolgend ist ein Ausschnitt aus der Dokumentenbibliothek gegeben, in der alle Programme verwaltet werden.

```
-r--r--r--  1 rose       9107 Jan   6 17:25 s.DialogueBox.pro
-r--r--r--  1 CBase      4577 Mar   6 19:21 s.DialogueBox_Main.pro
-r--r--r--  1 CBase      5249 Feb   6 10:46 s.DialogueBox_Env.pro
-r--r--r--  1 nissen    16149 May  11 16:15 s.DialogueBox_ASCII.pro
```

Die Dateien sind aufgrund ihres Dateibezeichners ausgewählt, d.h. es wird die Konvention vorausgesetzt, daß relevante Dateien mit dem Präfix `"DialogueBox"` beginnen. Andere Selektions- und Navigationsmöglichkeiten existieren für Dateien nicht.

Die Versionen der Datei `DialogueBox.pro` zeigen die Entwicklungsgeschichte der Dialog-Box vor der Restrukturierung. Die Auflistung zeigt die bestehenden Versionen der Dialog-Box in einem Dokumentenverwaltungssystem wie SCCS. Sie nennt die Versionsbezeichnung, das Datum, den verantwortlichen Entwickler, die Version, die Vorgängerversion, die Anzahl der geänderten Zeilen und eine Kurzkommentierung der Versionierung.

```
/home/jarke/CBase/CB_Source/SCCS/s.DialogueBox.pro:

D 2.2   90/01/06 12:11:33 rose      6 5    00005/00005/00395
ConceptBase Version for BIMprolog2.4

D 2.1   89/09/07 15:36:48 CBase     5 4    00000/00000/00395
ConceptBase Release 2.0

D 1.4   89/08/19 14:04:00 staudt    4 3    00001/00001/00395

D 1.3   89/08/18 15:07:24 jeusfeld  3 2    00007/00009/00397
(kleine Aenderungen)

D 1.2   89/06/08 18:54:37 rose      2 1    00017/00000/00380
New predicate system_generated

D 1.1   89/04/03 14:44:33 CBase     1 0    00380/00000/00000
date and time created 89/04/03 14:44:33 by CBase
```

Weitergehende Informationen über die Eigenschaften der Versionen und die ausgeführten Modifikationen verwalten Dokumentbibliotheken üblicherweise nicht. Ein Benutzer kann sich weitergehende Informationen nur über möglicherweise vorhandene externe Dokumentationen oder das Studium der Programmkommentare erschließen. Die Dokumentationen können natürlich in einer Bibliothek verwaltet sein. Hierfür wird aber eine integrierte Modellierung der Objekte durch ein Informationssystem benötigt, was noch nicht gegeben ist.

Eine graphische Darstellung der aus der Bibliothek entnehmbaren Information zeigt Abb. 5-8. Zur Orientierung ist der Zeitpunkt der Restrukturierung eingearbeitet. Die Information der Restrukturierung ist der Darstellung aber *nicht* zu entnehmen.

Nach Ausführung der Restrukturierung ist der umgebungsunabhängige Teil der Dialog-Box in der Datei `DialogueBox_Main.pro` gespeichert. `DialogueBoxEnv.pro` enthält den umgebungsabhängigen Teil. Es enthält die SUNView-Realisierung für die fensterorientierte Benutzerschnittstelle. `DialogueBox_ASCII.pro` enthält die Reimplementierung für Terminals.

Die Dateien `DialogueBox_Main.pro`, `DialogueBox_Env.pro` und `DialogueBox_ASCII.pro` können nach der Restrukturierung völlig unabhängig voneinander entwickelt werden. Ein Zusammenhang zwischen ihnen und `DialogueBox.pro` existiert auf der Dokumentenebene nicht. Insbesondere ist nicht zu erkennen, daß `DialogueBox_Env.pro` und `DialogueBox_ASCII.pro` Implementierungsvarianten sind. Die Restrukturierung ist zwar auf der Dokumentenebene realisierbar, kann dort aber nicht erkannt und nachvollzogen werden, da die konzeptuellen Zusammenhänge nicht repräsentiert sind.

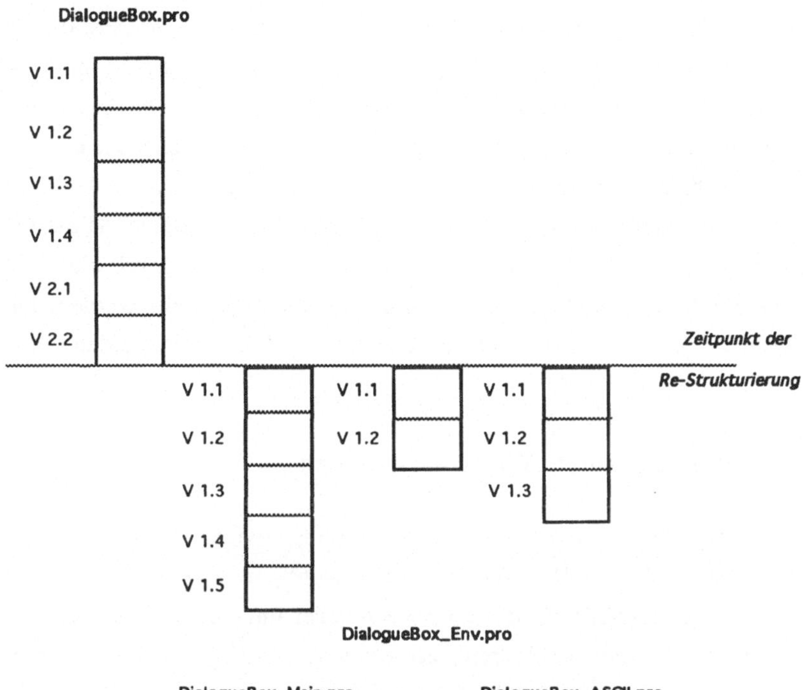

Abb. 5-8: Dokumente und Versionen der Dialog-Box

Auf der konzeptuellen Ebene ist die Restrukturierung als Versionierung modelliert. Die Dekompositionsentscheidung `Decompose_DialogueBox` modelliert die Restrukturierung (Abb. 5-9). `Decompose_DialogueBox` sagt, daß `QueryEvaluator` und `QueryInterface` aus `DialogueBox` entstanden sind. Sie ist Instanz einer Dekompositionsentscheidung, die eine Spezialisierung allgemeiner Restrukturierungsentscheidungen ist (Abb. 5-5). Die Konfigurierungsentscheidung `ConfDialogueBox` (Abb. 5-3) ist strukturell aus `Decompose_DialogueBox` abgeleitet. Sie verfeinert `Decompose_DialogueBox` um die Beschreibung konsistenter Konfigurierungen.

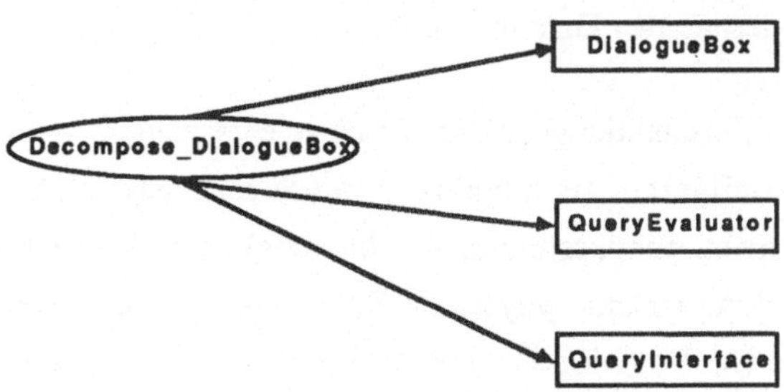

Abb. 5-9: Konzeptuelle Modellierung der Restrukturierung der Dialog-Box

Vor der Restrukturierung unterstützte die Dialog-Box nur die Eingabe von Prolog-Strukturen. Später wurde sie um die Eingabe von beliebigen Zeichenketten, Ausdrücken in Telos, etc. erweitert. Diese funktionalen Erweiterungen sind für das Objekt `QueryEvaluator` implementiert (Beispiel 5-2). Diese Versionierungsinformation sind auf der Dokumentenebene nicht verfügbar. Erstens können sie nicht in einer Dokumentenbibliothek modelliert werden, und zweitens lassen sie sich den Programmtexten nur durch vollständige Inspektion entnehmen, da die Programmschnittstellen der Versionen gleich sind. Die Information kann nicht durch einen Übersetzer kontrolliert oder durch eine Modulinterkonnektionssprache dargestellt werden. Diese Versionierungsinformation kann nur konzeptuell spezifiziert und dokumentiert werden.

5.3.3 Implementierung durch Wiederverwendung

In der Implementierung des Versionen- und Konfigurationenmodells kann der konventionelle Weg beschritten werden (Abb. 5-10). Versionen- und Konfigurationenmodell werden als Anforderungsspezifikation aufgefaßt, für die ein konzeptueller Entwurf zu entwickeln ist, der anschließend durch physische Datenstrukturen realisiert wird. Das Ergebnis ist *eine* effiziente und qualitätsgesicherte Implementierung des Konfigurationen- und Versionenmodells.

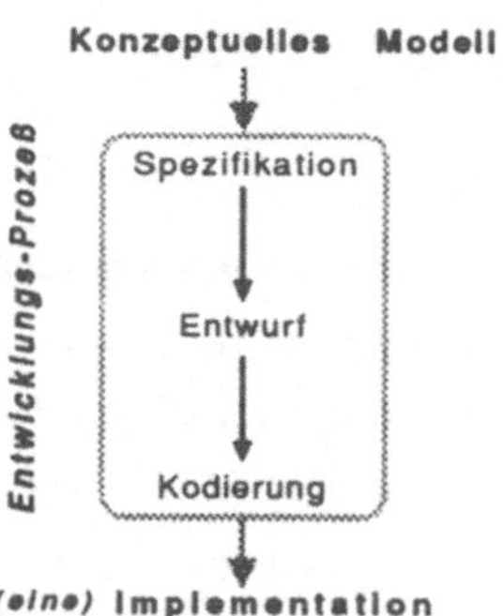

Abb. 5-10: Implementierung des Datenmodells

Die Entwicklung ist ein Entscheidungsprozeß. Es ist zu entscheiden, wie Modellierungsstrukturen des Versionen- und Konfigurationenmodells physisch realisiert werden. Dieses führt zwar zu einer effizienten Implementierung, schränkt aber die möglichen Realisierungsformen ein. Für jede konzeptuelle Entscheidung ist eine physische Realisierung zu entscheiden und nur diese eine Realisierung ist vorhanden. Das Modell kann auch nicht um Konzepte erweitert werden ohne die Implementierung erneut auszuführen. Der Ansatz erfordert ein feststehendes konzeptuelles

Modell. Diese Einschränkung erschwert die Integration neuer Konzepte und Dokumente, die durch die Erweiterung der Software-Entwicklungsumgebung notwendig werden kann.

Ziel des Implementierungsmodells ist die flexible Realisierung und Wiederverwendung existierender Werkzeuge. Für die Wiederverwendung existierender Werkzeuge sind zu modellieren:

(a) *Fähigkeiten in der Dokumentenverwaltung* und *Systemproduktion*, die durch die externen Werkzeuge unterstützt werden;

(b) *Aufruf der Werkzeuge* für die Ausführung von Kommandos für die Anwendung der Fähigkeiten;

(c) *Realisierung der Konzepte* des Datenmodells durch die Fähigkeiten in der Dokumentenorganisation.

Alle drei Aufgaben lassen sich durch CAD° modellieren. Die Fähigkeiten in der Dokumentenorganisation und Systemproduktion werden als Software-Prozeß modelliert. Dieser Software-Prozeß repräsentiert die Entscheidungen und Objekte, die in der Anwendungsdomäne durch die Werkzeuge unterstützt werden. Die Objekte des Prozesses sind die extern verwalteten Dokumente; die Entscheidungen sind die Aufgaben, die Dokumentenverwaltungssysteme unterstützen. Die Agenten verbinden in CAD° die Ausführung intern im Informationssystem modellierter Entscheidungen mit den extern auszuführenden Werkzeugaufrufen. Diese Lösung der Punkte (a) und (b) ermöglicht die (Wieder-)Verwendung externer Werkzeuge. Implementierungsentscheidungen realisieren die Entscheidungen der konzeptuellen Ebene durch Entscheidungen und Objekte der dokumentorientierten Ebene (c). Das Implementierungsmodell ist durch einen Software-Prozeß zu repräsentieren, der die Ebene der Konzepte auf die Ebene der Dokumente abbildet (Abb. 5-11). Formal ist das Implementierungsmodell als Instanz von CAD° modelliert.

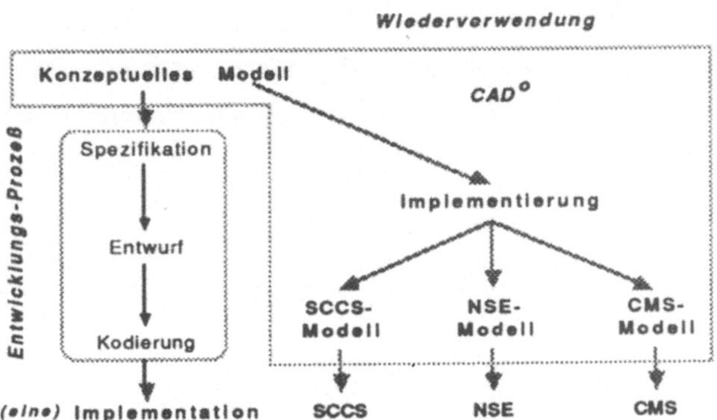

Abb. 5-11: Integration und Wiederverwendung existierender Werkzeuge durch CAD°

5.3.4 Modellierung der Dokumentenebene

Die Dokumentenebene modelliert die zu integrierenden Werkzeuge der Dokumentenverwaltung. Die Dokumentenverwaltung ist als der Software-Prozeß modelliert, der Dokumente in Dokumente überführt. Die Entscheidungen repräsentieren die "Konzepte", die mit Dokumentenverwaltungssystemen realisiert sind.

Die Dokumente werden durch Objekte in CAD° modelliert (Modell 5-21). `DocumentObject` ist eine Spezialisierung des Objekts `SoftwareObject`. `SoftwareObject` ist das allgemeinste Objekt für die Repräsentation der Entitäten der Versionen- und Konfigurationenverwaltung. `ConceptualObject` für die konzeptorientierte Darstellung ist ebenfalls eine Spezialisierung von `SoftwareObject`.

```
IndividualClass SoftwareObject in Object with
end SoftwareObject

IndividualClass ConceptualObject isA SoftwareObject in Object with
end ConceptualObject

IndividualClass DocumentObject isA SoftwareObject in Object with
    objsemantics
        docdescription : DocumentDescription
end DocumentObject

IndividualClass DocumentDescription in Class with
end DocumentDescription
```

Modell 5-21: Modellierung der Dokumente in CAD°

Die semantische Beschreibung eines Dokuments (`DocumentDescription`) modelliert die für die Dokumentenverwaltung relevanten Eigenschaften. Dokumente werden als Container aufgefaßt, deren Inhalte unbekannt sind. Dokumente verfügen über persistente Darstellungen (Datei oder Tupel), Allokationen und ggf. Zugriffsrechte. Die Eigenschaften eines Dokuments sind i.W. seine Identifikation und Allokation.

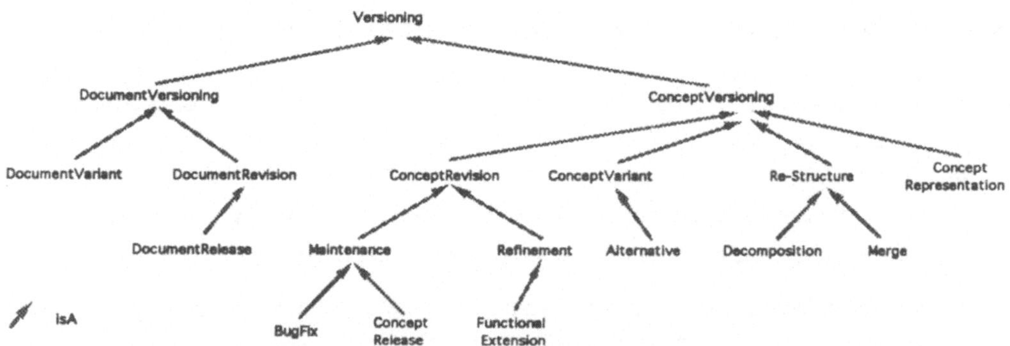

Abb. 5-12: Konzeptuelle und dokumentorientierte Versionierungen

Dokumentversionierungen spezialisieren Versionierungen von allgemeinen Software-Objekten (Abb. 5-12). Sie gehen von Dokumenten zu Dokumenten (Modell 5-22). Es dürfen nur Objekte ineinander überführt werden, die Dokumente repräsentieren. Insbesondere sind nur Dokumentversionierungen zwischen Dokumenten gleichen Typs zulässig (`properdocumentversioning`), d.h. die Versionierung kann sich nicht auf unterschiedliche Dokumente erstrecken.

Dokumentversionierungen sind in Entscheidungen zur Speicherung von Dokumentvarianten (`DocumentVariant`) und Dokumentrevisionen (`DocumentRevision`) spezialisiert. Dokumentrevisionen zielen auf die Speicherung von Weiterentwicklungen und zeitlichen Fortschreibungen eines Objekts. Dokumentvarianten werden für die Speicherung alternativer oder paralleler Entwicklungen bereitgestellt. Da kein Bezug zur Anwendungsdomäne existiert, kann diese Unterscheidung im Gegensatz zur konzeptorientierten Modellierung nicht kontrolliert werden. Die Unterscheidung ist trotzdem notwendig, da aus Effizienzgründen beide Spezialisierungen auf der Speicherebene unterschiedlich realisiert werden [Tichy 82]. Variantenbeziehungen - wie beispielsweise nach der Restrukturierung der Dialog-Box benötigt (Beispiel 5-4) - sind nicht realisiert.

```
IndividualClass DocumentVersioning in Decision with
    from
        olddocument: DocumentObject
    to
        newdocument: DocumentObject
    constraint
        properdocumentversioning:
            $   forall d/DocumentVersioning
                forall x,y/DocumentObject
                (d.olddocument = x and d.newdocument = y)
                → x == y   $
end DocumentVersioning
```

Modell 5-22: Dokumentenversionierung

5.3.5 Das Ideal-Modell und der Implementierungsassistent

Das Implementierungsmodell muß drei Anforderungen für eine erfolgreiche Nutzung erfüllen.

(a) *Kernmodell* - Ein Kernmodell hat grundlegende Entscheidungsklassen zu repräsentieren, die für die Beschreibung von Projektmodellen verwendet werden können. Für jede Entscheidungsklasse sind zugehörige Implementierungen anzubieten.

(b) *Implementierungsunterstützung* - Benutzern ist die Versionierung und Konfigurierung auf der konzeptueller Ebene zu ermöglichen. Die Ausführung der Implementierungsentscheidungen ist weitestgehend zu automatisieren oder durch einen Assistenten zu unterstützen.

(c) *Erweiterbarkeit* - Das Modell muß erweiterbar sein. Neue Modellierungsanforderungen sind durch Erweiterungen der konzeptuellen Entscheidungen oder die Anpassung von Implementierungsentscheidungen zu realisieren. Neue Dokumentenverwaltungssysteme sind durch Erweiterung der dokumentorientierten Entscheidungen zu integrieren.

Ein *Kernmodell* bietet die grundlegenden Entscheidungen in Form zweier Konzepthierarchien für die Versionierung und Konfigurierung. Alle Versionierungs- und Konfigurierungsentscheidungen spezialisieren diese Konzepthierarchien. Demzufolge wird von diesen grundlegenden Entscheidungen die gesamte Menge der konzeptuellen Entscheidungen erzeugt. In Anlehnung an die mathematische Bedeutung wird das Modell als *Ideal-Modell* bezeichnet, da alle konzeptuellen Entscheidungen immer durch Spezialisierung in das Ideal-Modell abgebildet werden.

Ein *Implementierungsassistent* unterstützt die Abbildung konzeptorientierter Entscheidungen auf dokumentorientierte gemäß der Spezifikation im Ideal-Modell. Im Falle alternativer Abbildungsmöglichkeiten wird der Benutzer über eine interaktive Benutzerschnittstelle konsultiert.

Die *Erweiterbarkeit* wird durch eine objektorientierte Modellierung ermöglicht. Das Ideal-Modell kann durch Spezialisierung oder Modifikation der Konzepthierarchien und Implementierungsentscheidungen erweitert werden. Das Ideal-Modell verfügt über zwei Teilmodelle für die Versionierung (Abb. 5-12) und die Konfigurierung (Abb. 5-13).

Im Gegensatz zu Versionierungen und Konfigurierungen überführen die Implementierungsentscheidungen Entscheidungen ineinander. `VersioningImplementation` (Modell 5-23) modelliert die Abbildung konzeptueller Versionierungen auf dokumentorientierte.

```
IndividualClass VersioningImplementation in Decision with
    from
        conceptualversioning: ConceptVersioning
    to
        documentversioning: DocumentVersioning
end VersioningImplementation
```

Modell 5-23: Implementierung konzeptueller Versionierungen

Die Fähigkeiten von Dokumentenverwaltungssystemen werden als Spezialisierungen von `DocumentVersioning` modelliert. Die in die Versionierung involvierten Objekte (Konzepte und Dokumente) werden aus den Entscheidungen abgeleitet. [Nissen 90] enthält eine verfeinerte Darstellung mit exemplarischen Implementierungsentscheidungen für SCCS (Source Code Control System) [Rochkind 75] und CMS (Code Management System) [DEC 82]. Für jede konzeptuelle Entscheidung existiert eine Abbildung auf SCCS und CMS.

```
IndividualClass SCCS_Element isA DocumentObject with
    objsemantics
        docdescription : SCCS_ElementDescription
end SCCS_Element

IndividualClass SCCS_ElementDescription in Class with
    attribute
        library: SCCS_Library
        filename: String
        version: Class
end SCCS_ElementDescription

IndividualClass SCCS_Library isA DocumentObject with
    objsemantics
        docdescription : SCCS_LibraryDescription
end SCCS_Library

IndividualClass SCCS_LibraryDescription in Class with
    attribute
        library: String
        computernode: Computer
end SCCS_LibraryDescription
```

Modell 5-24: Dokumentverwaltung mit SCCS

SCCS unterstützt die Speicherung versionierter Dokumente in sogenannten "s"-Dateien. In Anlehnung an die Terminologie von CMS werden versionierte Dateien als Elemente bezeichnet. Elemente werden zu Bibliotheken zusammengefaßt (Modell 5-24). Die Versionierungsfähigkeiten von SCCS sind als Spezialisierungen von `DocumentRevision`, `DocumentVariant` und `DocumentVersioning` modelliert (Modell 5-25).

```
IndividualClass SCCS_Revision isA DocumentRevision with
    from
        olddocument: SCCS_Element
    to
        newdocument: SCCS_Element
end SCCS_Revision

IndividualClass SCCS_Release isA DocumentRevision with
    to
        newdocument: SCCS_Element
end SCCS_Release

IndividualClass SCCS_CreateElement isA DocumentVersioning with
    to
        newdocument: SCCS_Element
        library: SCCS_Library
end SCCS_CreateElement
```

Modell 5-25: Dokumentenversionierung in SCCS

Konfigurationen werden im Ideal-Modell durch die Konzepthierarchie in Abb. 5-13 unterstützt. Die Konzepthierarchie betrifft primär die strukturellen Aspekte, die durch konzeptuelle Konfigurationen modelliert werden. Sie zeigt verschiedene Typen von Konfigurierungen, wie homogene, heterogene und auch Spezialisierungen hiervon, die sich auf die Konfiguration von Informationssystemen beziehen.

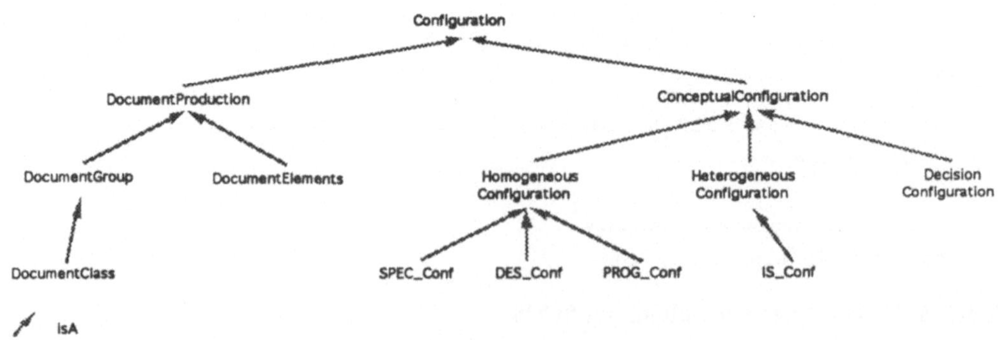

Abb. 5-13: Konzepthierarchie der Konfigurierungsentscheidungen

Homogene Konfigurationen bezeichnen die Konfigurierung von Objekte gleichen konzeptuellen Typs, wie etwa von Programmen, Entwürfen oder Spezifikationen. Heterogene beziehen sich auf verschiedene konzeptuelle Objekte, beispielsweise die Konfigurierung von Entwürfen und Programmen, die konsistent sein soll in Bezug auf ihre entwicklungshistorische Korrespondenz.

Unterschiedliche Konfigurierungstypen verlangen auf der Dokumentenebene unterschiedliche Speicherformen, die sich in verschiedenen Speicherwerkzeugen und Abbildungen auf diese manifestieren. Auf der konzeptuellen Ebene werden sie einheitlich durch das Konfigurationenmodell repräsentiert.

Nicht erfaßt ist in diesen Implementierungen die effiziente Produktion von Objekten. Die Selektion findet immer auf der konzeptuellen Ebene statt. Anschließend werden selektierte Konzepte auf korrespondierende Dokumente abgebildet. Konzeptuelle Konfigurierungen können lediglich auf gebundene Objekte wie etwa Dokumentklassen á la CMS/MMS [DEC 82] abgebildet werden.

Der Implementierungsassistent unterstützt sowohl die Instantiierung des Ideal-Modells durch Projektmodelle als auch die Instantiierung gegebener Projektmodelle.

Projektspezifische Konfigurierungen und Versionierungen werden als Instanzen des Ideal-Modells modelliert. Sie werden auf der konzeptuellen Ebene beschrieben. Der Implementierungsassistent sucht mit (generischen) Anfragen nach existierenden Implementierungen und führt die Implementierungsentscheidungen durch Aufruf der entsprechenden Werkzeuge aus. Das Ergebins sind die entsprechenden Strukturen auf der Dokumentenebene (Beispiel 5-4).

Für die Instantiierung gegebener Projektmodelle bietet der Implementierungsassistent eine Benutzerumgebung zur Ausführung konzeptorientierter Versionierungen (vgl. Kapitel 8). Die Ausführung von Versionierungsentscheidungen erfolgt immer auf der konzeptuellen Ebene. Konzeptuelle Entscheidungen werden automatisch gemäß der Beschreibung im Projektmodell auf die Dokumentenebene abgebildet.

Die wesentliche Aufgabe des Implementierungsassistenten ist die Automation in der Ausführung von Implementierungsentscheidungen. Erst diese Automation ermöglicht einem Benutzer das Arbeiten auf der konzeptuellen Ebene. Sind alternative Entscheidungen vorhanden, so werden diese graphisch dargestellt. Der Benutzer wählt eine der Alternativen aus.

Der realisierte Implementierungsassistent differenziert zusätzlich zwischen Arbeitsbereichen [Nissen 90]. Konzeptuelle Objekte und Dokumente sind in Arbeitsbereiche verteilt. Versionierungen und Konfigurierungen erfolgen jeweils bezogen auf Arbeitsbereiche. Konzeptuelle Objekte und Dokumente werden durch Objekttransfers zwischen Arbeitsbereichen bewegt.

5.3.6 Résumé des Implementierungsmodells

Das Implementierungsmodell unterstützt durch die Mehr-Ebenen Repräsentation das Arbeiten von Benutzern auf der rein konzeptuellen Ebene. Die Frage darf nicht lauten, wie kann ich die Dokumentenverwaltung um so viel Anwendungsorientierung erweitern, so daß sie noch effizient realisierbar bleibt, sondern muß sein, wie kann ich zwei verschiedene Ziele integrieren. Anwendungsorientierung und Effizienz in der Verwaltung erfordern verschiedene Modellierungskonzepte. Beide Ziele können nur durch eine Mehr-Ebenen Repräsentation und die Integration der Ebenen durch Abbildung integriert werden.

Formal werden die Konzepte und Dokumente als Objekte eines Software-Prozesses in CAD^{o} integriert. Die Modellierung dokumentorientierter Prozesse ermöglicht die *Wiederverwendung* existierender Dokumentenverwaltungssysteme für die Reduzierung des Implementierungsaufwands und die Integration existierender Werkzeuge. Andererseits können Dokumentenverwaltungssysteme um eine Ebene für die anwendungsorientierte Modellierung ergänzt werden. Implementierungsentscheidungen beschreiben, welche Anwendungssemantik in Dokumentstrukturen reflektiert ist.

Die Implementierungsentscheidungen ermöglichen die flexible Realisierung von konzeptorientierten Versionierungen und Konfigurierungen. Abhängig von den zu unterstützenden Projekten in der Anwendungsdomäne und den verfügbaren Dokumentenverwaltungssystemen können verschiedene Implementierungen entschieden werden.

5.4 Integration der Versionierung, Konfigurierung und Implementierung

Ausgangspunkt der Integration ist die *Versionierung*. Versioniert wird auf der konzeptuellen Ebene. Konzeptuelle Versionierungen sind in Implementierungen und Konfigurierungen zu propagieren bzw. zu integrieren. Abb. 5-14 gibt eine Übersicht. Die Kanten repräsentieren Entscheidungen. Es sind die Entscheidungen markiert, für die interaktive Assistenten im Rahmen der vorliegenden Arbeit entwickelt worden sind.

Die *Integration in die konzeptuelle Konfigurierung* erfolgt durch Re-Konfigurierungsentscheidungen. Die inkrementelle Integration und die Assistenz in der Selektion zu testender Konsistenzbedingungen basiert auf der Modellierung von Abhängigkeiten zwischen Objekten. Beide Aufgaben sind formal durch das Konfigurationenmodell beschrieben und werden durch einen Konfigurationsassistenten unterstützt.

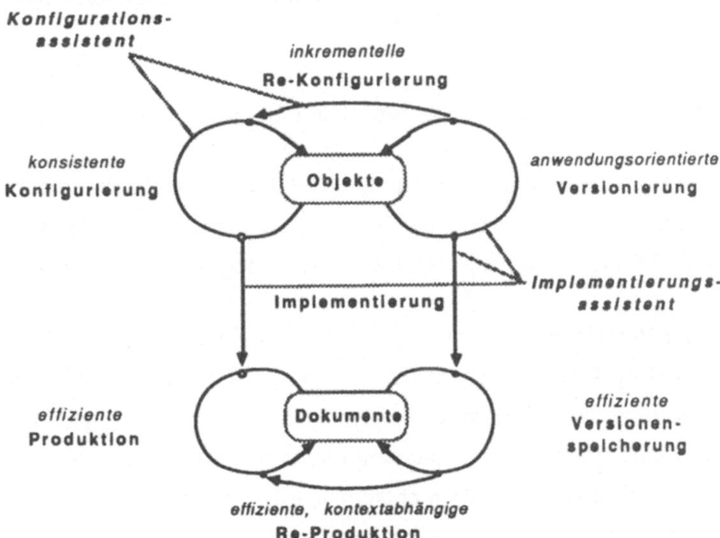

Abb. 5-14: Integration der Versionierung in Konfigurierung und Implementierung

Die *Integration in die Produktion* erfolgt über die Implementierung der Re-Konfigurierungsentscheidung. Die Implementierung einer Re-Konfigurierung hat die Versionierungs- und die Konfigurierungsimplementierung zu berücksichtigen. Ist zum Beispiel für die zu aktualisierende Konfiguration eine Dokumentenproduktion gewählt worden, die immer die neueste Version einer Datei selektiert, und ist die konzeptuelle Versionierung als neueste Dateiversion gespeichert, so besteht die Implementierung der Re-Konfigurierung aus einer Re-Produktion ohne Änderung der Produktionsbeschreibung.

Die Reduzierung des Produktionsaufwands wird kommerziellen Werkzeugen überlassen, die unterschiedliche Ansätze für die effiziente und konsistente Produktion kennen. Es werden lediglich die notwendigen Informationen für die Produktmodellierung und Versionierung repräsentiert. Systeme wie DSEE oder NSE sind als Ergänzung zur konzeptuellen Konfigurierung und Re-Konfigurierung auf der Dokumentenebene aufzufassen. Sie sind keine Kontrahenten auf der konzeptuellen Ebene; sie ergänzen aber durch ihre auf Netzwerke verteilbare Produktion und Re-Produktion.

Die *Integration in die Implementierung* ist implizit im Ideal-Modell enthalten. Da auf der Dokumentenebene der Einsatz von versionsfähigen Dokumentenverwaltungssystemen angestrebt ist, wird die Versionierung der Implementierung implizit im Ideal-Modell realisiert.

5.5 Résumé der entscheidungsbasierten Modellierung

Die Versionen- und Konfigurationenverwaltung ist als Mehr-Ebenen Repräsentation eines entscheidungsorientierten Software-Prozesses in CAD^o beschrieben. Formal ist das Modell eine Erweiterung von CAD^o um die Konzepte für die Modellierung des Entwickeln-im-Großen.

Die "Fallstudie" der Versionen- und Konfigurationenverwaltung belegt die Nützlichkeit der Entscheidungsmodellierung. CAD^o bietet die Terminologie, mit der die verschiedenen Aufgaben in einer Entwicklungsumgebung integriert werden können. CAD^o ermöglicht die einheitliche Modellierung der Konfigurierung, Versionierung und Implementierung als Entscheidungen eines Software-Prozesses. Die Entscheidungen entsprechen Konzepten in der Anwendungsdomäne. Die *Konfigurierung* repräsentiert die Entscheidung, Objekte durch Konfigurationen von Objekten zu realisieren. *Versionierungen* repräsentieren Entscheidungen des Entwickeln-im-Großen für die Entwicklung und Wartung. *Implementierungen* repräsentieren die Entscheidung zwischen der konzeptuellen Modellierung eines Objekts und seiner Speicherung als Dokument zu unterscheiden. Aufgrund der einheitlichen Modellierung können diese Konzepte integriert werden, was anhand der Re-Konfigurierung und Implementierung gezeigt wurde.

6 Versionen- und Konfigurationenverwaltung in der Gruppe

Das bisherige Modell kennt noch keine Konzepte für die Entstehung und Ausführung von Entscheidungen in einer Gruppe. Es dient als Modell für ein Informationssystem, das aus konzeptioneller Sicht zentral alle Objekte und Entscheidungen verwaltet und ihre Konsistenz prüft. Jede Datenmanipulation wird implizit als atomare Aktivität angenommen. Die Konsistenz einer Datenmanipulation ist immer zum Zeitpunkt der Manipulation durch das gegebene Schema entscheidbar und unabhängig vom Kontext parallel laufender Datenmanipulationen.

Das *Entwickeln-in-der-Gruppe* bedarf zweierlei Erweiterungen. Zum einen ist der Existenz mehrerer Entwickler in einem Projekt Rechnung zu tragen, indem das Informationssystem die parallele Datenmanipulation ermöglicht. Zum anderen sind Datenmanipulationen nicht spontan und nicht dauerhaft. Sie erfolgen nicht spontan, da sie innerhalb der Gruppe durch Diskussionen und einen Beschluß über die Ausführung vorbereitet werden. Die Ausführung beschlossener Entscheidungen wird vereinbart, erfolgt von einem beauftragten Entwickler und wird abschließend in das Arbeitsergebnis der Gruppe integriert. Datenmanipulationen sind nicht dauerhaft, da sie ggf. nachgebessert werden, um Konflikte zu lösen. Die Nachbesserungen für eine Integration sind i.a. nicht unabhängig von parallel ausgeführten Datenmanipulationen. Es können auch nur Zwischenergebnisse sichtbar gemacht werden, um andere Mitglieder zu informieren.

Ziel der Erweiterung auf das Entwickeln-in-der-Gruppe ist nicht die Bereitstellung eines Transaktionskonzepts für langandauernde Entwurfsanwendungen. Das Ziel ist die Modellierung der *Lebensphasen* einer Entscheidung in einer Gruppe von der Entstehung durch eine Diskussion, der Ausführung durch einen Entwickler, bis zur Beendigung und Integration in das Arbeitsergebnis einer Gruppe. Die Erweiterung führt zur kooperativen Verwaltung der Software-Entwicklung durch ein Informationssystem.

6.1 Kooperative Objektverwaltung

Die kooperative Verwaltung erfordert mehr als ein Transaktionskonzept für die *Mehrbenutzerunterstützung*. Transaktionskonzepte stellen immer die Vermeidung von Konflikten (durch Zugriffssperren) in den Vordergrund. Eine *Gruppenunterstützung* fordert die *Kooperation* zwischen Entwicklern. Im Gegensatz zu Transaktionskonzepten sind die Entwickler *Partner* anstatt *Wettbewerber* [Ellis und Gibbs 89, Kaiser 91]. Entwickler müssen sich wie Partner verhalten und ihre Aktionen koordinieren, um gemeinsam die Konsistenz zu erreichen und zu wahren.

Der Lebenslauf einer Entscheidung besteht nicht nur aus der Ausführung, die einer Transaktion entspricht. Entscheidungen durchlaufen vier Phasen: Aufgabenanalyse, Entwurf der Lösungsalternativen, Auswahl einer Alternativen und Ausführung, mit der die Entscheidung umgesetzt wird. Die Phasen laufen in größer werdenden Projekten in einer Gruppe von Entwicklern, den Entscheidungsträgern, ab. Die Beteiligung mehrerer Entwickler erfordert die Kommunikation und Koordination zwischen Entwicklern. Die vier Phasen werden durch drei Arten von Verteilungen unterstützt.

(a) Die *Ideenverteilung* zielt auf die Auswahl einer Lösungsalternativen. Hierfür werden die gestellte Aufgabe und mögliche Lösungsalternativen diskutiert. Die Qualität einer Lösungsalternative wird i.a. umso besser, je mehr Expertise von Entwicklern berücksicht wird. Das Ergebnis einer Ideenverteilung ist eine Übereinkunft über eine Lösungsalternative, mit der die gestellte Aufgabe gelöst werden kann. Ideenverteilungen generieren auszuführende Entscheidungen.

(b) Die *Aufgabenverteilung* betrifft die organisatorische Umsetzung einer Entscheidung. Die Ausführung von Entscheidungen ist auf die Mitglieder einer Gruppe zu verteilen. Diese Bindung zwischen Entscheidung und Entwickler wird durch Vereinbarungen installiert. Durch eine Vereinbarung wird ein Entwickler für die Ausführung einer Entscheidung verantwortlich, d.h. er muß sie gemäß der ihm durch die Entscheidungsklasse gegebenen Spezifikation und i.a. in einer gegebenen Zeit erfüllen.

(c) Mit *Ergebnisverteilungen* werden Entscheidungen in der Objektwelt technisch umgesetzt. Objekte, die Eingabe und Ergebnis von Entscheidungen sind, sind Arbeitskontexten und Entwicklern zugeordnet. Objekte bilden den Arbeitskontext, in dem Entwickler ihre Entscheidungen realisieren. Nach Ausführung einer Entscheidung sind die Ergebnisse in der Gruppe bzw. den Arbeitskontexten anderer Entwickler bekannt zu machen.

Basis für die Organisation von Objekten in einer Gruppe sind *Arbeitsbereiche* [Klahold, Schlageter, Wilkes 86, Kaiser und Perry 87]. Arbeitsbereiche strukturieren die Objekte in einer Gruppe; sie enthalten Objekte und sind einem Entwickler oder einer Gruppe zugeordnet. Sie sind die Umgebung, in der Entwickler arbeiten und zwischen denen Kooperation notwendig ist [Lehman 86]. Objekte werden in Arbeitsbereichen entwickelt und zwischen Arbeitsbereichen transferiert. Arbeitsbereiche bilden das technische Hilfsmittel für die Realisierung einer kooperativen Verwaltung. Sie reflektieren i.a. auch Organisations- und Projektstrukturen einer Gruppe.

Parallele Änderungen eines Objekts in verschiedenen Arbeitsbereichen erzeugen *Konflikte*; diese Konflikte sind gruppenbedingt. Die inhaltlichen Konflikte zwischen Objekten werden bereits durch das Konfigurationenmodell behandelt. Die Tolerierung versionierungsbedingter Konflikte erfordert eine *Konflikterkennung*, die *Konfliktnotifikation* und eine *Konfliktauflösungsstrategie*.

Das Ziel dieser Arbeit besteht nicht in der Realisierung von Werkzeugen für die Ideen-, Aufgaben- oder Ergebnisverteilung, sondern in der Integration der Modellierung dieser Verteilungen mit den anderen Aufgaben der Versionen- und Konfigurationenverwaltung in einem Informationssystem. Dies wird durch Konversationen und Agenten aus CAD^o realisiert. Durch die Verbindung mit Entscheidungen und Objekten in CAD^o bleibt der formale Anwendungsbezug erhalten.

6.2 Ideenverteilung

In der Ideenverteilung sind die Beiträge von Entwicklern zu einer gegebenen Aufgabenstellung und den möglichen Lösungsalternativen erwünscht. Die Beiträge können während einer Projektbesprechnung oder auch rechnergestützt mit einem elektronischen Postsystem ausgetauscht werden. Es wird hier die rechnerunterstützte Kommunikation betrachtet.

Ein Entwickler artikuliert seine Meinung und Expertise durch ein Argument zu einer Entscheidung. Das Argument wird als Nachricht in CAD^o modelliert, die den Beitrag eines Entwicklers (`contributor`) zu einer Versionierung (`correspondsto`) darstellt (Modell 6-1). Da in Ideenverteilungen eine Strukturierung der Diskussion unerwünscht ist, wird keine Struktur zwischen Argumenten modelliert. Es wird nur die Struktur von Argumenten vorgegeben. Jedes Argument hat sich auf eine Versionierungsentscheidung zu beziehen und ist Meinung eines Entwicklers. Ein Argument unterstützt eine Entscheidung (`pose`) oder ist gegen eine Entscheidung (`oppose`). Um auch Argumente für oder gegen Versionierungen angreifen oder unterstützen zu können, sind die Unterstützung und der Angriff einer Versionierung selbst wieder formal als Spezialisierung einer Versionierung modelliert (`Argument!pose, Argument!oppose isA Versioning`). Andere Argumente sind nicht zugelassen.

```
IndividualClass Engineer in Agent with
end Engineer

IndividualClass TaskPreparation in Conversation with
    subject
        considered: Versioning
        agreed: Versioning
    participants
        contributes: Engineer
end TaskPreparation

IndividualClass Argument in Message with
    from
        contributor: Engineer
    correspondsto
        pose: Versioning
        oppose: Versioning
        agree: Versioning
    drives
        taskpreparedescr: TaskPreparation
end Argument
```

Modell 6-1: Konversationen für die Ideenverteilung

Die Menge aller Nachrichten zu einer Übereinkunft über eine Lösungsalternative wird in CAD° als (multi-laterale) Konversation (`TaskPreparation`) zwischen Agenten modelliert (Modell 6-1). Die Konversation gruppiert die berücksichtigten Entscheidungen (`considered`). Die zugehörigen Nachrichten sind aus den dokumentierten Argumenten abzuleiten. Das Ergebnis ist die Übereinkunft über eine auszuführende Versionierung (`agreed`). Die zulässigen Teilnehmer der Diskussion werden durch `contributes` modelliert.

Die Konsensfindung ist nicht durch spezielle Modellierungsstrukturen oder Werkzeuge unterstützt. Es wird angenommen, daß das Ergebnis durch eine Nachricht mit dem Inhalt der beschlossenen Entscheidung (`agree`) mitgeteilt wird.

Im Gegensatz zu gIBIS [Conklin und Begeman 88] sind die Inhalte der Argumente und der Konversation nicht Texte, sondern Entscheidungskonzepte aus der formalen Modellierung eines Software-Prozesses. Es ist somit ein formaler Anwendungsbezug hergestellt.

Die Konversation dokumentiert nur die involvierten Entscheidungen und Argumente, und prüft die Wohlgeformtheit der Argumente. Für die interaktive Unterstützung von Ideenverteilungen wird ein Argumenteditor angeboten [Hahn, Jarke, Rose 90]. Der Argumenteditor ist ein graphikbasiertes Werkzeug zur Darstellung von Entscheidungsprozessen und zur Einbringung von

Argumenten zu Entscheidungen. Er stellt die Objekte und Entscheidungen eines zu diskutierenden Prozesses graphisch dar. Angezeigte Objekte können durch ein- und ausgehende Entscheidungen expandiert werden. Die jeweils zu diesen Entscheidungen korrespondierenden Objekte werden automatisch angezeigt. Alle angezeigten Entscheidungen können Thema von Argumenten sein. Ein Agent kann eine Entscheidung unterstützen oder angreifen, indem er diese (per Maus) selektiert und die `pose`- oder `oppose`-Option wählt. Für das Argument ist ein Name und optional eine textuelle Begründung anzugeben. Zusätzlich wird automatisch der Name des Agenten eingetragen. Argumente müssen sich nicht nur auf existierende Entscheidungen beziehen. Es können auch neue Entscheidungen mit dem Argumenteditor eingeführt werden.

6.3 Aufgabenverteilung

Beschlossene Entscheidungen werden durch Aufgabenverteilungen innerhalb einer Gruppe umgesetzt. Aufgabenverteilungen installieren Vereinbarungen zwischen einem Auftraggeber und einem Auftragnehmer über die Ausführung einer Entscheidung.

Die Aufgabenverteilung wird in CAD° formal als (bilaterale) Konversation (`TaskSharing`) zwischen menschlichen Entwicklern modelliert (Modell 6-2). Teilnehmer der Konversation sind ein Auftraggeber (`client`) und ein Auftragnehmer (`server`). Gegenstand der Konversation ist eine Versionierung (`task`). Die Aufgabenverteilung konstituiert sich aus Nachrichten (`TaskAction`), die zwischen einem Sender (`sender`) und Empfänger (`receiver`) ausgetauscht werden. Die Nachrichten beziehen sich immer auf eine Versionierung (`referstoto`) und bestimmen den Verlauf einer Aufgabenverteilung (`driventask`).

Für die strukturelle Beschreibung der Nachrichteninhalte wird `TaskAction` in verschiedene Nachrichtentypen für die Vereinbarung spezialisiert (Abb. 6-1). Eine Analyse der natürlichsprachlichen Inhalte der Nachrichten ist zu aufwendig, so daß ihre Inhalte abstrakt durch Typisierung der Nachrichteninhalte repräsentiert werden. Die Typisierung entstammt der Theorie der Sprechakte und Beobachtungen von Vereinbarungsgesprächen [Winograd 88].

```
IndividualClass TaskSharing in Conversation with
    subject
        task: Versioning
    participants
        client: Engineer
        server: Engineer
    convsemantics
        tasksharingdescr: TaskSharingDescription
end TaskSharing

IndividualClass TaskAction in Message with
    from
        sender: Engineer
    to
        receiver: Engineer
    correspondsto
        refersto: Versioning
    next
        response: TaskAction
    drives
        driventask: TaskSharing
end TaskAction
```

Modell 6-2: Konversation und Nachrichten für die Aufgabenverteilung

Eine Aufgabenverteilung durchläuft drei Phasen, die durch entsprechende Nachrichten charakterisiert sind: einen Prolog für die Einigung über die Aufgabenstellung (`Request`, `Offer`, `CounterOffer`, etc.), einer Ausführungsphase mit eventuellem Berichtswesen, und einem Epilog zur Beendigung (`ReportComplete`) und Abnahme bzw. Zurückweisung der Ergebnisse durch den Auftraggeber (`DeclareComplete`, `DeclineReport`).

Abb. 6-1: Einige Spezialisierungen von `TaskAction` für die Aufgabenverteilung

Die Aufforderung eines Auftraggebers (`Request`) oder das Angebot eines Agenten als Auftragnehmer (`Offer`) starten eine Aufgabenverteilung. Ein Auftragnehmer ist verantwortlich für die Ausführung einer Entscheidung, wenn er die Aufforderung akzeptiert (`Promise`) oder der Auftraggeber das Gegenangebot (`CounterOffer`) akzeptiert (`Accept`). Verantwortlichkeiten für Entscheidungsausführungen sind somit aus den Nachrichtentypen ableitbar.

Während der Ausführungsphase kann die Aufgabenverteilung jederzeit von Auftraggeber und -nehmer beendet werden (`Withdraw`, `Renege`). Im Epilog wird die Kompetenz eines Agenten festgelegt. Akzeptiert der Auftraggeber das Ergebnis (`DeclareComplete`), so erhält der Auftragnehmer die Kompetenz für diese Entscheidung. Es können somit immer Agenten ermittelt werden, die über die Expertise einer Versionierung verfügen.

Abb. 6-2 zeigt eine graphische Darstellung des Ablaufs einer Aufgabenverteilung. `C:` und `S:` geben jeweils den Auftraggeber (`Client`) und den Auftragnehmer (`Server`) als Sender der Nachricht an. Der Empfänger ist jeweils der entgegengesetzte Agent.

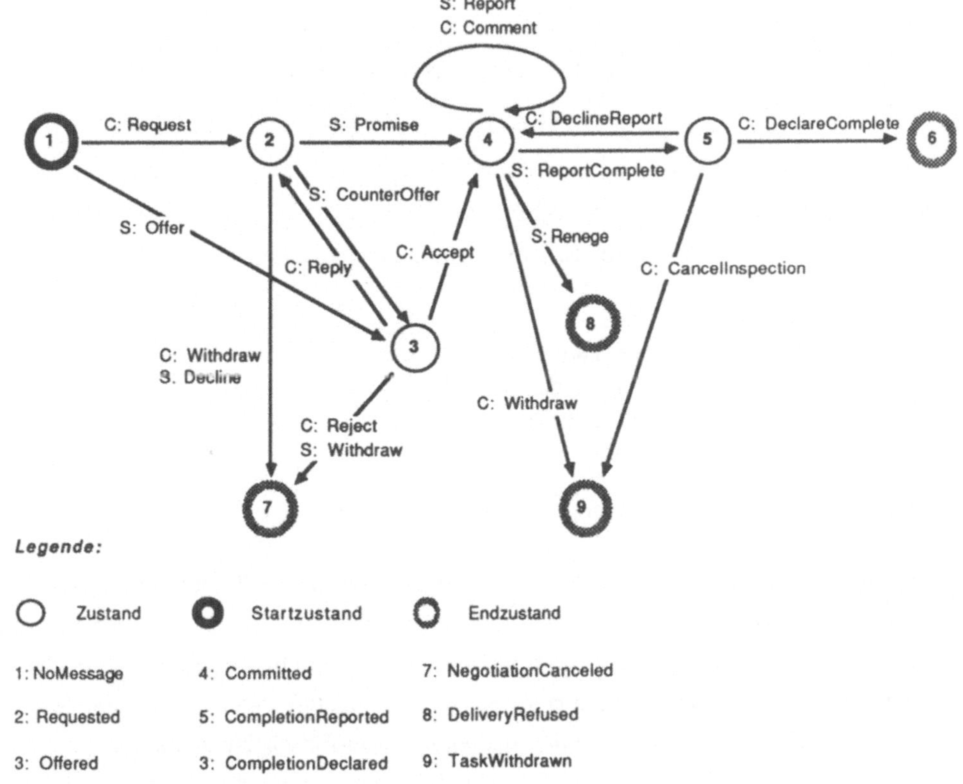

Abb. 6-2: Protokoll der Aufgabenverteilung [Winograd 88]

Abb. 6-2 ist die graphische Darstellung des Protokolls für den gültigen Nachrichtenaustausch in einer Aufgabenverteilung. Sie werden als semantische Beschreibung einer Konversation modelliert. Modell 6-3 zeigt einen Ausschnitt dieser Modellierung. Die semantische Beschreibung `TaskSharingDescription` nennt die Zustände der Konversation. Die Folgezustände sind als Instanzen der Attributkategorie `transition` modelliert wie für `NoMessage` und `Requested` gezeigt. Die Zustandsübergänge werden durch Nachrichten verursacht.

```
IndividualClass TaskSharingDescription in ConversationDescription
        with
    state
        s1: NoMessage
        s2: Requested
          :
        s9: TaskWithDrawn
end TaskSharingDescription

IndividualClass NoMessage in ConversationState with
    transition
        request: Requested
        offer: Offered
end NoMessage

IndividualClass Requested in ConversationState with
    transition
        promise: Committed
        counterOffer: Offered
        withdraw: NegotiationCancelled
        decline: NegotiationCancelled
end Requested
```

Modell 6-3: Konversationsbeschreibung der Aufgabenverteilung

Integritätsbedingungen der Nachrichten modellieren die konsistente Einordnung in Konversationen und zulässige Reihenfolgen (Modell 6-4). Die Nachricht `Promise` bezieht sich immer auf eine Aufgabenverteilung. Der Sender und Empfänger der Nachricht müssen dem Auftraggeber und -nehmer der Aufgabenverteilung entsprechen (`propersender` und `properreceiver`). Der Sender muß der Auftragnehmer sein, der die Ausführung einer Entscheidung mit dieser Nachricht verspricht. Er darf nur die Ausführung der Entscheidung versprechen, die Thema der Aufgabenverteilung ist (`propertopic`).

```
IndividualClass Promise isA TaskAction in Message with
   from
      sender: Engineer
   to
      receiver: Engineer
   correspondsto
      refersto: Versioning
   causes
      trans: Requested!promise
   constraint
      propersender:
         $  forall m/Promise
            forall a/Engineer
            (m.sender = a →
             (exists conv/TaskSharing
              m.driventask = conv and
              conv.server = a)) $
      properreceiver:
         $  forall m/Promise
            forall a/Engineer
            (m.receiver = a →
             (exists conv/TaskSharing
              m.driventask = conv and
              conv.client = a)) $
      propertopic:
         $  forall m/Promise
            forall a/Versioning
            (m.refersto = a →
             (exists conv/TaskSharing
              m.driventask = conv and
              conv.task = a)) $
      propercontext:
         $  forall m/Promise
            exists conv/TaskSharing
            (m.driventask = conv →
             (exists convdescr/TaskSharingDescription
              exists lstate/Requested
              conv.tasksharingdescr = convdescr and
              convdescr.s2 = lstate))15 $
end Promise
```

Modell 6-4: Modellierung einer Nachricht in der Aufgabenverteilung

15 Die Konversation der Aufgabenverteilung muß aktuell in einem `Requested`-Zustand sein.

6.4 Ergebnisverteilung

Arbeitsbereiche enthalten Objekte und sind einem Entwickler und einer Gruppe zugeordnet, die für diese Objekte verantwortlich sind. Die Umsetzung von Entscheidungen erfordert die Verfügbarkeit von Objekten und produziert neue Objekte. Objekte werden zwischen Arbeitsbereichen transferiert, um sie für eine Versionierung zu erhalten oder das Ergebnis einer Versionierung anderen bereitzustellen. Die Grundlage sind somit Transferoperationen zwischen Arbeitsbereichen, mit denen die Umsetzung von Entscheidungen auf Arbeitsbereiche verteilt und integriert werden. Die Transferoperationen sind zu dokumentieren und strukturieren, um die Ausführung von Versionierungen zu koordinieren.

Die Transferoperationen werden als Kommunikation zwischen technischen Agenten - den Arbeitsbereichen - aufgefaßt. Der Zweck dieser Kommunikation ist die Ergebnisverteilung.

```
IndividualClass Workspace in Agent with
    attribute
        views: SoftwareObject
        owner: Engineer
end Workspace

IndividualClass ResultSharing in Conversation with
    subject
        realizes: Versioning
    attribute
        concerns: SoftwareObject
    participants
        parent: Workspace
        child: Workspace
    convsemantics
        resultsharingdescr: ResultSharingDescription
end ResultSharing
```

Modell 6-5: Konversationen für die Ergebnisverteilung zwischen Arbeitsbereichen

Ergebnisverteilungen werden in CAD° formal als (bilaterale) Konversation (`ResultSharing`) zwischen Arbeitsbereichen (`Workspace`) modelliert (Modell 6-5). Arbeitsbereiche sind technische Agenten. Sie werden als hierarchisch organisiert angenommen. Eine Ergebnisverteilung erfolgt zwischen einem übergeordneten (`parent`) und einem untergeordneten (`child`) Arbeitsbereich. Die Verteilung über mehrere Ebenen in einer Arbeitsbereichhierarchie bedarf mehrerer Ergebnisverteilungen. Diese Einschränkung wird auch in arbeitsbereichbasierten Transaktionskonzepten vorgenommen, um Verklemmungen auszuschließen [Unland 90]. Jede Ergebnisverteilung realisiert eine Versionierung (`realizes`) und betrifft Objekte (`concerns`), die für die Versionierung benötigt werden.

Die Ergebnisverteilung strukturiert Nachrichten (`ObjectAction`) zwischen Arbeitsbereichen (Modell 6-6). Nachrichten modellieren die Transfers zwischen Arbeitsbereichen. Die Inhalte dieser Nachrichten sind Objekte. Objekte sind Arbeitsbereichen zugeordnet, was durch Sichtbarkeiten (`views`) modelliert ist.

```
IndividualClass ObjectAction in Message with
    from
        sender: Workspace
    to
        receiver: Workspace
    drives
        resultprocess: ResultSharing
    attribute
        realizedby: ObjectTransfer
        transfers: SoftwareObject
end ObjectAction
```

Modell 6-6: Modellierung der Objekttransfers als Nachrichten zwischen Arbeitsbereichen

Die Nachrichten werden durch `ObjectTransfer`-Entscheidungen (`realizedby`) ausgeführt (Modell 6-6). Ausgangspunkt ist die konzeptuelle Modellierung von Arbeitsbereichen. Die konzeptuelle Modellierung ist analog zum Versionen- und Konfigurationenmodell unabhängig von physischen Realisierungen durch Dokumentenverwaltungssysteme. Die Realisierung konzeptueller Transferentscheidungen erfolgt durch Implementierungsentscheidungen, was flexible und heterogene Implementierungen von Arbeitsbereichen zuläßt. In [Nissen 90] sind zwei Abbildungen auf CMS [DEC 82] und SCCS [Rochkind 75] realisiert.

Die Transferentscheidungen unterscheiden sich in der Behandlung von Versionshistorien und von komplexen Objekten. Bei einer Rückgabeoperation kann gewählt werden, ob die Versionshistorie des untergeordneten Arbeitsbereichs in den übergeordneten übertragen werden soll, oder ob alle privaten Versionierungsentscheidungen zu einer komplexen Versionierungsentscheidung im öffentlichen Bereich zusammengefaßt werden. Wird ein durch Konfigurierung realisiertes Objekt transferiert, so ist zu wählen, ob nur das Objekt oder auch die Komponenten transferiert werden.

Ausleih- und Rückgabeverfahren modellieren primitive Ergebnisverteilungen. Sie sind beliebt für Dokumentenverwaltungssysteme. Vor Ausführung einer Entscheidung wird das Objekt aus einem übergeordneten Arbeitsbereich ausgeliehen und in einen privaten kopiert. Das Objekt ist für weitere Ausleihen gesperrt. Die Versionierung erfolgt im privaten Arbeitsbereich. Nach Ausführung einer Entscheidung wird das Objekt in den übergeordneten Arbeitsbereich zurückgegeben.

```
IndividualClass CheckOut isA ObjectAction in Message with
    constraint
        properchildcheckout:
            $ forall out/CheckOut
              forall w1, w2/Workspace
              (out.sender = w1 and
               out.receiver = w2) →
               exists rs/ResultSharing
               (rs.child = w1 and
                rs.parent = w2) $
        properobjectview:
            $ forall out/CheckOut
              forall w/Workspace
              forall o/SoftwareObject
              (out.receiver = w and out.transfers = o) →
               (exists rs/ResultSharing
                rs.child = w and w.views = o)    $
end CheckOut

IndividualClass CheckIn isA ObjectAction in Message with
    constraint
        properchildcheckin
            $ forall in/CheckIn
              forall w1, w2/Workspace
              forall o/SoftwareObject
               (in.sender = w2 and in.receiver = w1 and
                in.transfers = o) →
                exists rs/ResultSharing
                exists co/CheckOut
                 (rs.parent = w1 and s.child = w2 and
                  co.resultprocess = rs and co.transfers = o and
                  co.sender = w2 and co.receiver = w1 )    $
end CheckIn
```

Modell 6-7: Ausleihe- und Rückgabe zwischen Arbeitsbereichen

Modell 6-7 zeigt die Spezialisierungen von `ObjectAction` für dieses Ausleih- und Rückgabeprotokoll. Ein `CheckOut` transferiert ein Objekt von einem übergeordneten in einen untergeordneten Arbeitsbereich. Ein `CheckIn` transferiert ein Objekt von einem untergeordneten in den übergeordneten Arbeitsbereich zurück. Der Transfer wird immer von untergeordneten Arbeitsbereichen initiiert (`properchildcheckout` und `properchildcheckin`). Es können nur die Objekte ausgeliehen werden, die im übergeordneten Bereich sichtbar sind (`properobjectview`). Objekte sind im übergeordneten Arbeitsbereich analog durch Ausleihoperationen sichtbar geworden, d.h. das Attribut `views` ist durch eine Regel zu spezifizieren.

Abb. 6-3 zeigt das Protokoll dieses Ausleih- und Rückgabeverfahrens. Start- und Endzustand ist `Public`. `Public` besagt, daß das Objekt ausgeliehen und gelesen werden kann. `Locked` besagt, daß das Objekt nicht ausgeliehen werden kann. Es kann aber i.a. im übergeordneten Arbeitsbereich noch gelesen werden. Der Sender der Nachricht ist jeweils der untergeordnete Arbeitsbereich (`Child`). Einem `CheckOut` kann nur ein `CheckIn` folgen, mit der das Objekt in den übergeordneten Arbeitsbereich zurückgegeben wird.

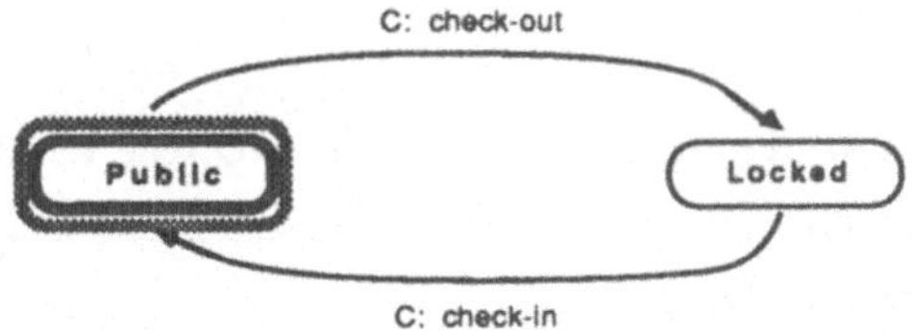

Abb. 6-3: Protokoll für Ergebnisverteilungen durch Ausleihe und Rückgabe

> ***Aussage*** *(Ausleihe und Rückgabe realisieren Transaktionen)*: Durch die Ergebnisverteilung mit Nachrichten für den Objekttransfer zur Ausleihe und Rückgabe ist ein Transaktionskonzept realisiert.
>
> ***Beweisidee***: Die Nachrichten des Typs `CheckOut` und `CheckIn` realisieren ein Sperrverfahren. `CheckOut` sperrt die Objekte einer Ergebnisverteilung im übergeordneten Arbeitsbereich. Es sind nur die `CheckIn` zulässig, für die ein `ResultSharing` und ein `CheckOut` existiert, mit der das betreffende Objekt ausgeliehen wurde.
>
> Es kann somit keine zwei Ergebnisverteilungen geben, die auf ein Objekt durch ein `CheckIn` schreibend zugreifen. `CheckOut` und `CheckIn` entsprechen dem Beginn und Ende einer Transaktion.

Die Modellierung beabsichtigt nicht, Transaktionskonzepte durch Konversationen zwischen Arbeitsbereichen zu reimplementieren. Sie zeigt nur, daß durch geeignete Integritätsbedingungen Eigenschaften von Transaktionen wie *Atomarität*, *Konsistenz*, *Isolation* und *Dauerhaftigkeit* (ACID) zu realisieren sind. Für die Verteilung der Objekte sind zwei Ansätze zu unterscheiden:

(a) *Pessimistisches Bewegen* - Das obige Protokoll und die Transferoperationen basieren auf dem Bewegen von Objekten. Sie realisieren pessimistische, sperrbasierte Transaktionskonzepte. Wird ein Objekt von einem Arbeitsbereich A_1 in einen Arbeitsbereich A_2 bewegt, so wird das Modifikationsrecht ebenfalls von A_1 nach A_2 bewegt. Gleichzeitig dürfen keine zwei Arbeitsbereiche ein Modifikationsrecht besitzen.

(b) *Optimistische Vervielfältigung* - Im Gegensatz zum pessimistischen Bewegen werden Objekte kopiert. Sie existieren in verschiedenen Arbeitsbereichen und dürfen in diesen auch modifiziert werden. Ein Objekt existiert somit in verschiedenen Arbeitsbereichen i.a. in unterschiedlichen Versionen, was zu Konflikten führt.

Pessimistisches Bewegen hat den Vorteil, daß die Theorie der Implementierung von Transaktionskonzepten anwendbar ist. Die Korrektheit von Synchronisationsverfahren für die Verschränkung von Transaktionen ist formal beweisbar. Der Nachteil ist, daß die Eigenschaften der Atomarität, Konsistenz, Isolation und Dauerhaftigkeit die Effizienz und Kooperation des Arbeitens einschränken. Die Effizienz wird eingeschränkt, da die mögliche Parallelität beschränkt ist. Die Kooperation wird behindert, da keine Zwischenergebnisse ausgetauscht und zwei Transaktionen ihre Ergebnisse nicht integrieren können.

Die optimistische Vervielfältigung erhöht die Parallelität und erlaubt die Kooperation. Die Dauerhaftigkeit von Versionierungen kann bei der optimistischen Vervielfältigung aber nicht mehr garantiert werden. Unabdingbare Voraussetzung ist die Tolerierung und Behandlung von Konflikten.

Die Nachrichtentypen für eine optimistische, konflikttolerierende Ergebnisverteilung zeigt Abb. 6-4. Die Namensgebung der Spezialisierungen von `ObjectAction` ist der Terminologie von NSE (Network Software Environment) [Adams, Honda, Miller 89] entlehnt, das exemplarisch für die Realisierung dieser Ergebnisverteilung verwendet wird.

Abb. 6-4: Spezialisierungen von `ObjectAction` für die Objektvervielfältigung

Für den Transfer werden drei Nachrichtentypen angeboten. Der Sender ist immer der untergeordnete Arbeitsbereich.

`Acquire` kopiert ein Objekt aus dem übergeordneten Arbeitsbereich in den untergeordneten. Das Objekt ist damit in dem untergeordneten Arbeitsbereich sichtbar und kann dort modifiziert werden.

`Resync` aktualisiert die Version eines Objekts in dem untergeordneten Arbeitsbereich. Es wird die in dem übergeordneten Arbeitsbereich befindliche Version in den untergeordneten kopiert. Der untergeordnete Arbeitsbereich verfolgt hierbei das Ziel, seine Sicht auf das Objekt zu aktualisieren.

`Reconcile` kopiert ein Objekt aus dem untergeordneten in den übergeordneten Arbeitsbereich. Der Arbeitbereich macht damit seine Ergebnisse dem übergeordneten sichtbar. Dabei wird die Objektversion im übergeordneten Arbeitsbereich überschrieben. Die `Reconcile`-Operation kann mit `Resync`- oder `Acquire`-Operationen anderer Arbeitsbereiche konfligieren.

Für die Erkennung möglicher Konflikte informieren Arbeitsbereiche sich gegenseitig über Objektänderungen. Ein Arbeitsbereich meldet nur die Tatsache der Änderung. Der Inhalt der Änderung kann durch die zu realisierende Versionierung abstrakt erschlossen werden.

Die Spezialisierungen `PublicChange` und `PrivateChange` von `ObjectAction` in Abb. 6-4 informieren über Änderungen. Konflikte, die sich durch parallele Änderungen ergeben, sind in untergeordneten Arbeitsbereichen zu lösen (`Resolve`). Anschließend werden sie mittels `Reconcile` in den übergeordneten Arbeitsbereich übertragen.

Die Konfliktlösung erfolgt durch die Integration der Änderungen. In ihrer einfachen Form kann die Integration durch textuelles Mischen der Änderungen erfolgen (vgl. Kapitel 2.5.1). Andernfalls sind die Änderungen inhaltlich zu integrieren, was die Spezialisierungen `Merge` und `ConceptIntegration` von `Resolve` repräsentieren (Abb. 6-5).

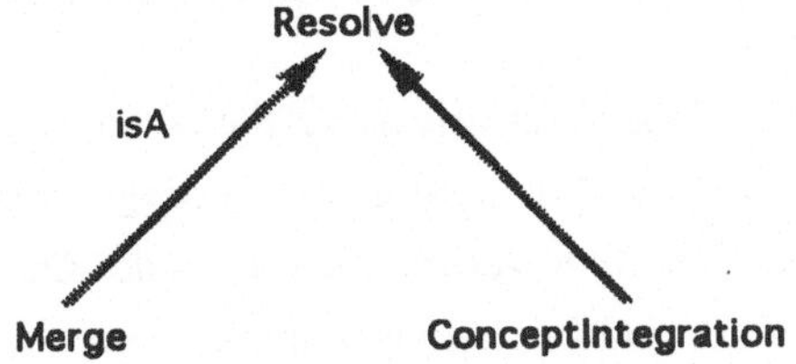

Abb. 6-5: Zwei Spezialisierungen für die Dokumentation der Konfliktauflösung

Die Konversationsbeschreibung für die Ergebnisverteilung ist in Abb. 6-6 graphisch dargestellt. Den Transitionen sind die Nachrichtentypen zwischen den Arbeitsbereichen zugeordnet. Der

Sender ist jeweils durch übergeordneten (`Parent`) oder untergerodneten (`Child`) Arbeitsbereich gekennzeichnet. Analog zur Aufgabenverteilung wird dieses Protokoll durch Konversationszustände und Transitionen als Instanz von CAD° modelliert. Die Transitionen werden wieder durch Nachrichten verursacht, wobei die Gültigkeit vom aktuellen Konversationszustand abhängt.

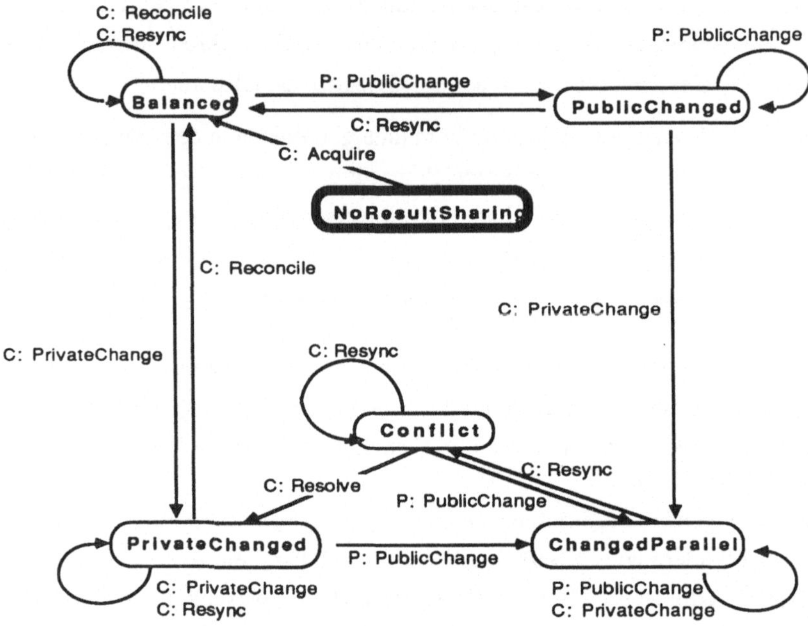

Abb. 6-6: Protokoll einer konflikttolerierenden Ergebnisverteilung

Das Protokoll berücksichtigt noch nicht das Entfernen eines Objekts aus einem Arbeitsbereich. Es hat somit noch keinen Endzustand. Im Gegensatz zum pessimitischen Bewegen wird ein Objekt nach Beendingung einer Aufgabe nicht mehr aus einem Arbeitsbereich automatisch entfernt. Das erweiterte Protokoll in Abb. 6-7 berücksichtigt das Entfernen von Objekten [Maltzahn 90].

Durch `AddResult` werden neue Objekte in privaten Arbeitsbereichen erzeugt. Sie dürfen nur durch ein `Reconcile` in übergeordnete Arbeitsbereiche übertragen werden. Vordergründig können neu erzeugte Objekte keine Konflikte verursachen. Da jedes Objekt (inklusive seiner Versionen) eindeutig identifiziert wird, sind zwei neu erzeugte Objekte per definitionem verschieden. Aus der Sicht der Anwendungsdomäne können sie gleichwohl das gleiche Objekt repräsentieren und damit einen potentiellen Konflikt verursachen.

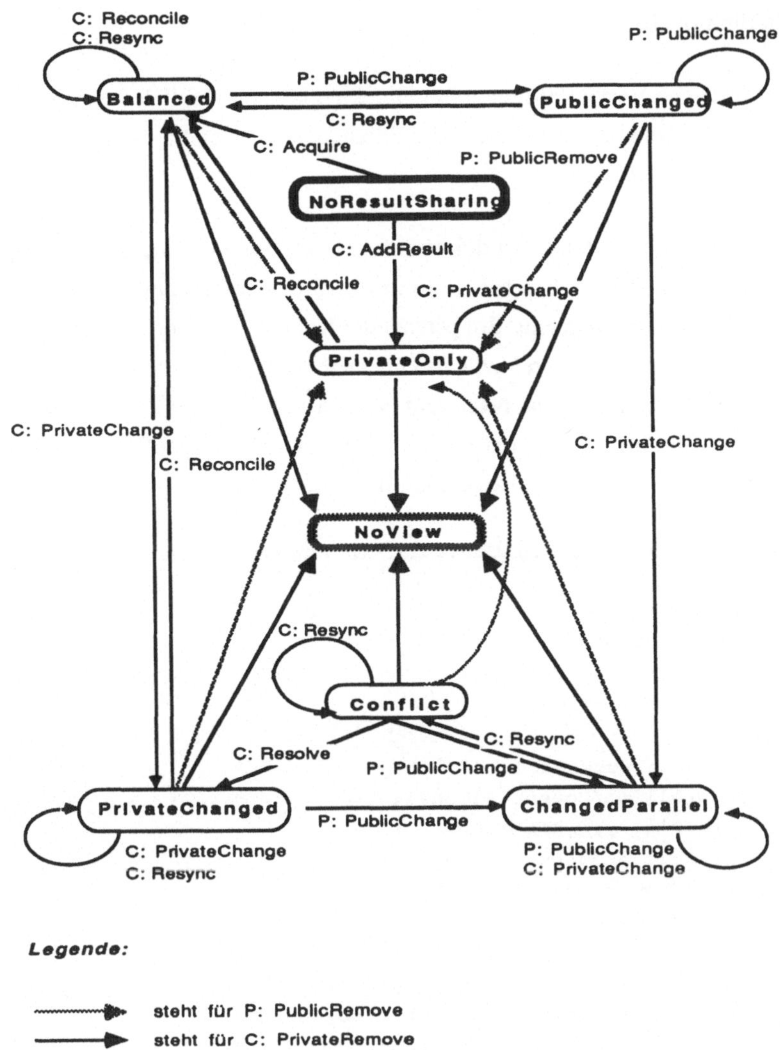

Abb. 6-7: Erweitertes Protokoll einer konflikttolerierenden Ergebnisverteilung

Die Arbeitsbereichhierarchie ist hier nicht durch eine hierarchische Projektstruktur vorgegeben, sondern wird durch den hierarchischen Aufbau der Ergebnisverteilungen gegeben. Für verschiedene Objekte können verschiedene Arbeitsbereichhierarchien existieren. Die Organisationsstruktur eines Projektes ist damit nicht mehr durch administrativ vorgegebene Arbeitsbereichstrukturen eingeschränkt. Andererseits kann diese Freiheit auch zu unkrontollierten Strukturen führen, die man ggfs. unterdrücken möchte.

6.5 Konfliktbehandlung

Durch die optimistische Vervielfältigung von Objekten können parallele Versionierungen konfligieren. Die Konfliktbehandlung erfordert die Erkennung, Bekanntmachung und Unterstützung in der Auflösung von Konflikten.

Die Konflikterkennung basiert auf den dokumentierten Ergebnisverteilungen. Für die Konfliktnotifikation werden mögliche Konflikte ermittelt. Sie werden durch Nachrichten an die betroffenen Arbeitsbereiche mitgeteilt. Ein potentieller Konflikt liegt vor, wenn ein Arbeitsbereich ein Objekt erwerben oder aktualisieren will, das in einem anderen Arbeitsbereich geändert worden ist. An beide Arbeitsbereiche ist eine Nachricht (`PotentialConflict`) zu verschicken, die über den möglichen Konflikt informiert (Modell 6-8). Empfänger und betroffenes Objekt sind durch eine Regel spezifiziert (`potentialworkspaceconflict`).

```
IndividualClass PotentialConflict in Message with
   to
      w1: Workspace
      w2: Workspace
   correspondsto
      obj: SoftwareObject
   rule
      potentialworkspaceconflict:
      $ forall pc/PotentialConflict
        forall ws1, ws2/Workspace
        forall o/SoftwareObject
          pc.w1 = ws1 and pc.w2 = ws2 and pc.obj = o
          → exists rs1, rs2/ResultSharing
            exists p/Workspace
            exists privatechange/PrivateChange
            exists objectrequest/ObjectAction
              {es existieren zwei Ergebnisverteilungen für das Software-Objekt o }
              rs1.parent = p and rs1.child = ws1 and
              rs2.parent = p and rs2.child = ws2 and
              rs1.concerns = o and rs2.concerns = o and
              { das aus dem Arbeitsbereich p angeforderte Objekt o ist nicht die aktuelle
                Version, da es in w1 modifiziert worden ist, d.h. es existiert in der Ergebnis-
                verteilung rs1 eine Nachricht, die diese Änderung dokumentiert }
              (objectrequest In Acquire or objectrequest In Resync)
              and privatechange.drivenresult = rs1 and
              objectrequest.drivenresult = rs2  $
end PotentialConflict
```

Modell 6-8: Nachricht zur Notifikation potentieller Konflikte

Die *Konfliktnotifikation* ist als ein Mittel zur Vermeidung von Inkonsistenzen aufgrund paralleler Versionierungen zu verstehen. Die für die Arbeitsbereiche verantwortlichen Entwickler können zwecks einer möglichen Serialisierung kommunizieren und somit Konflikte vermeiden, die ggf. aufwendig aufzulösen sind.

Die Konfliktbehandlung ist hier orthogonal zur Inkonsistenz in der Konfigurierung. Es wird nur die Information über die Objekte und Versionierungen, und nicht Wissen über die Konfigurierung von Objekten berücksichtigt. Werden beispielsweise zwei Komponenten einer Konfiguration parallel modifiziert, so kann das eine Inkonsistenz in der Konfigurierung verursachen. Dies wird aber nicht als potentieller Konflikt zweier Versionierungen aufgefaßt [16]. Die möglicherweise entstehende Inkonsistenz der Konfigurierung ist im Konfigurationenmodell zu behandeln.

```
IndividualClass VersioningConflict in Message with
   to
      p: Workspace
      c: Workspace
   correspondsto
      obj: SoftwareObject
   rule
      existingversioningconflict:
         $ forall vc/VersioningConflict
           forall ws1, ws2/Workspace
           forall o/SoftwareObject
              vc.p = ws1 and vc.c = ws2 and vc.obj = o
              → exists rs/ResultSharing
                exists rec/Reconcile
                   rs.parent = ws1 and rs.child = ws2 and
                   rs.concerns = o and rec.drivenresult = rs
                   → ((exists pub/PublicChange pub.drivenresult = rs)
                        or
                      (exists rs2/ResultSharing
                       exists rec2/Reconcile
                         rs2.parent = ws1 and rs2.concerns = o and
                         rec2.drivenresult = rs2))  $
   end VersioningConflict
```

Modell 6-9: Nachricht zur Notifikation konfligierender Versionierungen

16 [Cohen und Narayanaswamy 90] beschreibt einen Ansatz, in dem Verwendungsabhängigkeiten zwischen Modulen für die Notifikation von Versionierungen genutzt werden. Entwickler betroffener Module werden vor Ausführung einer Versionierung um ihre Zustimmung gebeten.

Die Notifikation informiert über mögliche Konflikte. Werden in zwei Arbeitsbereichen parallele Versionierungen ausgeführt, so entsteht ein Konflikt. Ein Konflikt liegt vor, wenn aus einem untergeordneten Arbeitsbereich ein Objekt in einen übergeordneten transferiert wird und sich das Objekt im übergeordneten Arbeitsbereich geändert hat. Die Änderung im übergeordneten Arbeitsbereich kann zweifach entstehen: durch eine Versionierung in diesem Arbeitsbereich oder durch die Übertragung des Objekts aus einem anderen untergeordneten Arbeitsbereich. In beiden Fällen wird eine Konfliktbenachrichtigung verschickt. Die Nachricht ist an beide Arbeitsbereiche adressiert (Modell 6-9). Gleichzeitig ist die Ausführung des Objekttransfers des untergeordneten Arbeitsbereichs zu unterbinden. Gemäß dem Protokoll sind erkannte Konflikte vor dem Übertragen in übergeordnete Arbeitsbereiche aufzulösen (Abb. 6-7).

```
IndividualClass MissingContract in Message with
   to
       parent: Workspace
       child: Workspace
   correspondsto
       obj: SoftwareObject
   rule
       existingversioningconflict:
         $ forall mc/MissingContract
           forall p,c/Workspace
           forall o/SoftwareObject
             mc.parent = p and mc.child = c and mc.obj = o
             → exists rs/ResultSharing
                exists rec/Reconcile
                  rs.parent = p and rs.child = c and
                  rs.concerns = o and rec.drivenresult = rs
                  → { für alle existierenden Aufgabenverteilung existiert keine Vereinbarung
                      zwischen den beiden Besitzern der Arbeitsbereiche, die besagt, daß der
                      Besitzer des untergeordneten Arbeitsbereichs diese Versionierung
                      ausführen sollte }
                  forall ts/TaskSharing
                  forall v/Versioning
                  forall e1, e2/Engineer
                    p.owner = e1 and c.owner = e2 and
                    ts.client=e1 and ts.server=e2 and ts.task = v
                    → forall a/Attribute
                      forall o2/SoftwareObject
                        (source (a) = v and target (a) = o2)
                        → not (o == o2)  $
end MissingContract
```

Modell 6-10: Notifikation über nicht vereinbarte Versionierungen

Die Auflösung eines Konflikt wird in der Ergebnisverteilung protokolliert. In der Dokumentation werden Konfliktauflösungen durch syntaktisches Mischen und durch konzeptuelle Integration unterschieden. Im Modell existiert keine Klassifikation syntaktisch oder konzeptuell integrierbarer Versionierungen. Die Entscheidung über die Konfliktauflösung kann nur in der Anwendungsdomäne erfolgen, wobei die Entscheidung durch semantikorientierte Ansätze unterstützt sein kann [Reps, Horwitz, Prins 88].

Obige Konflikte bezeichnen *technische Konflikte*, die sich durch parallele Versionierungen ergeben. *Organisatorische Konflikte* beziehen sich auf die Integration von Arbeitsergebnissen in Arbeitsbereiche. Arbeitsbereiche repräsentieren das Ergebnis und den Kontext einer Gruppe und sind vor unkoordinierten Änderungen zu schützen. Objekte dürfen nur in übergeordnete Arbeitsbereiche übertragen werden, wenn hierfür eine Aufgabenverteilung in Form eines Kontrakts existiert, d.h. es muß eine Versionierung vereinbart sein, dieses Objekt zu erzeugen (Modell 6-10). Andernfalls liegt ein organisatorischer Konflikt vor. Das Erkennen organisatorischer Konflikte erfordert es, Aufgaben- und Ergebnisverteilung zu koppeln [Maltzahn und Rose 91].

6.6 Assistenz in der kooperativen Verwaltung

Die kooperative Verwaltung ist durch drei Assistenten für die Ausführung der vorgestellten Konversationstypen unterstützt. Konversationen werden ausgeführt, indem Nachrichten verschickt, korrespondierende Aktionen ausgeführt und die Nachrichten in den zugehörigen Konversationen dokumentiert werden. Der *Argumenteditor* unterstützt Diskussionen über die Entscheidungsvorbereitung. Ein Kontrakt- und Ausführungsassistent unterstützen Aufgaben- bzw. Ergebnisverteilung.

Für jeden Benutzer zeigt der *Kontraktassistent* laufende Aufgabenverteilungen an. Der Benutzer kann eine Konversation auswählen, und sich den Konversationszustand und die zulässigen Antworten anzeigen lassen. Ausgewählte Antworten werden in elektronische Post übersetzt und versandt. Für empfangene Post ermittelt der Kontraktassistent die notwendige Information und stellt sie abstrakt dar.

Der *Ausführungsassistent* realisiert die Ergebnisverteilung. Er kontrolliert die Objekttransfers zwischen Arbeitsbereichen und verschickt Nachrichten über mögliche Konflikte in Form elektronischer Post. Der Ausführungsassistent übernimmt hierbei die Ausführung der Konflikterkennung und -notifikation. Alle Manipulationen zwischen Arbeitsbereichen werden durch den Kontraktassistenten ausgeführt.

6.7 Résumé der konversationsbasierten Modellierung

Die Entscheidungen in CAD° ermöglichen die Modellierung und Integration der Objekte und Aktivitäten durch ein Informationssystem. Was fehlte, war die Integration der Planung, Zuordnung und Ausführung der Entscheidungen in einer Gruppe.

Konversationen sind das Modellierungskonzept für die einheitliche Modellierung der Gruppenunterstützung in einem Informationssystem. Die Projektplanung setzt sich aus Verteilungsprozessen für Ideen, Aufgaben und Ergebnisse zusammen. Die Verteilungen lassen sich einheitlich als Konversationen zwischen Agenten modellieren. Die Agenten können technische Agenten wie Arbeitsbereiche oder menschliche Agenten sein. Gemeinsam ist allen Konversationen, daß sie sich auf eine Entscheidung beziehen, die zu planen, zuzuordnen, auszuführen und zu integrieren ist. Die Entscheidung selbst ist formal in CAD° modelliert. Die Methoden für die Gruppenunterstützung beziehen sich somit nicht mehr auf textuelle Darstellungen von Aktivitäten, sondern sind formal mit der Modellierung von Software-Prozessen integriert. Für die Verteilungen wurden existierende Ansätze übernommen. Diese Ansätze waren bisher aber nicht untereinander integriert und nicht mit einer formalen Software-Prozeßmodellierung verknüpft.

Die Projektverwaltung ist nicht auf diese Ansätze beschränkt. Die gewählten Ansätze ermöglichen *eine* integrierte Modellierung der Lebensphasen einer Entscheidung. Für einzelne Aspekte der Gruppenunterstützung können auch andere Methoden eingesetzt werden. Es sind beispielsweise andere Ideenverteilungen möglich. Das Argumentationsmodell von gIBIS [Conklin und Begeman 88] differenziert feiner zwischen erlaubten Strukturen von Sachverhalten, Positionen und Argumenten zu Positionen als das hier vorgestellte Argumentationsmodell. Aufgabenverteilungen müssen auch nicht auf bilaterale Konversationen beschränkt sein. Wie in Kontraktnetzen können Aufträge auch marktähnlich ausgeschrieben werden. Agenten bewerben sich um Aufträge in Abhängigkeit von ihrer Qualifikation und Auslastung. Qualifikation und Auslastung sind in der hier gewählten Modellierung der Aufgabenverteilung nicht explizit berücksichtigt. Sie sind hinter der Nachricht eines Agenten verborgen. Die Nachricht dokumentiert die Entscheidung eines Agenten, die er aufgrund seiner Situation getroffen hat.

Die Konversationen ermöglichen die strukturierte Modellierung von Nachrichten. Sie können auch als ein Weg zur Integration von Agenten (menschliche und technische) untereinander und in das Informationssystem aufgefaßt werden. Elektronische Post und Netzwerke erfreuen sich wachsender Beliebtheit für die Organisation von Projekten in Software-Entwicklungsumgebungen. Es stellt sich das Problem, den Informationsaustausch zu koordinieren. Hier hilft die Typisierung von Nachrichten und ihre Strukturierung durch Konversationen. Konversationen sind somit also auch als konzeptuelles Mittel für die Integration von verteilten Software-Entwicklungsumgebungen aufzufassen. Verdeutlicht wurde dieser Ansatz der Integration bereits an der Ergebnisverteilung. Die Arbeitsplätze können über ein Netzwerk verteilt sein. Integriert werden sie durch Konversationen.

Die Modellierung der Konversationen und Nachrichten zeigt Strukturen ähnlich zu denen der Objekte und Entscheidungen. Eine Konversation entspricht einem Objekt, das durch Nachrichten versioniert wird. Eine Nachricht repräsentiert die Entscheidung eines Entwicklers und verändert die semantische Beschreibung der Konversation, wobei gültige Veränderungen wieder Abhängigkeiten spezifizieren und strukturiert werden (`transition` entspricht `dependsOn`).

7 *ConceptBase*^{large}

ConceptBase^{large} ist ein entscheidungsunterstützendes Software-Informationssystem. Ziel der Entwicklung von *ConceptBase*^{large} ist die prototypische Realisierung der entworfenen Konzepte für deren Evaluierung. Gleichzeitig wird durch die Integration mit parallel im DAIDA-Projekt [Jarke et al. 90] entwickelten Modellen für das Entwickeln-im-Kleinen eine umfassende Demonstration des entscheidungsorientierten Ansatzes ermöglicht. *ConceptBase*^{large} zeichnet sich durch zwei Merkmale aus:

(a) *Konzeptuelles Modell* - *ConceptBase*^{large} implementiert ein konzeptuelles Modell des Entwickeln-im-Großen. Das konzeptuelle Modell dient in *ConceptBase*^{large} als Datenmodell für die Modellierung von Versionierungs- und Konfigurierungsprojekten, die in einer Gruppe ausgeführt werden.

(b) *Entscheidungsunterstützung* - Die Objektmanipulationsschnittstelle von *ConceptBase*^{large} stellt entscheidungsunterstützende Assistenten bereit. Sie assistieren in der interaktiven Ausführung von Versionierungs-, Konfigurierungs- und Implementierungsentscheidungen in einer graphikorientierten Umgebung.

Das konzeptuelle Modell wurde in den Kapiteln 5 und 6 vorgestellt. Konfigurationen-, Versionen- und Implementierungsmodell dienen jedem Assistenten als internes Modell der Strukturen und Entscheidungen, die er zu unterstützen hat. Deswegen werden sie in CAD^{o} auch Umgebungsmodelle genannt. Konfigurierungs-, Versionierungs-, und Implementierungsaufgaben der Anwendungsdomäne sind als Projektmodelle dargestellt. Die Assistenten helfen in der Instantiierung dieser Modelle, d.h. sie helfen in der Ausführung projektspezifischer Entscheidungen.

7.1 *ConceptBase*

ConceptBase^{large} ist als Erweiterung von *ConceptBase* implementiert (*ConceptBase* for in the *large*). *ConceptBase* [Jarke, Jeusfeld, Rose 88, Eherer et al. 89, Jarke 91] ist ein Objektbankverwaltungssystem. Das in *ConceptBase* realisierte Datenmodell ist *Telos* [Mylopoulos et al. 91] [17]. *ConceptBase* wird hiermit zu einer erweiterbaren deduktiven Objektbank.

---

17 Die Formalisierung von Telos dient als Spezifikation des Datenmodells von *ConceptBase*. Die zentrale Datenstruktur in der Implementierung sind Propositionen, für die verschiedene Speicherabbildungen realisiert sind. *ConceptBase* kodiert die Axiome und Ableitungsregeln des Kalküls der Propositionen, der die Semantik von Telos spezifiziert. *ConceptBase* ist somit keine ad-hoc Implementierung der Sprache *Telos*.

ConceptBase ist in einer *client-server*-Architektur implementiert. Der Objektbediener realisiert die Objektbankverwaltung. Er bietet die Modellierungsfähigkeiten von Telos und kontrolliert die Konsistenz der Objektbank. Eine Objektschnittstelle bietet TELL- und ASK- Operationen für das Einfügen und Lesen von Objekten. Anwendungsprogramme und Benutzerschnittstellen für die Objektanimation und -manipulation sind in dieser Architektur Klienten. Sie kommunizieren mit dem Objektbediener über die Objektschnittstelle. Der Objektbediener dient allen Anwendungen als zentrale Objektbank. Die *client-server*-Architektur ermöglicht, verschiedene Benutzersichten für die Darstellung und Manipulation gleicher Strukturen der Objektbank zu bilden.

Standardmäßig bietet *ConceptBase* eine interaktive, graphische Benutzerschnittstelle. Die Benutzerschnittstelle unterstützt zwei Darstellungen der Individuen und Attribute: die frame-Notation und die Darstellung als semantisches Netz. Die interne Repräsentation als Propositionen ist an der Benutzerschnittstelle nicht mehr sichtbar.

Die Benutzerschnittstelle ermöglicht Hypertext-ähnliche Interaktionen [Conklin 87]. In der Objektbank kann sowohl graphisch als auch textuell geblättert und navigiert werden. Neben dem Aufruf von einer Werkzeugtafel können die Werkzeuge auch innerhalb anderer Werkzeuge über Menüs aufgerufen werden, um zwischen Darstellungsformen zu wechseln oder vom Blättern zur Manipulation umzuschalten. Der Standard-Klient von *ConceptBase* umfaßt

- zwei *Browser* für das textuelle und graphische Blättern in der Objektbank,
- einen *Editor* für die Anzeige und interaktive Modifikation der Objektbank,
- diverse *Anzeigewerkzeuge* für die relationale Darstellung von Objektklassen und die Anzeige von Instanzen,
- ein *Anfragewerkzeug* für die ad-hoc Formulierung und Ausführung von Anfragen, und
- *Systemfunktionen* für die persistente Verwaltung von Telos-Applikationen.

Mit dem *textuellen Browser* wird textuell in hierarchischen Objektstrukturen geblättert. Er besteht aus einer rekursiv eingebetteten Menge von Fenstern. Jedes Fenster steht für ein Objekt und zeigt als Inhalt die mit diesem Objekt in Beziehung stehenden Objekte. In Fenstern kann mit einem Fahrstuhl auf- und abgefahren werden. Für Objekte innerhalb eines Fensters können Unterfenster geöffnet werden, um in diesen Objekten zu blättern.

Der ***graphische Browser*** stellt Objektstrukturen als semantisches Netz dar. Die graphische Darstellung der Knoten und Kanten hängt von den Typen der darzustellenden Objekte und Beziehungen ab. Die Objektstrukturen können für die Navigation interaktiv expandiert werden.

Abb. 7-1 zeigt die beiden Browser und den Editor. In beiden Browser können Objekte durch Mausklicks selektiert werden, um sie anzuzeigen oder in ihnen zu blättern [18].

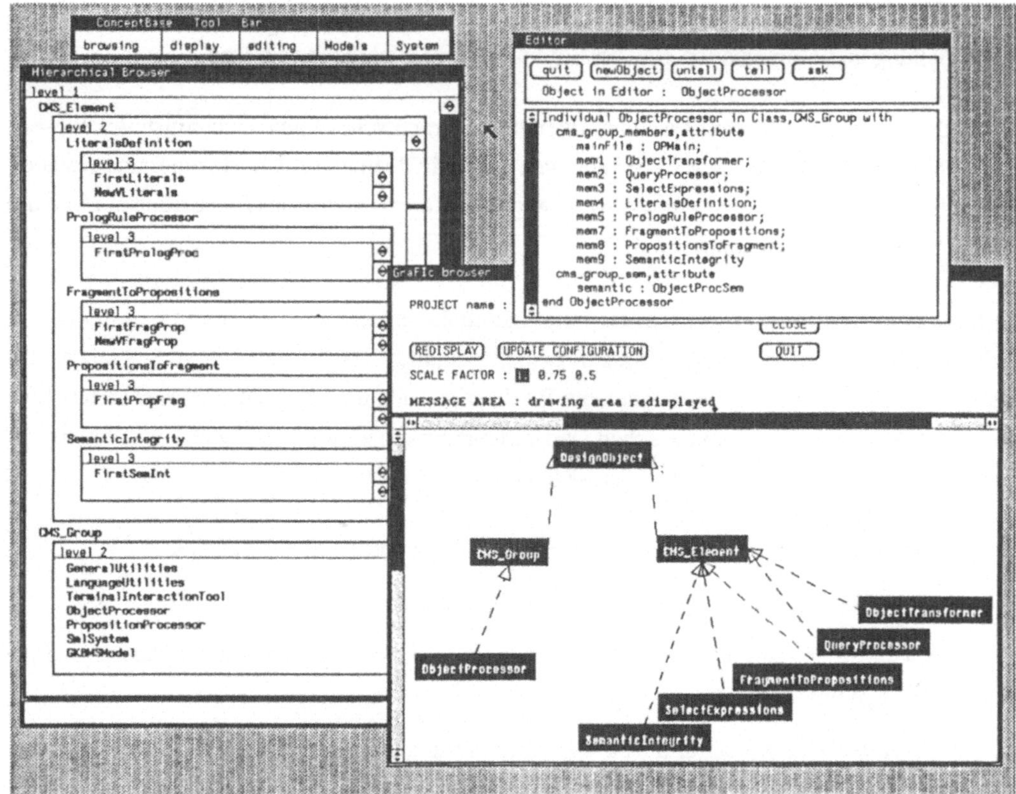

Abb. 7-1: Bildschirmabzug der Benutzeroberfläche von *ConceptBase* [19]

ConceptBase unterstützt nur die in Telos bekannten Modellierungsstrukturen. Die Objektmanipulation und -animation sind auf diese Modellierungsstrukturen beschränkt. Gefordert sind Werkzeuge, die einen Benutzer in der Entscheidungsausführung interaktiv unterstützen.

---

18 Weitere Ausführungen zu der Funktionalität und Implementierung enthält [Jarke, Jeusfeld, Rose 88].

19 Der graphische Browser ist in GraFIc implementiert. GraFIc ist ein Werkzeug für die Implementierung graphischer Editoren, das im ESPRIT-Projekt DAIDA von A. Rouge (GFI, Paris) entwickelt wurde [Rouge 90].

7.2 Implementierungsstrategie

Die Implementierungsstrategie zielt auf die wiederverwendbare Realisierung allgemeiner Konzepte der Entscheidungsunterstützung, die von allen Assistenten benötigt werden. Dezidierte Objektanimationen und -manipulationen sind als spezialisierte Implementierungen realisiert. Die Implementierung ist durch drei Schritte gekennzeichnet:

(1) *Verwendung von ConceptBase* - CAD^o ist in Telos beschrieben. Da ConceptBase die Erweiterbarkeit unterstützt, wird CAD^o Bestandteil des Datenmodells von ConceptBase (Abb. 7-2). Die Erweiterung um CAD^o ermöglicht die Instantiierung und Integritätsprüfung von Software-Prozessen in ConceptBase. Es ist aber noch keine Entscheidungsunterstützung geboten, wie sie für Endbenutzer gewünscht ist. Aus methodischer Sicht ermöglicht dieses Vorgehen die Entwicklung von Prozeßmodellen, die mit der verfügbaren Benutzerschnittstelle von ConceptBase entwickelt und prototypisch getestet werden. Spezielle Endbenutzerschnittstellen bleiben zunächst außer Betracht.

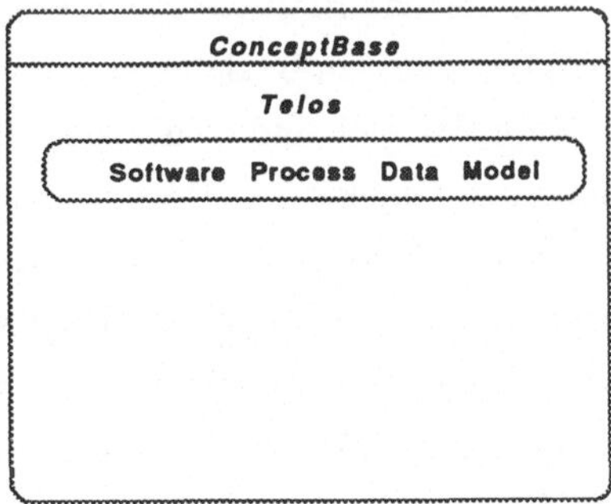

Abb. 7-2: Implementierung von CAD^o mit ConceptBase

(2) *Entscheidungserweiterung* - Die Animation und Dokumentation von Entscheidungsprozessen bedarf spezieller Werkzeuge, die die Strukturen von CAD^o unterstützen. Die Erweiterung besteht aus generischen Anfragen für Entscheidungsstrukturen und aus entscheidungsunterstützenden Werkzeugen. Die beiden Erweiterungen sind in Abb. 7-3 durch `DecisionProcessor` für die Erweiterung von Telos und `DecisionAnimator` für die werkzeugorientierten Erweiterungen dargestellt. Beide Erweiterungen bilden einen entscheidungsunterstützenden Assistenten der Software-Prozeßmodellierung. Anfragen beschreiben die generische Suche und Navigation in den Strukturen von CAD^o. Anfragen sind in ConceptBase vollwertige Objekte. Sie werden geschachtelt und spezialisiert. Durch Parametrisierung werden generisch spezifizierte Anfragen auf Umgebungs- bzw. Projektmodelle in CAD^o spezialisiert.

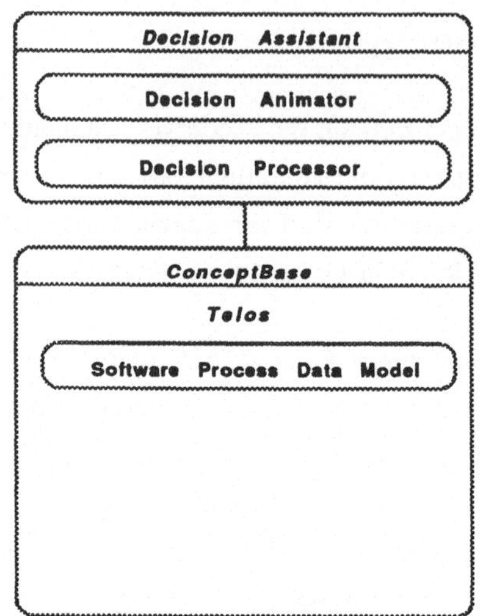

Abb. 7-3: Entscheidungserweiterung von ConceptBase

Die Werkzeuge sind für das Blättern und Navigieren in CAD^o zu erweitern. Die zwischen Objekten dargestellten Beziehungen repräsentieren Strukturen in Entscheidungsprozessen. Zum Beispiel sind in der graphischen Darstellung bei einer interaktiven Expansion eines Objekts die Objekte anzuzeigen, die Ergebnis oder Eingabe einer Entscheidung sind. Die Werkzeuge nutzen hierfür Anfragen, die die Navigation in CAD^o spezifizieren. Es sind jeweils die Schnittstellen der Werkzeuge mit dem Objektbediener zu modifizieren. Diese Schnittstellen beschreiben, wie die in Menüs angebotenen Navigationen auf Anfragen an den Objektbediener abzubilden sind und wie Objekte graphisch darzustellen sind.

(3) *Entscheidungsspezialisierung* - Für die Unterstützung spezieller Entscheidungsklassen - wie Konfigurierungen oder Implementierungen - sind die Anfragen und Werkzeuge aus Schritt (2) zu spezialisieren. Jeder Assistent bietet entscheidungsklassenbezogene graphische Darstellungen, Benutzerdialoge und Instantiierungshilfen (Abb. 7-4).

Die Werkzeuge für die Dokumentenverwaltung werden idealerweise mit ConceptBase gekoppelt. Teilweise sind die externen Werkzeuge direkt mit Assistenten verbunden, womit sie jeweils nur für diesen einen Assistenten verfügbar sind [20].

---

20 Mit CAD^o können nur die Aktionen eines Werkzeugs für die Ausführung einer Entscheidung modelliert und die Ergebnisse der Ausführung kontrolliert werden. Eine operative Verschränkung zwischen externen Werkzeugen und ConceptBase ist in der aktuellen Implementierung von ConceptBase noch nicht gegeben. Jedes (externe) Werkzeug ist über eine Einbettung für Werkzeugaufrufe (*envelope*) integriert.

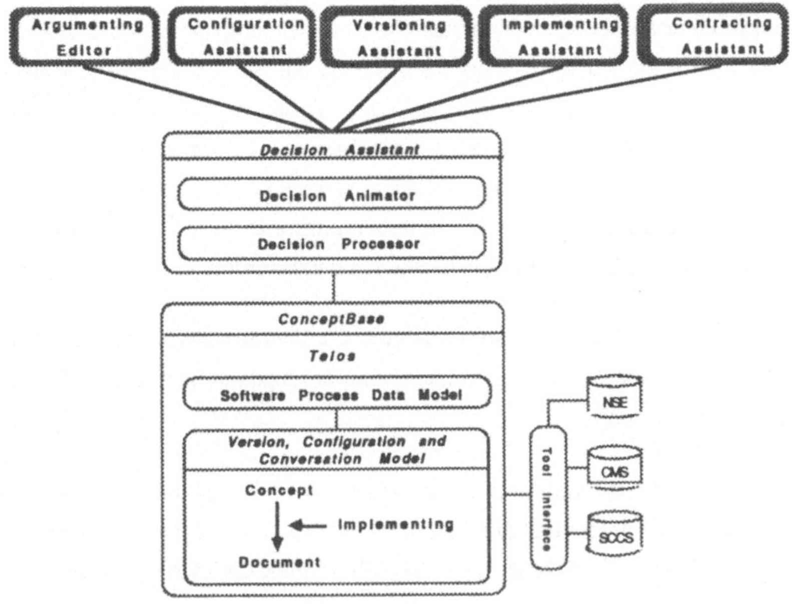

Abb. 7-4: Die Assistenten von *ConceptBase^large^*

Die Implementierungsstrategie (Abb. 7-2 bis 7-4) läßt Architekturaspekte unberücksichtigt. Entscheidungserweiterung und -spezialisierung bestehen sowohl aus Erweiterungen von Telos als auch aus Werkzeugimplementierungen. Die Erweiterungen von Telos verwaltet der Objektbediener. Softwaretechnisch werden die Werkzeuge durch die Versionierung der Konfiguration der betreffenden Klienten erweitert und angepaßt.

7.3 Assistenten und Architektur

*ConceptBase^large^* folgt einer *client-server*-Architektur. Der Objektbediener verwaltet alle Objekte, Entscheidungen und Konversationen des Software-Prozesses. Die Assistenten realisieren die interaktive, graphikorientierte Unterstützung in der Entscheidungsausführung. Sie sind die Klienten. *ConceptBase^large^* bietet:

(a) Eine entscheidungsorientierte Benutzerschnittstelle für das interaktive Blättern und Navigieren in den Objekten und Entscheidungen des Entwickeln-im-Großen. In den Objekten und Entscheidungen kann sowohl graphisch als auch textuell geblättert und navigiert werden. Navigiert wird anhand von Versionierungs-, Konfigurierungs- und Implementierungsentscheidungen. Fokusiert wird durch prädikative Anfragen.

Die entscheidungsorientierte Benutzerschnittstelle bietet die allgemeinsten Werkzeuge für die Darstellung und Navigation in Software-Prozessen. Sie ist entstanden durch die Entscheidungserweiterung von ConceptBase und noch nicht auf Versionierungen, Konfigurierungen und Implementierungen spezialisiert. Zusätzlich zu den Werkzeugen von ConceptBase wird ein Abhängigkeits-Browser angeboten. Mit dem Abhängigkeits-Browser lassen sich die Abhängigkeiten in Entscheidungen darstellen und verfolgen. Die entscheidungsorientierte Benutzerschnittstelle kann auch für Entscheidungen des Entwickeln-im-Kleinen genutzt werden.

Die Assistenten von *ConceptBase^large* spezialisieren die Funktionalität der allgemeinen Werkzeuge durch verfeinerte Darstellungsformen und Instantiierungsunterstützungen. Sie sind jeweils in Diplomarbeiten implementiert.

(b) Der *Konfigurationsassistent* [Gocek 90] stellt Konfigurationen und Objektversionen graphisch dar. Er unterstützt die interaktive Konfigurierung und Re-Konfigurierung für die Integration von Versionierungen. Konfligierende Objekte und verletzte Abhängigkeiten werden angezeigt, um einem Benutzer in der Erkennung von Auswirkungen einer Versionierung und in der konsistenten Konfigurierung zu helfen. Für unvollständige Konfigurierungen lassen sich mögliche Versionen anzeigen.

(c) Der *Implementierungsassistent* [Nissen 90] realisiert die konzeptorientierte Objektverwaltung. Er unterstützt die semi-automatische Abbildung konzeptorientierter Entscheidungen auf dokumentbasierte Entscheidungen. Die Objekte sind in Arbeitsbereiche organisiert, die auf der Dokumentenebene über Rechner verteilt sind.

(d) Der *Versionierungsassistent* integriert einen sprachsensitiven Editor [Strippgen 91] für strukturorientierte Versionierungen. Die Sprachsensitivität erlaubt die Extraktion semantischer Eigenschaften, soweit dieses durch die Syntax möglich ist. Weitergehende Eigenschaften werden vom Benutzer erfragt [21].

(e) Der *Argumenteditor* realisiert die Ideenverteilung in der Vorbereitung von Entscheidungen. Er dokumentiert und strukturiert multilaterale Diskussionen für den Argumentaustausch über mögliche Entscheidungen.

---

21 In der aktuellen Version ist der Versionierungsassistent nur für Telos realisiert. Der verfolgte Ansatz erfordert den Zuschnitt des Assistenten auf eine Sprache und die zu unterstützenden Versionierungen. Für andere Anwendungen sind die Syntax der Sprache durch eine attributierte Grammatik und die Versionierungen in CAD° zu spezifizieren.

(f) Der *Kontraktassistent* [Maltzahn 90] hilft in der Aufgabenverteilung. Er bietet eine nachrichtensensitive Unterstützung in der Konversation in Abhängigkeit vom spezifizierten Protokoll und vom Zustand der Vereinbarung. Vereinbarungen werden dokumentiert, um sie in späteren Situationen nutzen zu können. Für die nachrichtensensitive Unterstützung sind die Nachrichten zu dokumentieren. Aus Nachrichten abgeleitete Vereinbarungen werden für die Suche verantwortlicher Entwickler genutzt. Erfolgreich abgeschlossene Aufgaben werden für die Suche kompetenter Entwickler in Bezug auf eine Aufgabe genutzt.

(g) Der *Ausführungsassistent* [Maltzahn 90] unterstützt die Ergebnisverteilung durch die Kontrolle der Objektverteilungen. Er protokolliert die Zuordnung von Objekten zu Arbeitsbereichen, verteilt Objekte auf Arbeitsbereiche, ermittelt mögliche Ausführungs- und Integrationskonflikte und informiert betroffene Agenten.

Die Assistenten sind mit der entscheidungsorientierten Benutzerschnittstelle integriert. Sie können während des Blätterns oder Navigierens aufgerufen werden, um eine spezielle Versionierungs-, Konfigurierungs- oder Implementierungsentscheidung darzustellen. Umgekehrt kann für die Auswahl einer Implementierungsentscheidung auch in anderen Prozessen geblättert werden. Insbesondere können auch Entscheidungen des Entwickeln-im-Kleinen dargestellt und für eine Entscheidungsauswahl berücksichtigt werden.

Alle Assistenten verfügen über eine einheitliche Benutzeroberfläche. Die Entscheidungen und Objekte des Entwickeln-im-Großen sind in den Assistenten und der allgemeinen Benutzeroberfläche einheitlich dargestellt, so daß ein Benutzer sich immer an den graphischen Symbolen orientieren kann.

Objektbediener und Klienten von *ConceptBase*[large] kommunizieren über einen Nachrichtenkanal (Abb. 7-5). Technisch basiert der Nachrichtenaustausch auf IPC (Inter Process Communication). Konzeptionell basiert der Nachrichtenaustausch auf CAD°. Die Inhalte der Nachrichten sind in der Terminolgie von CAD° beschrieben. Die Kommunikation erfolgt nur zwischen Klienten und Objektbediener. Da alle Nachrichteninhalte mit CAD° beschrieben sind, können alle Klienten Objekte vom Objektbediener erfragen und somit austauschen. Die Nachrichten für die verschiedenen Konversationen zwischen humanen Agenten werden über ein elektronisches Postsystem ausgetauscht (Abb. 7-6).

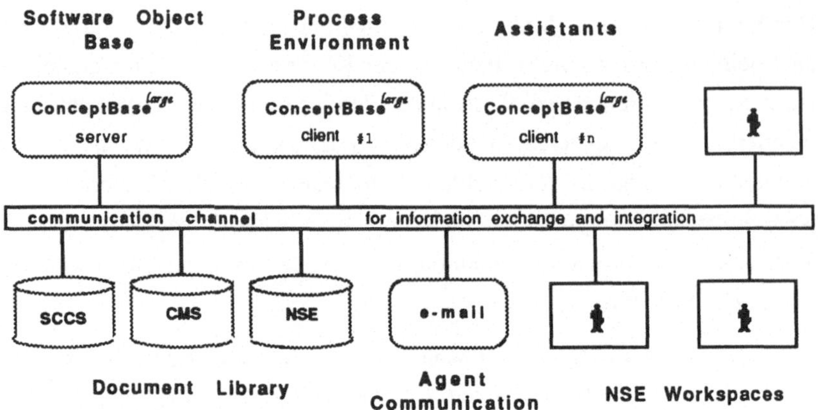

Abb. 7-5: *Client-server*-Architektur und Komponenten von *ConceptBase^large*

ConceptBase^large enthält SCCS [Rochkind 75] und CMS [DEC 82] für die Dokumentenverwaltung. Neben der Demonstrierbarkeit heterogener Abbildungen ist die Integration beider Dokumentenverwaltungssysteme auch Selbstzweck. ConceptBase existiert in einer UNIX-Version und in einer VMS-Version. Die Programme sind jeweils in Dokumentenverwaltungssystemen organisiert, SCCS für die UNIX- und CMS für die VAX-VMS-Version.

Für eine Alternativrealisierung von Arbeitsbereichen ist NSE [Adams, Honda, Miller 89] integriert. NSE kennt das Konzept von Arbeitsbereichen (*environment*), die über ein lokales Rechnernetz verteilt sind. Für Objekttypen und Umgebungen können Notifikationen angegeben werden. Wird auf ein Objekt in einen Arbeitsbereich zugegriffen oder wird es verändert, so wird eine spezifizierte Nachricht verschickt. Die Notifikationen sind die technische Grundlage für die Kopplung von NSE und dem Ausführungsassistenten. Aktionen in oder zwischen NSE-Arbeitsbereichen werden dem Ausführungsassistenten durch eine Nachricht mitgeteilt und ausgewertet. Erst nach der Auswertung werden die Aktionen in NSE ausgeführt. Ein Benutzer kann wie gewohnt in der NSE-Umgebung arbeiten. Die Ergebnisverteilung und Konfliktbehandlung ist ein zusätzlicher Service, der aber keine sichtbaren Veränderungen erfordert [22].

---

22 Der Implementierungsassistent stellt Arbeitsbereiche auf der konzeptuellen Ebene bereit. Objekttransfers der konzeptuellen Ebene werden auf entsprechende Dokumentenbewegungen abgebildet. Ein Benutzer arbeitet immer auf der Ebene der Konzepte. Die Verwendung von NSE ermöglicht einen alternativen Ansatz. Die existierende Arbeitsumgebung bleibt erhalten; sie wird durch eine Dienstleistung im Hintergrund verbessert, die die Konzepte von Aufgaben- und Ergebnisverteilungen integriert.

Mit *ConceptBase^large* können Arbeitsplätze aufgabenorientiert konfiguriert werden (Abb. 7-6). Ein Arbeitsplatz ist durch zwei Informationen charakterisiert. Die Konfiguration beschreibt die Werkzeuge, die der Agent für seine Aufgabe benötigt. Die Konfiguration beschreibt nicht, welche Objekte in seiner Umgebung sichtbar und in seiner Verantwortung sind. Die Verteilung und Kontrolle der Objekte ist Aufgabe der Ergebnisverteilung durch den Ausführungsassistenten.

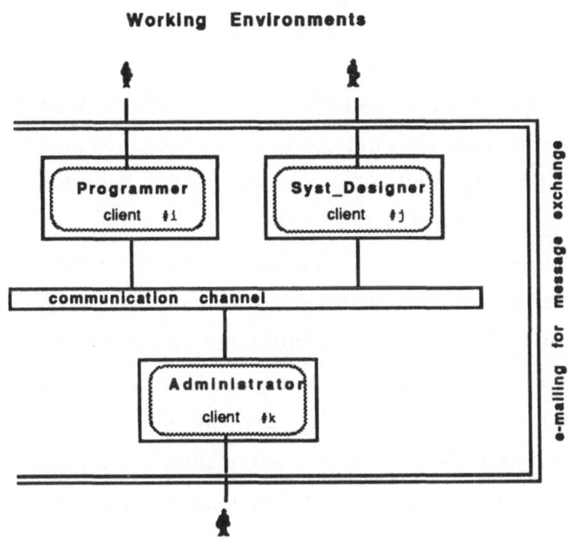

Abb. 7-6: Arbeitsplatzkonfigurationen mit *ConceptBase^large*

7.4 Implementierungserfahrungen

ConceptBase^large ist in Prolog [BIM 89], C, SUNView, GraFIc [Rouge 90], CSG [Reps und Teitelbaum 88] und Telos realisiert. *ConceptBase^large* ist auch eine Selbstanwendung. Einerseits ist es eine *Entwicklungsumgebung*, die durch ein Informationssystem zu integrieren ist. Andererseits ist es ein *Produkt*, das in vielen Versionen und Konfigurationen existiert und in einer Gruppe von Entwicklern entwickelt und gewartet wird.

Das Problem der Interoperabilität konnte mit CAD^o partiell gelöst werden. Die Integration der Assistenten und die Modellierung ihrer Funktionalität basiert auf CAD^o. Das Informationssystem für die Integration in *ConceptBase^large* ist der Objektbediener von *ConceptBase*. Was *ConceptBase^large* jedoch intern nicht nutzt, sind Konversationen zwischen Werkzeugen. Hier sind weitere

Anstrengungen nötig, um das Konzept der Konversation intern in *ConceptBase*^{large} anzuwenden. Dafür ist zu klären, welche Konversationen zwischen Werkzeugen existieren.

Für die Konfiguration von Arbeitsplätzen läßt sich das Problem durch die Einbettung der Werkzeuge in einen umgebenden Arbeitsbereich lösen (in Abb. 7-6 befinden sich die Assistenten innerhalb eines Arbeitsbereiches). Werkzeuge und Umgebungen bilden einzelne Arbeitsplätze, die durch Konversationen verbunden werden (siehe auch Kapitel 6.7).

In der Realisierung der Assistenten [23] und der entscheidungsorientierten Benutzerschnittstelle wurde ein signifikanter Anteil der Funktionalität in Telos "implementiert". Blättern, Navigation, Fokusierung und Selektion sind durch *deduktive Spezifikationen* in Form von Anfragen implementiert. Die Erfahrung ist, daß deduktive Spezifikationen kompakter sind als die Implementierung in einer Programmiersprache. Durch Verlagerung von Programmkode in Anfragen nahm die Größe der Assistenten ab. Implementierungen in Telos können aufgrund der *Erweiterbarkeit* zwischen Assistenten ausgetauscht werden. Strukturen und Anfragen werden Bestandteil des Modells im Objektbediener. Die Integration durch CAD^o ermöglicht auch die Wiederverwendbarkeit zwischen Implementierungen. Strukturen und Anfragen können von anderen Assistenten übernommen und passend spezialisiert werden. Die Implementierung in Telos plus CAD^o ist nicht nur implementierungsökonomisch zu bewerten. Die Funktionalität der Assistenten ist durch die Modellierung in Telos nicht in Programmkode verborgen.

Teile der Implementierung von *ConceptBase*^{large} werden von *ConceptBase*^{large} selbst verwaltet. Die Umgebung *ConceptBase*^{large} verwaltet das Produkt *ConceptBase*^{large}, was im nächsten Kapitel an einem Beispiel gezeigt wird.

Die Modellierung der VMS-Version und Teile der UNIX-Version besteht aus ca. 3000 Telos-Objekten. Die Modellierung ist nicht vollständig; es sind nicht alle Objekte der UNIX-Version mit ihrer Versionshistorie beschrieben. Die Objektanzahlen wachsen während der Entwicklung und Wartung stetig, was Probleme für den ConceptBase-Objektbediener aufwirft. Die Objektbank wird zu groß und die Antwortzeiten wachsen. Letzteres schmälert die Akzeptanz und damit auch den Nutzen der Assistenten und der integrierten Modellierung: Warum soll ein Benutzer wegen Konzepten warten, wenn er ohne diese bisher auch irgendwie vorangekommen ist?

---

23 Für eine ausführliche Darstellung der Assistenten und ihrer operationalen Implementierung sei auf die Diplomarbeiten [Gocek 90, Nissen 90, Maltzahn 90, Strippgen 91] verwiesen.

Die Frage kann mit einer Erfahrung über die Einarbeitung beantwortet werden. Auf der Ebene der Dokumente ist die Einarbeitung langwierig: welche Konfigurationen, warum diese Version, welche Unterschiede zwischen den Versionen, etc. Die Darstellung der Strukturen und Entwicklungen auf der konzeptuellen Ebene in graphischer Form hilft Zeit und Verständnis zu gewinnen. Das Problem verlagert sich damit in die Implementierung des Datenmodells CAD^o und Telos. Hierfür sind effizientere Implementierungen zu finden. Eine Anwendung, die Notwendigkeit und den Nutzen dieser Modelle zeigt, ist durch CAD^o und seine Erweiterungen gegeben.

8 Anwendungsexperimente

Das Ziel der Anwendungsexperimente ist die Evaluierung des entwickelten Datenmodells. Für die Bewertung der Eigenschaften sind folgende Punkte zu diskutieren:

(a) *Nützlichkeit des entscheidungsorientierten Ansatzes* - wo treten Entscheidungen auf und welche Facetten von Entscheidungen existieren?

(b) *Wünschbarkeit konzeptuellen Arbeitens* - ist die Mehr-Ebenen Repräsentation notwendig oder ist sie nur eine Überfrachtung des Modells mit unnötigem Mehraufwand?

(c) *Notwendigkeit einer deduktiven Objektbank* - wo werden die objektorientierten Strukturierungsmittel, die logikorientierten Spezifikationsmethoden und die Eigenschaften einer Objektbank als Verwalter der Informationsressourcen benötigt?

(d) *Entscheidungsunterstützung* - welche Werkzeuge und Ansätze der Assistenz erfordert der Umgang mit diesem Modell und die Nutzung dieses Modells?

8.1 Verwaltung von *ConceptBase* mit *ConceptBase*^{large}

Im ersten Experiment wird das Modell für die Verwaltung von *ConceptBase* genutzt. Das Ziel ist, die Konzepte für ein System auszuprobieren, das in verschiedenen Versionen existiert. Die Versionen sind nicht nur durch Fehlerbeseitigungen entstanden, sondern auch durch die Entwicklung verschiedener konzeptueller Varianten, wovon *ConceptBase*^{large} eine ist.

In seiner Ursprungsversion war *ConceptBase* ein hauptspeicherresidentes Objektbanksystem. Quelltexte konnten nur als Referenzen auf externe Dokumente verwaltet werden. *ConceptBase* war um die persistente Verwaltung von Quelltexten zu erweitern, die in mannigfaltigen, aber nur leicht verschiedenen Versionen vorliegen. Hierfür wurde CMS [DEC 82] durch eine Dokumentenmodellierung und eine Schnittstelle mit *ConceptBase* gekoppelt. Diese Kopplung ermöglicht es, Erfahrungen mit Dokumentenverwaltungssystemen und zur Mehr-Ebenen-Repräsentation zu sammeln.

CMS stellt u.a. Elemente, Gruppen und Klassen zur Verfügung. Versionierte Dokumente werden als *Elemente* gespeichert, die alle Versionen eines Dokuments umfassen. *Gruppen* fassen Elemente und Gruppen zu einer Einheit zusammen, die zusammen ausgeliehen oder zurückgegeben werden. Gruppen erlauben die statische Modellierung von Dokumentstrukturen, wie sie durch Konfigurationen gegeben sind. *Klassen* beschreiben eine Menge von Elementversionen. Sie werden für die Darstellung lauffähiger Konfigurationen auf der Dokumentenebene genutzt.

Einen Ausschnitt des Dokumentenmodells zeigt Abb 8-1. `CMS_Element` und `CMS_Group` sind Spezialisierungen von `DocumentObject` (vgl. Kapitel 5.3). Die Quelltexte der Komponenten von ConceptBase sind als Elemente modelliert. Ein Editor setzt sich aus drei Dokumenten zusammen und wird selbst als Gruppe dargestellt. Die verschiedenen Versionen sind als Instanzen modelliert; sie repräsentieren die Elementversionen, die in CMS gespeichert sind. Im textuellen Browser sind die Gruppen und Elemente der Programme von ConceptBase zu sehen. Die oberste Ebene zeigt `CMS_Group`, die zweite Ebene die Gruppen in ConceptBase. Die dritte Ebene sind die Elemente der Gruppen [23]. Über eine Benutzerschnittstelle wird von ConceptBase auf Dokumente in CMS zugegriffen (Abb. 8-1 oben rechts). Dokumente können aus einer CMS-Bibliothek gelesen, modifiziert und als neue Version zurückgeschrieben werden.

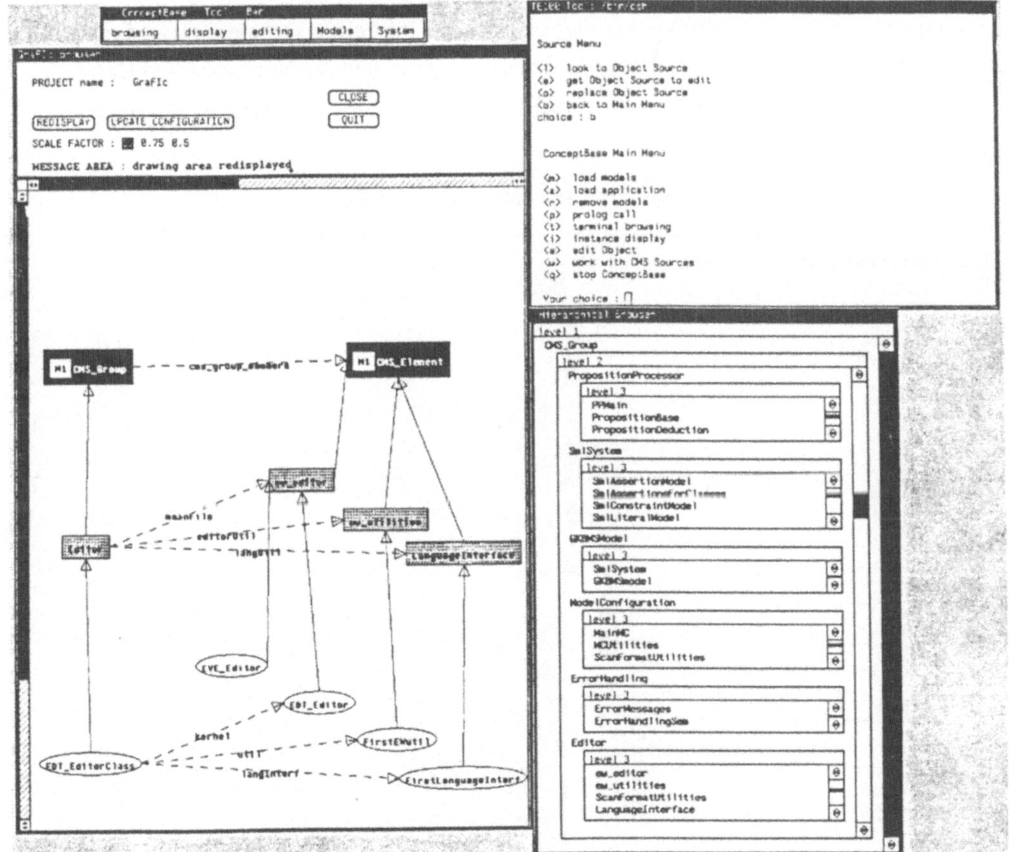

Abb. 8-1: Modellierung der Dokumentenverwaltung mit CMS und Blättern in Dokumenten

23 Die Hierarchie zwischen zweiter und dritter Ebene ist durch ein Attribut gegeben. Die dritte Ebene zeigt die Objekte, die durch Attribute der Kategorie `cms_group_members` der zweiten Ebene referenziert werden.

8.2 Entwicklung von $ConceptBase_{\mu}$

Die Nutzung von CMS erfordert eine VMS-Version von ConceptBase, die auf einer microVAX läuft, was ihr den Namen $ConceptBase_{\mu}$ gibt. Für $ConceptBase_{\mu}$ ist die *ConceptBase*-Benutzerschnittstelle von einer graphikorientierten zu einer terminalbasierten Benutzerschnittstelle zu portieren. Die nachfolgende Beispielsitzung mit $ConceptBase^{large}$ illustriert die Versionierungen, Konfigurierungen und Konversationen für die Portierung [Rose et al. 91].

8.2.1 Blättern in Systemkonfigurationen

Angenommen ein Systemanalytiker hat die Aufgabe das Portierungsproblem zu analysieren. Für die Analyse öffnet er $ConceptBase^{large}$, um sich die Struktur und die Versionen von ConceptBase anzeigen zu lassen. Der Bildschirmabzug in Abb. 8-2 zeigt die hierarchische Konfigurierung.

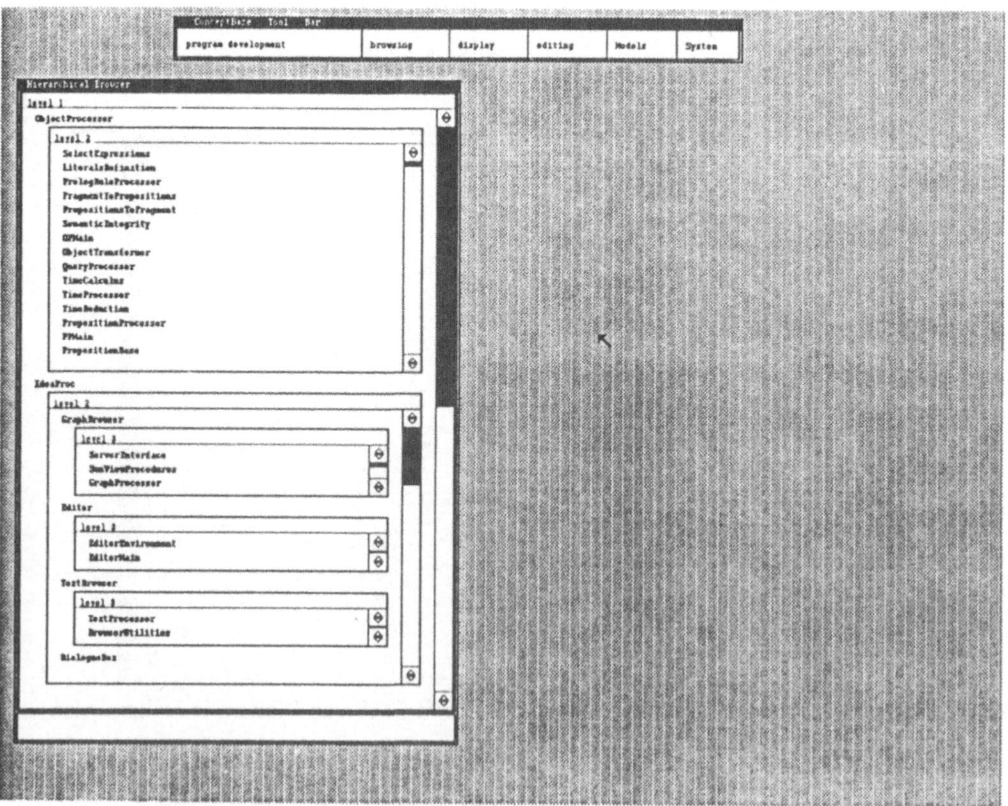

Abb. 8-2: Blättern in hierarchischen Konfigurationen

Das äußere Fenster zeigt die Struktur des gesamten Systems: Objektbediener (`ObjectProcessor`) und Benutzerumgebung (`IdeaProc`). Unterfenster zeigen die Struktur von Komponenten. Die Anzeige von Subkonfigurationen kann ein- oder ausgeschaltet werden.

Über den Objektbediener wird angenommen, daß er unabhängig von dem gewählten Graphik- und Betriebssystem ist. Er bleibt für die Portierungsanalyse zunächst unberücksichtigt. Für eine detailiertere Betrachtung der Benutzerumgebung eröffnet der Analytiker den Konfigurationsassistenten. Der Konfigurationsassistent visualisiert die Konfigurierung der Benutzerumgebung und die existiernden Versionen (Abb. 8-3). Die Realisierung der Benutzerschnittstelle ist durch die Konfigurierungsentscheidung `ConfIdeaProc` modelliert, die der Assistent im rechten Fenster auf der linken Seite anzeigt. Die Konfiguration enthält u.a. die Dialog-Box (`DialogueBox`). Die Versionen der Schnittstelle und der Komponenten sind ganz rechts zu sehen.

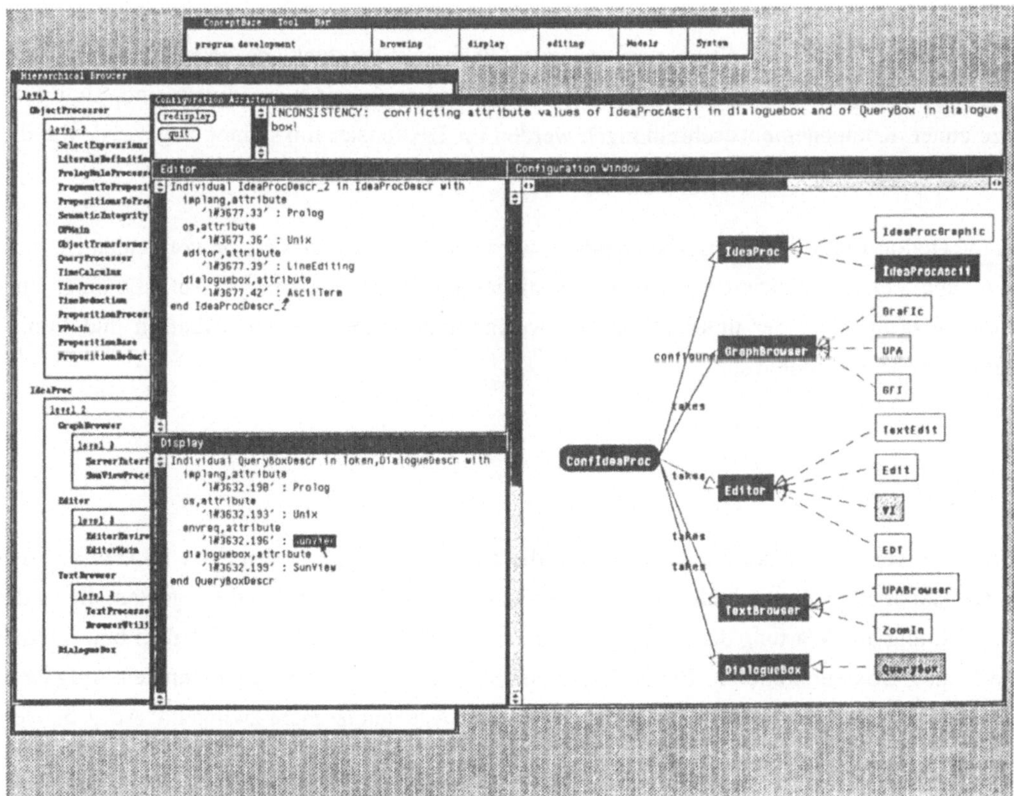

Abb. 8-3: Interaktive Konfigurierung und Konsistenztest

Der Analytiker spezifiziert eine neue Version der Benutzerschnittstelle für Terminals, dessen Beschreibung das Textfenster oben links zeigt. Für die Konfigurierung der terminalbasierten Benutzerschnittstelle (`IdeaProcASCII`) wählt der Analytiker einen Editor für ASCII-Terminals (`VI`) und eine existierende Version der Dialog-Box. Die Werkzeuge für das graphische und textuelle Blättern bleiben außerhalb der Konfigurierung, da über sie angenommen wird, daß sie Graphik benötigen.

Für die Ausführung einer Konfigurierung werden die gewünschten Komponenten per Mausklick selektiert. Der Konsistenzprüfung wird mittels eines Menüs aktiviert . Ausgewählte Objekte sind invertiert.

Der Konfigurationsassistent ermittelt die Abhängigkeiten für die Konsistenzprüfung, die gemäß der selektierten Objekte und der Konfigurationsspezifikation relevant sind. Verletzte Abhängigkeiten werden angezeigt, um bei der Lokalisierung und Auflösung von Inkonsistenzen zu helfen.

In Abb. 8-3 wird im oberen Fenster die verletzte Abhängigkeit textuell angezeigt. Die Dialog-Box basiert auf Graphik. Die Objekte, die in verletzte Abhängigkeiten involviert sind, sind grau gezeichnet. Komponentenbeschreibungen werden im Textfenster links unten angezeigt, wie die der Dialog-Box.

Da die Dialog-Box für alle Eingaben benötigt wird und keine ASCII-Version vorhanden ist, muß eine neue Version realisiert werden. Die Realisierung der Dialog-Box ist Aufgabe einer Entwicklungsgruppe, in der unterschiedliche Auffassungen über die Spezifikation und Implementierung zu integrieren sind.

8.2.2 Argumentation

Mögliche Teilnehmer der Diskussion über die Realisierung der Dialog-Box können aus den Aufgabenverteilungen ermittelt werden. Potentielle Ansprechpartner sind die Agenten, die an der Entwicklung und Wartung der Dialog-Box in der Projekthistorie mitgewirkt haben bzw. aktuell die Dialog-Box versionieren. Beide Informationen sind durch die aufgezeichneten Aufgabenverteilungen verfügbar. Die Benachrichtigung dieser Agenten ist nicht zwingend; Aufgabenverteilungen dienen als Ressource für die optionale Berücksichtigung kompetenter Agenten.

An der Argumentation über die Realisierung der Dialog-Box beteiligen sich die Agenten `gocek`, `nissen` und `rose`. Sie waren während der Projekthistorie mit der Entwicklung und Wartung der Dialog-Box betraut.

Ausgangspunkt der Diskussion ist die bestehende Dialog-Box (Abb. 8-4). `Rose` schlägt die Realisierung eines neuen Werkzeugs (`TerminalDialogueBox`) vor, das als Variante in allen Konfigurationen für Terminals zu verwenden ist. `Gocek` argumentiert gegen die Realisierung eines neuen Werkzeugs. Er schlägt vor, daß bestehende Werkzeug zu adaptieren, so daß es in Konfigurationen für graphikorientierte und nicht graphikorientierte Installationen verwendet werden kann.

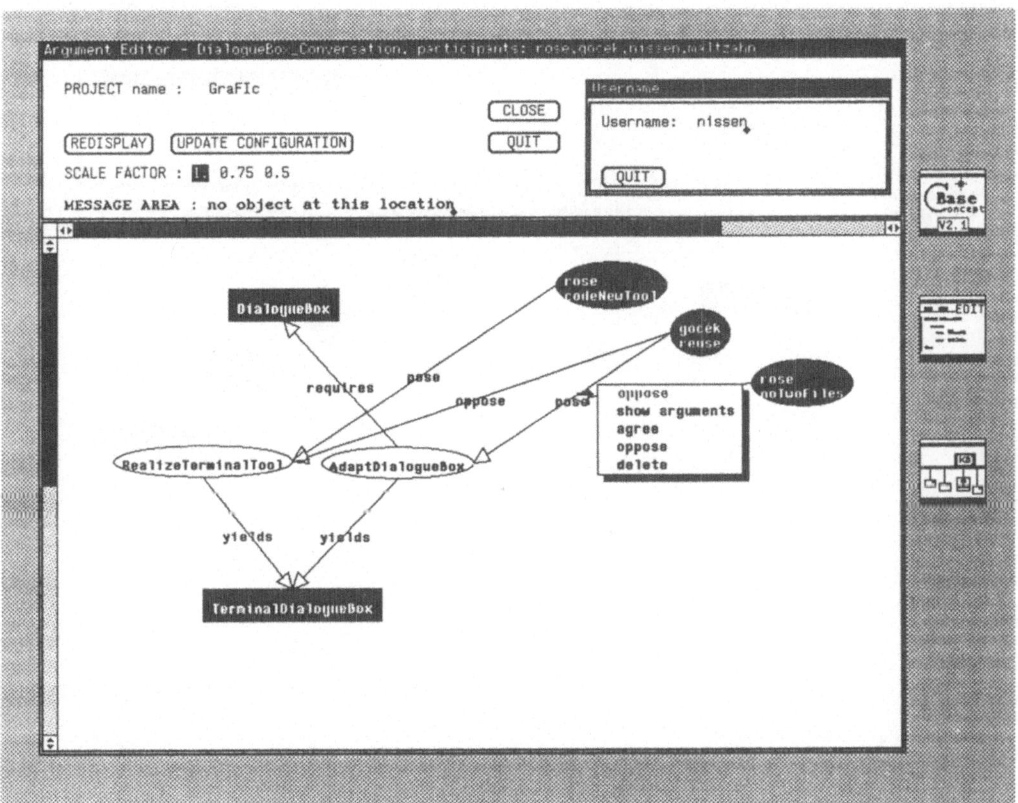

Abb. 8-4: Argumentation über die Realisierung der Terminalvariante der Dialog-Box

`Rose` opponiert gegen eine Adaption. Sein Argument ist (`noTwoFiles`), daß der Implementierung eine entsprechende Strukturierung auf der Dateiebene fehlt. Der Kode der Implementierung kann für notwendige Adaptionen nicht partiell substituiert werden. Eine Adaption resultiert in variante, aber überlappende Implementierungen, die Wartungsprobleme erwarten lassen.

Das Einbringen von Argumenten erfolgt durch menügesteuerte Interaktionen mit dem Argumenteditor. Per Maus werden Entscheidungen oder Argumente zu Entscheidungen selektiert. Diese können durch Menüauswahl unterstützt oder angegriffen werden (Abb. 8-4). Anschließend ist der Bezeichner des Arguments (beispielsweise `noTwoFiles`) und eine textliche Kurzbeschreibung einzugeben. Für das Argument wird ein Telos-Objekt mit entsprechenden Attributwerten generiert, das dieses Argument repräsentiert. Der das Argument einbringende Agent wird durch den Argumenteditor aus der Betriebssystemumgebung ermittelt.

Abb. 8-4 zeigt den Stand der Argumentation, wie er sich für `nissen` darstellt. Die Argumente von `gocek` und `rose` sind an den Argumenteditor in seiner Arbeitsumgebung propagiert.

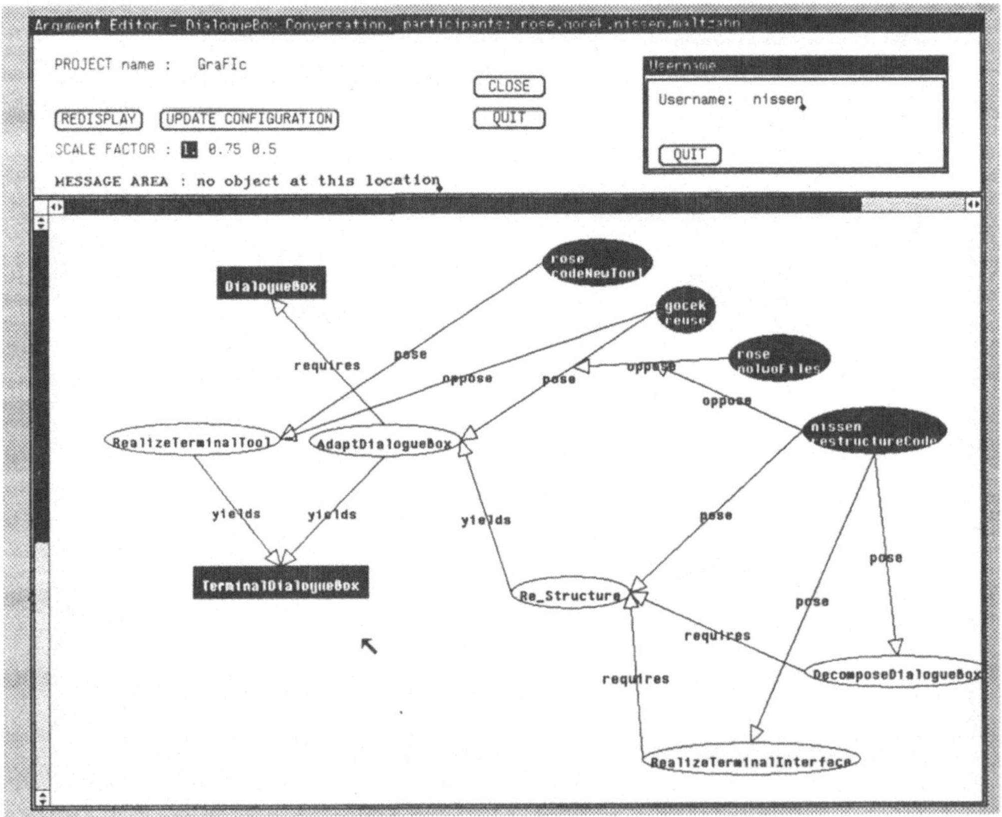

Abb. 8-5: Argumente für die Restrukturierung der Dialog-Box

`Nissen` schlägt eine Restrukturierung vor, die sich aus einer Dekomposition der bestehenden Implementierung (`DecomposeDialogueBox`) und einer Implementierungsvariante der Ein-/ Ausgabe für Terminals (`RealizeTerminalInterface`) zusammensetzt (Abb. 8-5). Die Dekomposition zerlegt das Werkzeug in zwei Teile für die Eingabeauswertung und die Ein- und Ausgabe. Der zweite Teil ist hierbei für die Terminalversion der Dialog-Box neu zu realisieren. Beide Aufgaben führen zu einer Adaption der bestehenden Dialog-Box.

Die Diskussionsteilnehmer beschließen diese Restrukturierung, die sich aus obigen Entscheidungen konstituiert [24].

8.2.3 Vereinbarung der Ausführung

Die Ausführung der Restrukturierung wird an einen verantwortlichen Agenten delegiert. Die Zuordnung und Kontrolle der Ausführung erfolgt im Rahmen einer Aufgabenverteilung. Einen Ausschnitt der für die Aufgabenverteilung versandten Nachrichten zeigt Abb. 8-6. Die Aufgabenverteilung wird durch eine Konversation zwischen `rose` als Auftraggeber und `nissen` als Auftragbediener installiert. Eröffnet wird sie durch eine Aufforderung von `rose` (Nachricht des Typs `request`) an `nissen`, die Restrukturierung auszuführen. `Nissen` stimmt durch seine Zusage (Nachricht des Typs `promise`) dieser Aufforderung zu, was zu einem Kontrakt zwischen beiden Agenten führt.

Der Kontraktassistent leitet die Existenz des Kontrakts aus der Struktur der versandten Nachrichten ab. Ebenso wird die ordnungsgemäße Beendigung eines Kontraktes abgeleitet. Neben der Verwaltung von Nachrichten und Aufgabenverteilungen hilft der Kontraktassistent bei der Reaktion auf Nachrichten. Er bietet einem Agenten die Möglichkeit, alle laufenden Aufgabenverteilungen aufzulisten. Für eine gegebene Aufgabenverteilung zeigt der Assistent in Abhängigkeit vom Stand der Konversation die zulässigen Antworten, d.h. die zulässigen Nachrichtentypen. Der Agent hat nur noch den Nachrichtentyp zu selektieren. Die Komposition der Nachricht, e.g. Sender, Empfänger, Thema, und den Versand mittels eines elektronischen Postsystems übernimmt der Kontraktassistent.

Der Kontraktassistent ist in dieser Implementierung eng mit dem Ausführungsassistenten verbunden. Jeder vereinbarte Kontrakt ist mit einem (NSE-) Arbeitsbereich verbunden.

---

24 Die Reihenfolge der Entscheidungen wird strukturell nicht modelliert. Sie kann in Telos mit dem Zeitkalkül als Bedingung dargestellt werden. Diese Bedingung besagt, daß die Entscheidung der Dekomposition vor der Realisierung der Schnittstellenvariante beendet ist. Da es sich hier nicht um ein Projektplanungswerkzeug handelt, werden Reihenfolgen nicht berücksichtigt. Teilweise sind Reihenfolgen durch referentielle Integrität gesichert.

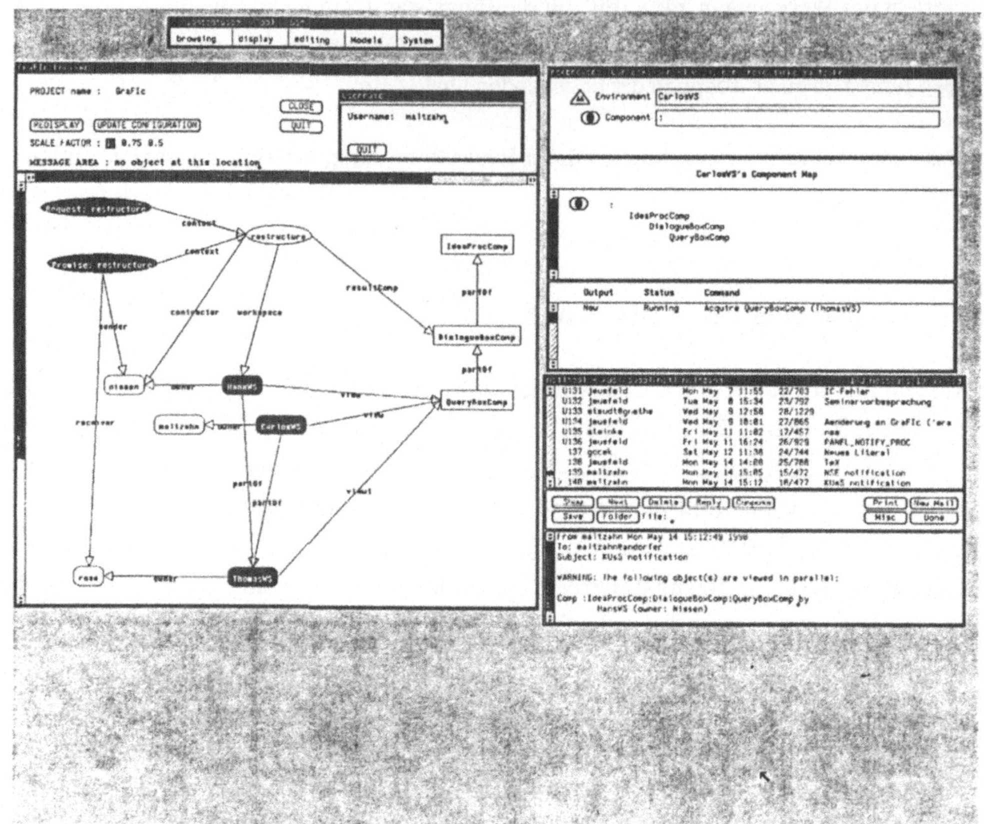

Abb. 8-6: Aufgaben- und Ergebnisverteilung

In Abb. 8-6 sind auf der linken Seite die Arbeitsbereiche, die Besitzer der Arbeitsbereiche, die sichtbaren Objekte und die auszuführenden Aufgaben dargestellt. Zusätzlich sind die Nachrichten für die Kontraktvereinbarung gezeigt.

Das linke Fenster zeigt die Objekte im Informationssystem für die konzeptuelle Modellierung. Im rechten Fenster zeigt ein NSE-Werkzeug die entsprechenden Arbeitsbereichstrukturen und sichtbaren Objekte auf der physischen Ebene.

Das Nachrichtenwerkzeug rechts unten zeigt die für die Aufgaben- und Ergebnisverteilung versandten Nachrichten in textueller Form. Ihre abstrakte, strukturierte Modellierung ist im linken teilweise visualisiert.

8.2.4 Implementierungsassistenz

Die Restrukturierung der Dialog-Box ist bis zu diesem Zeitpunkt auf der konzeptuellen Ebene betrachtet worden. Die Dateien der Implementierung blieben bisher unberücksichtigt. Für die Ausführung der Dekomposition sind aber auch die Dateien der Implementierung zu bearbeiten.

Die Dekomposition der Dialog-Box ist Instanz einer Dekompositionsentscheidung des Ideal-Modells. Für jede der konzeptuellen Entscheidungen im Ideal-Modell existieren physische Implementierungen, die sich ein Benutzer anzeigen lassen kann. In der Beispielsitzung hat sich der Benutzer für die Realisierung der Dekomposition mit SCCS entschieden. Nach Auswahl dieser Realisierung startet der Assistent die automatische Ausführung der Implementierungsentscheidung.

Die gewählte Realisierung setzt sich zusammen aus (1) dem Anlegen neuer Bibliotheksdateien für `QueryInterface` und `QueryEvaluator` und (2) dem Sperren der alten Datei mit `QueryBox` für zukünftige Modifikationen. Eine detaillierte Aufzeichnung der hiermit verbundenen Aktionen enthält das Berichtsfenster des Implementierungsassistenten in der rechten, oberen Ecke (Abb. 8-7). Der Implementierungsassistent ermittelt automatisch die notwendigen Parameter für die physische Lokalisierung des konzeptuellen Objekts und das Erzeugen der neuen Dateien. Es ist in diesem Beispiel keine Hilfe seitens des Benutzers notwendig. Das Hintergrundfenster in der linken, unteren Ecke zeigt die Nachrichten, die SCCS ausgibt, um die Ausführung der Kommandos zu bestätigen (Abb. 8-7).

Das Fenster des Implementierungsassistenten (in der Mitte) zeigt auf der linken Seite die konzeptuellen Objekte und Entscheidungen und auf der rechten Seite die entsprechenden physischen Implementationen. Dazwischen befindet sich die Implementierungsentscheidung. Es ist anzumerken, daß auf der rechten Seite kein Zusammenhang zwischen den Dateien zu erkennen ist. Dieser ist erst durch die konzeptuelle Entscheidung und deren Implementierung auszumachen. SCCS, das hier für die Implementierung verwendet wurde, bietet nicht die Kommandos für eine Dekomposition. Der Implementierungsassistent erweitert hier die Funktionalität eines existierenden Werkzeugs wie SCCS. Ebenso erlaubt er die Verwendung verschiedener Werkzeuge für die Realisierung konzeptueller Entscheidungen.

Eine analoge Implementierungsprozedur wird für die Realisierung der terminalorientierten Ein-/Ausgabe verfolgt. Obwohl es sich konzeptuell um eine Variante der graphikbasierten Version für `QueryInterface` handelt, sind beide auf der physischen Ebene nicht als Dateivarianten darzustellen. Diese konzeptuelle Variante ist durch zwei Dateien zu realisieren.

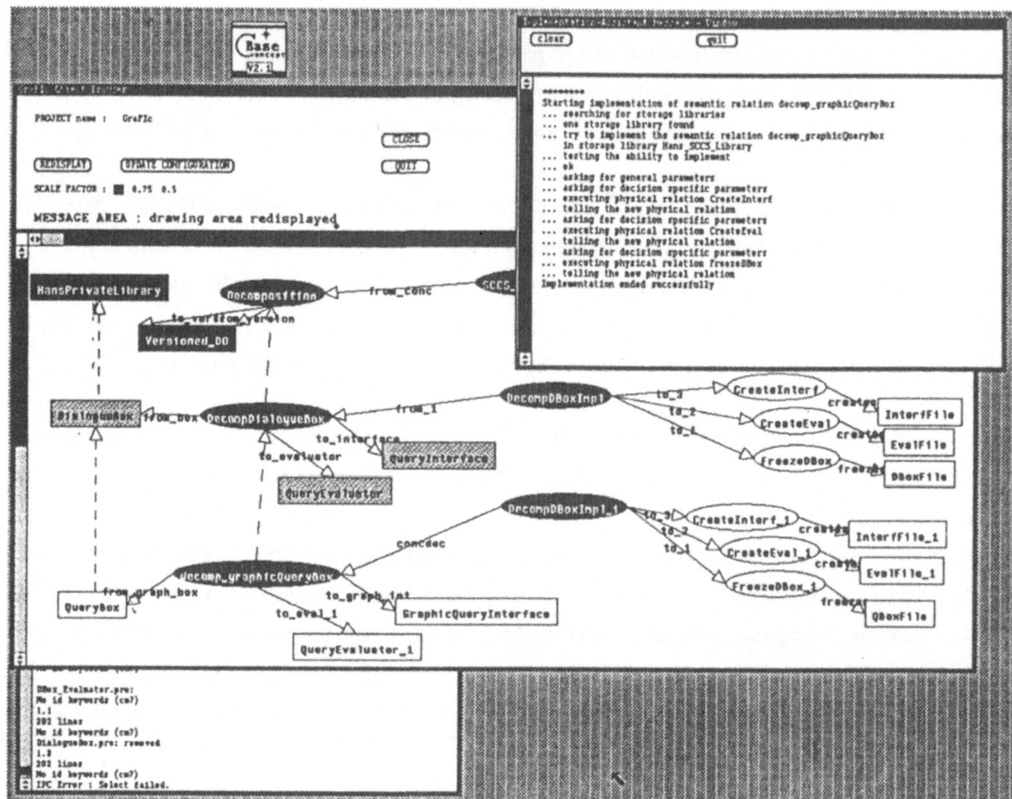

Abb. 8-7: Implementierung einer konzeptuellen Entscheidung

8.2.5 Konflikterkennung und Notifikation

Das hier gewählte Parallelitätskonzept erlaubt die Existenz eines Objekts in mehreren Arbeitsbereichen. Neben dem übergeordneten Arbeitsbereich von `rose` für die Projektintegration existiert die `QueryBox` im Arbeitsbereich von `nissen`, um seinen Kontrakt ausführen zu können.

In der Zwischenzeit entscheidet sich ein anderes Gruppenmitglied (`maltzahn`), die Eingabefähigkeit der Dialog-Box zu verbessern, um sie innerhalb seines Projekts nutzen zu können. Sobald er die Dialog-Box für seine Modifikation erwirbt, informiert ihn der Ausführungsassistent über einen möglichen Konflikt (Abb. 8-6). Aufgrund seines Kontrakts hat `nissen` Priorität; die Modifikation von `maltzahn` ist spontan und nicht mit der Gruppe abgesprochen.

Es handelt sich hier um einen Konflikt zwischen einer eher einfachen Verfeinerung für eine funktionale Erweiterung und einer komplexen Restrukturierung. Dieser Konflikt kann nicht durch automatisches Mischen von Dateien aufgelöst werden, da sich die Dateistruktur ändert. Demzufolge entscheidet sich `maltzahn` zu warten, bis `nissen` seinen Kontrakt beendet hat und die Restrukturierung in dem übergeordneten Bereich übertragen hat. Die anschließende Modifikation führt zu einer zweiten Version von `QueryEvaluator`. Die funktionale Erweiterung ist somit für beide geplanten Versionen der Dialog-Box verfügbar.

8.2.6 Integration der Versionierung

Nach Beendigung der Restrukturierung durch `nissen` und der funktionalen Erweiterung von `maltzahn` wird der Konfigurationsassistent vom Administrator aktiviert, um die ausgeführten Entscheidungen zu integrieren (Abb. 8-8). Die Dialog-Box ist jetzt durch die Konfigurierungsentscheidung `ConfDialogueBox` realisiert. Die Spezifikation für die Terminalversion ist im oberen Textfenster gezeigt. Für die beiden Komponenten existieren jeweils zwei Versionen.

Der Administrator selektiert die Terminalversion und fordert den Assistenten auf, die Konfigurierungsentscheidung zu vervollständigen. Der Assistent invertiert alle Versionen von `QueryInterface` und `QueryEvaluator`, die konsistent sind in Bezug zur gegebenen Schnittstellenbeschreibung. Für die Komponente `QueryEvaluator` können zwei Versionen verwendet werden. Der Administrator selektiert die zweite Version mit der erweiterten Funktionalität von `maltzahn`.

Der Assistent dokumentiert diese Entscheidung auf Benutzeranforderung, um sie in späteren Konfigurationen zu verwenden. Insbesondere kann hiermit die Terminalversion von *ConceptBase* konfiguriert werden, was die Aufgabe zu Beginn der Beispielsitzung war.

Es können auch andere Konfigurationen erstellt werden. Beispielsweise kann eine Dialog-Box für Graphikumgebungen ohne die erweiterten Fähigkeiten von `maltzahn` erstellt werden. Diese Version entspricht in ihren Eigenschaften der ursprünglichen Version von *ConceptBase*, auch wenn sie anders konfiguriert ist.

Parallel bleibt die alte Konfigurierung von *ConceptBase* erhalten. Sie ist weiterhin konsistent; sie ist lediglich nicht mehr aktuell. Sie kann jederzeit durch eine Anfrage für Wartungsarbeiten restauriert werden.

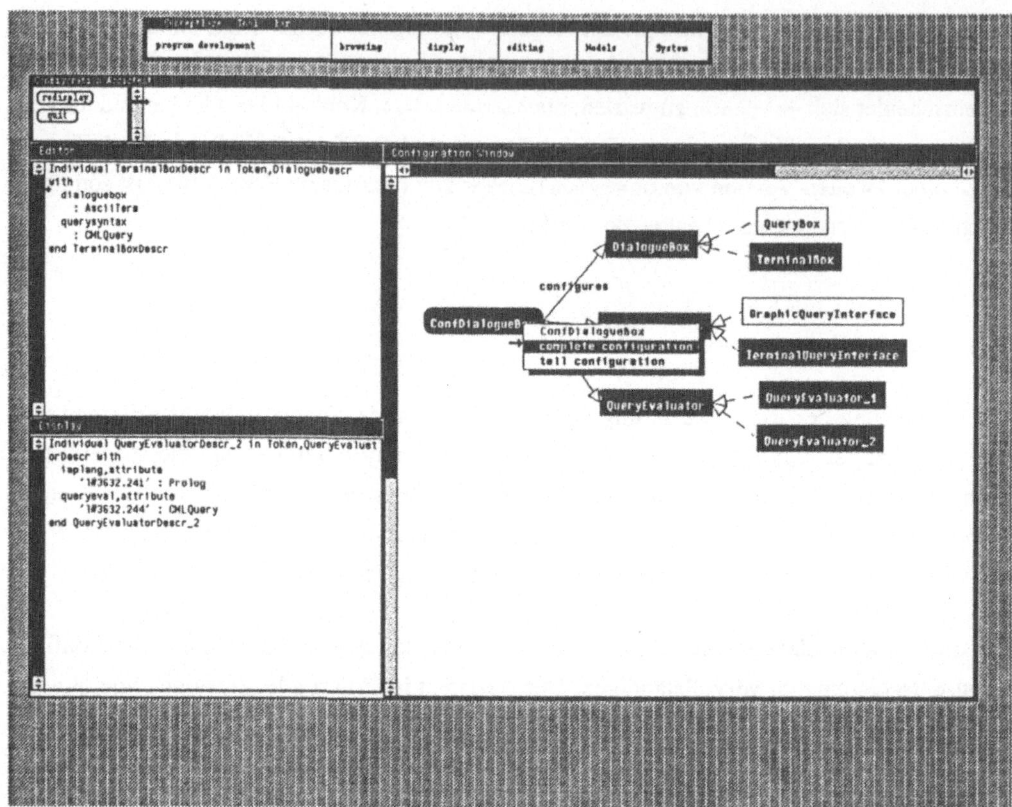

Abb. 8-8: Integration der Versionierung

8.3 Erfahrungen mit *ConceptBase*^{large}

Kommerziellen Dokumentenverwaltungssystemen fehlen wichtige Versionierungsklassen wie die Dekomposition. Demzufolge kann eine Dekomposition auf der Dokumentenebene nicht repräsentiert, sondern nur realisiert werden. Hier hilft die konzeptuelle Ebene. Über Betriebssystemgrenzen hinweg verteilte Objekte können auf der konzeptuellen Ebene integriert modelliert werden. Die konzeptuelle Ebene kann auch nicht als "Last" zusätzlich zur Dokumentenebene gesehen werden, da das Implementierungsmodell in der Arbeit auf der konzeptuellen Ebene unterstützt. Der Implementierungsassistent bietet sogar eine Komfortverbesserung, da er von der Kenntnis der Verwaltungssysteme befreit.

Es sind alle den *Entscheidungsbegriff* charakterisierenden Merkmale vorhanden, wie Handlungsalternativen, Ziele, Bewußtsein eine Auswahl zu treffen, Nebenbedingungen für die Auswahl einer Entscheidung und Menschen, die Entscheidungen treffen und umsetzen. Die Dokumentation der Entscheidungen und Argumentationen ermöglichen zusätzlich einen Informationstransfer in die Wartungsphase oder gar die Wiederverwendung. Die Fokusierung auf die Dialog-Box kann beispielsweise durch die Berücksichtigung der Expertise von Entwicklern - die an der Implementierung beteiligt waren - oder die Analyse früherer Argumentationen begründet sein.

Die Konzepte von CAD° haben sich als nützlich erwiesen, auch wenn die semantischen Beschreibungen von Objekten, Entscheidungen und Konversationen erhöhten Dokumentationsaufwand erfordern. Aufgrund des Aufwands erscheint es heute sinnvoller, die semantischen Beschreibungen direkt in die Objekt-, Entscheidungs- und Konversationsbeschreibungen aufzunehmen.

Eine adäquate Repräsentation der Objekte und ihrer Eigenschaften hat auch die Entscheidungen zur Entstehung eines Objekts zu berücksichtigen. Dieses zeigt sich am Beispiel der Dialog-Box. Wo entsteht die Information, daß die Dialog-Box eine fensterorientierte Umgebung benötigt? Diese Information kann nicht aus der Realisierung stammen. Sie basiert auf einer Entscheidung im Entwurf oder der Anforderungsspezifikation.

Die Verwendung einer Objektbank ermöglicht eine Strukturierung der Dokumente und Konzepte wie durch die Browser gezeigt. Flache Tupel oder Dateien bieten nicht die Struktur, um zu fokusieren oder zu navigieren. Da die Anzahl der zu verwaltenden Objekte stetig wächst, sind Objekt*banken* für die persistente Verwaltung der nicht-trivialen Objektmengen erforderlich. Das vorgestellte Beispiel ist noch eher klein; es setzt sich aus ca. 3.000 Objekten zusammen. Bei dieser Größe zeigt sich aber schon, daß explorative Werkzeuge für die Suche benötigt werden. Für große Anwendungen (viele Software-Objekte über einen langen Zeitraum) werden Filter für die Fokusierung notwendig. Wie hier vorzugehen ist, ist m.E. unbekannt. Objektbezogene und temporale Fokusierung sind zwei Optionen. Ob sie ausreichen, ist durch Versuche zu ergründen. Es sind auch Konzepte wie Ähnlichkeit zu berücksichtigen. Reine Hypertexte werden nicht entscheidend helfen, da sie nur *links* anbieten und Benutzer in dem Urwald der *links* die Orientierung verlieren, da mit den links keine Anwendungssematik verbunden ist. Das stetige Wachstum der Objektbank macht es erforderlich, Bereinigungsfunktionen zu entwerfen.

Das Ziel muß es sein, durchgehend auf der konzeptuellen Ebene zu arbeiten und mehr Phasen einer Entscheidung abzudecken. Ausgehend von der reinen Dokumentation ist die Entscheidungsunterstützung in dieser Arbeit bereits auf die Aufgaben- und Ergebnisverteilung ausgedehnt. Die Ideenverteilung für die Kristallisation der Entscheidungsalternativen ist nur schwach strukturiert und unterstützt. Für das Arbeiten auf der konzeptuellen Ebene und die Abbildung auf die Dokumentenebene sind noch weitere entscheidungsunterstützende Assistenten zu entwickeln. Der Konfigurations- und Implementierungsassistent sind in ihrer aktuellen Version reine Instantiierungsassistenten. Es fehlt noch die Unterstützungen anderer Auswahlkriterien wie Ziele.

CAD° und Telos kennen keine Partitionierungsmöglichkeiten für die getrennte und unabhängige Entwicklung von Teilen einer Objektbank. Alle in *ConceptBase*^{large} verwalteten Objekte bilden eine Objektbank, in der alle Namen eindeutig sein müssen und keine Objekte verborgen sind. Durch diese Einschränkung wird der getrennte Aufbau von Objektbanken und die Integration verschiedener Objektbanken unangenehm erschwert. Erste Lösungsversuche wurden hier mit einem sprachsentiven Editor unternommen, mit dem eine Objektbank in Modelle partioniert wird [Strippgen 91]. Zusätzlich bietet dieser Editor eine schemasensitive Instantiierungsunterstützung, mit dem lästige Tippfehler verhindert und der Tippaufwand verringert werden kann. Diese Instantiierungsunterstützung ist sehr sinnvoll; es zeigte sich zuvor, daß eine korrekte manuelle Eingabe von Entscheidungen meistens mehr als einen Versuch in Telos erfordert.

8.4 Konfigurierung von Informationssystemen

Im zweiten Experiment wird der Frage nachgegangen, ob das Modell auch in anderen Domänen als der Versionierung und Konfigurierung von Programmen einsetzbar ist, die nur einen Teil der Software-Entwicklung darstellen. Die Werkzeuge für die interaktive Assistenz bleiben erhalten; es wird lediglich das konzeptuelle Modell einer anderen Anwendungsdomäne vorgestellt.

Dieses Experiment zeigt die Anwendung auf die Konfigurierung von Informationssystemen, für die verschiedene Versionen der Spezifikation, des Entwurfs und der Implementierung zu berücksichtigen sind [Rose und Jarke 90]. Hierfür sind verschiedene Arten von Objekten und Aktivitäten zu integrieren. Die Entwicklung des Informationssystems wird als ein Software-Prozeß des Entwickeln-im-Kleinen vorausgesetzt. Von Interesse ist, wie dieser Software-Prozeß für die Spezifikation konsistenter Konfigurationen zu verwerten ist.

8.4.1 Modellierung von Informationssystemen

Die Modellierung basiert auf der im Projekt DAIDA realisierten Methodik für die Entwicklung und Wartung datenintensiver Informationssysteme [DAIDA 88, Jarke et al. 90]. In der DAIDA-Methodik werden Software-Objekte in einer drei-Ebenen Repräsentation modelliert. Jede Ebene repräsentiert verschiedene Sichten und Rollen der Entwicklung eines Informationssystems.

(a) Das *Weltmodell* betrifft die unterschiedlichen Anwendungsperspektiven des Informationssystems. Es modelliert die Rollen, die das Informationssystem in seiner Umgebung zu erfüllen hat. Es ist die Anforderungsspezifikation und wird in Telos [Mylopoulos et al. 91] beschrieben.

(b) Der *konzeptuelle Entwurf* betrifft die Integration der verschiedenen Systemsichten. Er konzentriert sich auf die Datenintegration, die für die verschiedenen Rollen in der Umgebung benötigt wird, und wird mit der Sprache TDL [Borgida et al. 89] realisiert.

(c) Die *Implementierung* betrifft die effiziente und qualitätsgesicherte Realisierung mit persistenten Datenstrukturen in der Sprache DBPL [Schmidt und Matthes 90].

Die drei Ebenen sind unterschiedliche Sichten auf Informationssysteme, die aber untereinander abhängig sind. Die Beziehungen innerhalb und zwischen den Ebenen sind durch einen Software-Prozeß zu erfassen. Der Prozeß ist durch zwei generische Entscheidungsklassen geprägt.

- *Verfeinerungsentscheidungen* für die Entwicklung innerhalb einer Ebene, und
- *Abbildungsentscheidungen* für die Abhängigkeiten zwischen zwei Darstellungsebenen.

Für jede der Darstellungsebenen sind Spezialisierungen der Verfeinerungsentscheidungen modelliert, die die jeweiligen Aufgaben und Methodiken spezifizieren. Ebenso existieren Spezialisierungshierarchien für die Abbildungen zwischen den Ebenen [DAIDA 89].

8.4.2 Heterogene Konfigurationen

Ein Informationssystem (`IS_Dev`) ist eine heterogene Konfigurierung aus Weltmodell (`World`), konzeptuellen Entwurf (`Design`) und Datenbankimplementation (`Impl`) (Abb. 8-9). Sie sind jeweils Instanz konzeptueller Objekte, die Gegenstand von Versionierung und Konfigurierung sind. Die Konfigurierung wird durch die Entscheidungsklasse `ConfigureIS_Dev` dargestellt. Die einzelnen Komponenten sind jeweils homogene Konfigurierungen, die ein Weltmodell, einen konzeptuellen Entwurf und eine Implementation aggregieren. Beispielsweise konfiguriert sich eine Implementation aus Relationen, Integritätsbedingungen und Transaktionen.

Die Konfigurierung spezieller Informationssysteme wird als Spezialisierung des Projektmodells für Informationssysteme modelliert. Das Projekt `EP_Manager` betrifft die Konfigurierung eines Informationssystems für die Zuordnung von Mitarbeitern zu Projekten (Abb. 8-9).

Abb. 8-9: Konfiguration der Entwicklung eines Informationssystems

Die (Zwischen-) Ergebnisse einer Beispielentwicklung sind in Abb. 8-10 skizziert. Die Repräsentationsebenen sind der DAIDA-Methodik folgend von oben nach unten gezeigt. Die Entwicklungsgeschichte ist von links nach rechts dargestellt. Die Modellierung dieser Entwicklungsgeschichte aus der Perspektive des Entwickeln-im-Großen faßt Abb. 8-11 zusammen. Rechtecke bezeichnen Versionen des Weltmodells, des konzeptuellen Entwurfs und der Implementation (von oben nach unten). Sie sind Instanzen der Klassen `EP_Req`, `EP_Des` und `EP_Impl`. Ellipsen repräsentieren die konzeptuellen Verfeinerungs- und Abbildungsentscheidungen.

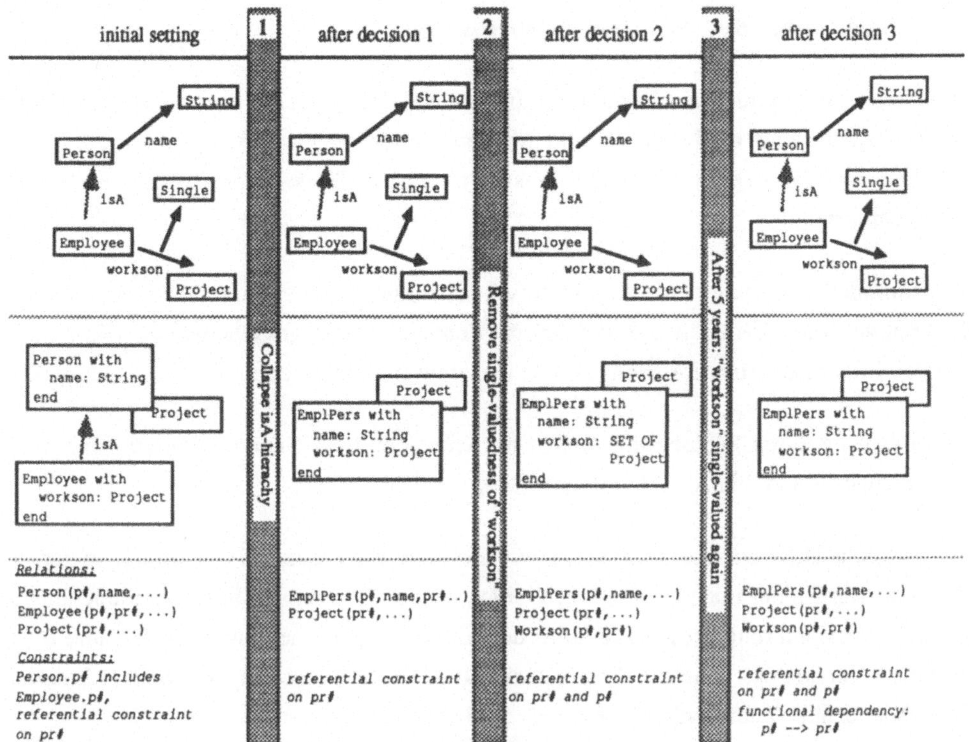

Abb. 8-10: Entwicklung eines Informationssystems

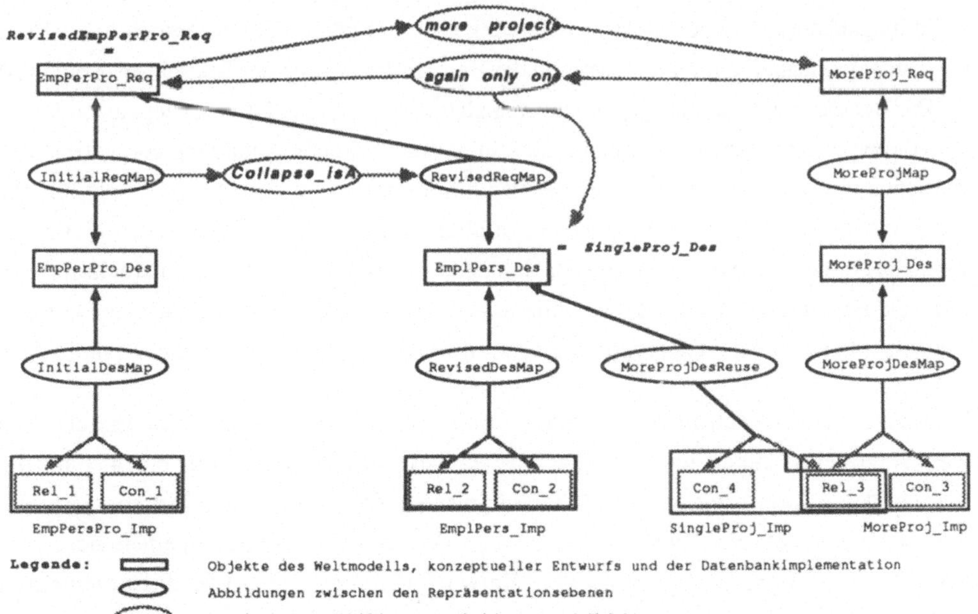

Abb. 8-11: Entwicklungshistorie aus der Perspektive des Entwickeln-im-Großen

8.4.3 Integration des Entwicklungsprozesses

Startpunkt ist das ursprüngliche Weltmodell (`EmpPerPro_Req`), das Personen umfaßt, von denen einige Angestellte sind, die für ein Projekt arbeiten. Es wird angenommen, daß ein Angestellter für höchstens ein Projekt arbeiten darf, was durch die Attributkategorie *single* des Attributs *workson* dargestellt ist.

Das Weltmodell wird durch eine Abbildungsentscheidung (`InitialReqMap`) in einen konzeptuellen Entwurf (`EmpPerPro_Des`) überführt, der durch ein Datenbankschema (`EmpPersPro_Imp`) realisiert wird, das aus einer Relation (`Rel_1`) und einer Integritätsbedingung (`Con_1`) besteht.

Die Validierung durch Prototyping fördert nacheinander zwei Kritikpunkte zu Tage, die die Entscheidungen *1* und *2* in Abb. 8-10 begründen.

Erstens wird die Differenzierung zwischen Personen und Angestellten als zu kompliziert erachtet. Im Entwurf werden nur noch Personen betrachtet, die angestellt sind. Diese Vereinfachung wird durch eine Versionierung (`Collapse_isA`) der Abbildungsentscheidung realisiert und führt zu einer neuen Version des konzeptuellen Entwurfs (`EmplPers_Des`). Der modifizierte Entwurf ist auf die Datenbankimplementation (`EmplPers_Imp`) abgebildet.

Der vereinfachte Entwurf `EmplPers_Des` ist aufgrund einer Benutzerkritik entstanden, was der Entwicklungshistorie aus der Sicht des Entwickeln-im-Großen nicht zu entnehmen ist (Abb. 8-11). Die Argumentation für die Integration der Benutzerkritik zeigt der Bildschirmabzug in Abb. 8-12. Der Benutzer argumentiert gegen die anfängliche Abbildung auf den konzeptuellen Entwurf, da ihm dieser zu benutzerunfreundlich ist. Er schlägt eine revidierte Abbildung vor, in der im Entwurf nicht zwischen Personen und Angestellten differenziert wird. Ein Designer empfiehlt hierfür, die Spezialisierungshierarchie zusammenfallen zu lassen. Er ist aber gegen diese Kollabierung, da der neue Entwurf eine neue Implementierung erwarten läßt, was zu arbeitsaufwendig ist. Für die Bewertung hilft der dokumentierte Software-Prozeß. Eine ausführliche Darstellung der Argumentation und die Integration mit dem Entwicklungsprozeß gibt [Hahn, Jarke, Rose 90].

Der zweite Kritikpunkt betrifft die Zuordnung von Angestellten zu Projekten. Die Einschränkung, daß ein Angestellter nur an einem Projekt arbeiten darf, wird als zu restriktiv erachtet und durch Entfernen der Attributkategorie *single* fallen gelassen. Ein Angestellter darf somit mehreren Projekten zugeordnet sein. Diese Versionierung (`more_projects`) führt zu einem neuen Weltmodell (`MorePro_Req`), konzeptuellen Entwurf (`MorePro_Des`) und Implementation (`MoreProj_Imp`).

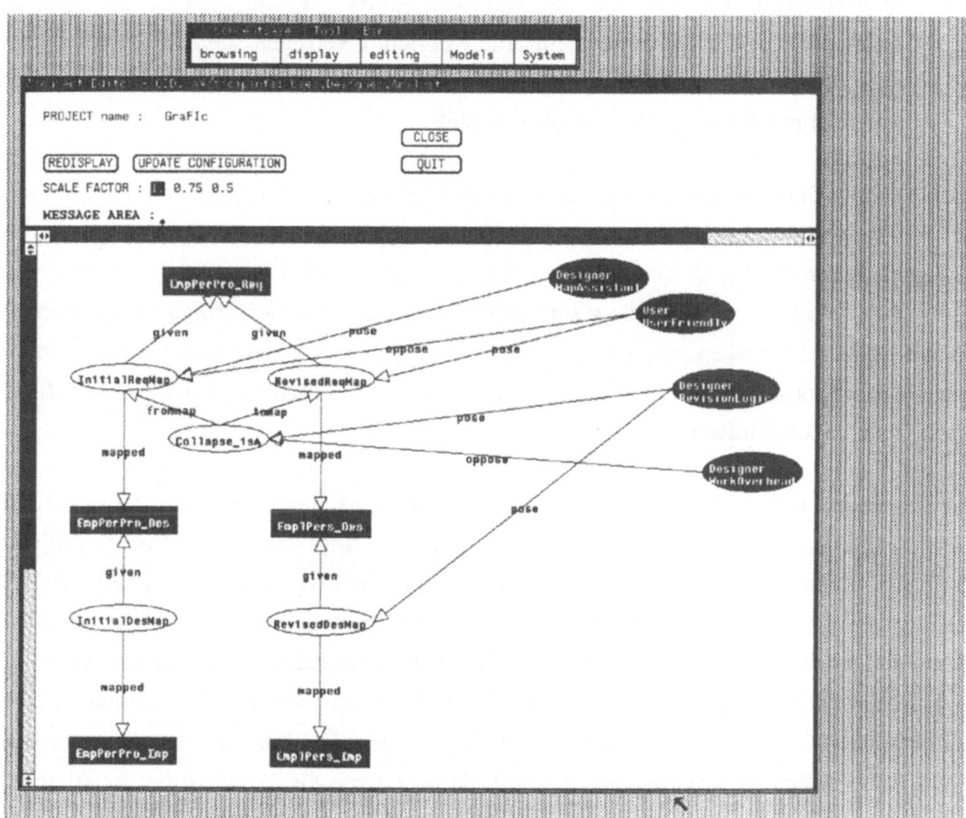

Abb. 8-12: Argumentation über die Berücksichtigung der Endbenutzerkritik

Die folgenden Beispielkonfigurationen veranschaulichen wie Konsistenzbedingungen der Konfigurierung verbessert werden können, wenn sie zusätzlich Informationen über den Software-Prozeß verwenden. Die Selektion der Versionen, die zu einer konsistenten Konfiguration führen, beschränkt sich nicht auf die statischen - wenn auch konzeptuellen - Eigenschaften, sondern bezieht auch die Abhängigkeiten ein, die sich durch den Entscheidungsprozeß ergeben. Beispielsweise ist die Konfigurierung

- von `EmpPerPro_Req`, `EmpPerPro_Des` und `EmpPersPro_Imp` *konsistent*, da sie direkt durch Abbildungsentscheidungen auseinander hervorgegangen sind, die als korrekt vorausgesetzt werden (initialer Zustand in Abb. 8-11);
- von `EmpPerPro_Req`, `EmplPers_Des` und `EmpPersPro_Imp` aber *inkonsistent*, da `EmplPers_Des` das Ergebnis einer Versionierung der Abbildung von `EmpPerPro_Req`

ist und somit eine Variante von EmpPerPro_Des ist. Da EmpPerPro_Des und EmplPers_Des über keine gemeinsame Abbildung verfügen, kann EmpPersPro_Imp nicht als Implementation von EmplProDes verwendet werden (Zustand nach Kollabierung der Spezialisierungshierarchie).

Die Konsistenzbedingung der Konfigurierungsentscheidung besagt, daß nur die Objekte konsistent konfiguriert werden können, die durch Abbildungsentscheidungen auseinander hervorgegangen sind. Ein Objekt ist eine Variante und somit kompatibel, wenn es durch die Versionierung einer Abbildungsentscheidung entstanden ist. EmplPers_Des ist somit eine Variante zu EmpPerPro_Des auf der Ebene des konzeptuellen Entwurfs. Die Variante kann aber nicht in jede heterogene Konfiguration substituiert werden, da widerum die Abbildungsabhängigkeiten für die Konsistenz zu berücksichtigen sind.

In der Wartungsphase nach Abschluß der Entwicklung entscheidet sich der Anwender, die Entscheidung more_projects zurückzunehmen, so daß ein Angestellter an mehreren Projekten arbeiten darf. Diese Entscheidung führt zu einem Weltmodell (RevisedEmpPerPro_Req), das gleich dem ersten (EmpPerPro_Req) ist. Syntaktisch sind beide Weltmodelle identisch. Demzufolge könnte die Entwicklungserfahrung des ersten Weltmodells wiederverwendet werden. Aufgrund der Entwicklungshistorie sind beide Modelle aber verschieden. Konzeptuell ist RevisedEmpPerPro_Req ein Nachfolger von EmpPerPro_Req. Die Implementation von EmpPerPro_Req kann nicht wiederverwendet werden, da ansonsten die Daten in der existierenden Implementation MoreProj_Imp verloren gehen. Die Implementierungsabbildung von SingleProj_Des hat somit die Implementierung von MoreProj_Des zu berücksichtigen. Die Relation Rel_3 von MoreProj_Imp kann weiterhin verwendet werden, wenn die Integritätsbedingungen angepaßt werden (Substitution von Con_4 durch Con_3). Die Anpassung der Integritätsbedingungen ist Wissen eines Abbildungsassistenten, der konzeptuelle Entwürfe auf Implementationen abbildet und diese inkrementell modifizieren kann. Die aktive Unterstützung in dieser Anpassung ist nicht die Aufgabe von Konfigurierungsprozessen. Die Berücksichtigung des Software-Prozesses erlaubt die Bewertung nachfolgender Konfigurationen, um Inkonsistenzen aufzuzeigen.

- Die Konfiguration von EmpPerPro_Req (= RevisedEmpPerPro_Req), EmplPers_Des (= Single_ProjDes) und SingleProj_Imp, welche die Relation von MoreProj_Imp wiederverwendet, ist *konsistent*.
- Die Konfiguration von EmpPerPro_Req (= RevisedEmpPerPro_Req), EmplProDes (= Single_ProjDes) und MoreProj_Imp ist *inkonsistent*.

8.5 Erfahrungen aus der Verwaltung von Informationssystemen in DAIDA

Bezogen auf die Modellierungskonzepte von CAD° bestätigte das zweite Experiment die im ersten Experiment gesammelten Erfahrungen. Zusätzlich wurden neue Erfahrungen über die Integration der Objekte der Software-Entwicklung durch CAD° und die Nutzung der Prozeßinformation gemacht. Anforderungsspezifikationen, Entwürfe und Implementationen werden durch die konzeptuelle Ebene mit CAD° integriert. Ihre Beziehungen sind durch Entscheidungen modelliert, die Abbildungs- oder Verfeinerungsaufgaben des Entwickeln-im-Kleinen repräsentieren.

Die Versionierung der Abbildungsentscheidung zeigte ein Beispiel einer Managementaufgabe. Bei der Bewertung der Alternativen kann der dokumentierte Entwicklungsprozeß analysiert werden, indem die von einer möglichen Änderung betroffenen Objekte aufgrund der Abhängigkeiten und Entscheidungen ermittelt werden [Hahn, Jarke, Rose 90]. Die Repräsentation des Software-Prozeß ist somit auch eine entscheidungsunterstützende Informationsressource.

Die Kompatibilität von Objekten in Konfigurationen kann aufgrund der Entscheidungen des Entwickeln-im-Kleinen entschieden werden. Welche Entscheidungen zu kompatiblen Versionen führen, kann nur anwendungsorientiert erfolgen, d.h. es sind Entscheidungsklassen und Integritätsbedingungen zu formulieren, die kompatible und nicht kompatible Versionierungen repräsentieren. Notwendige Voraussetzung ist ein einheitliches Modell für das Entwickeln-im-Kleinen, im-Großen und in-der-Gruppe, wie durch CAD° gegeben und im Beispiel vorgeführt. Offen ist, wie differenziert und umfassend die Entscheidungen des Entwickeln-im-Kleinen im Hinblick auf ihre Konsequenzen auf das Entwickeln-im-Großen charakterisiert werden können.

9 Schlußbetrachtungen

Die Zielsetzung dieser Arbeit bestand in der Entwicklung eines *Datenmodells* für die Organisation komplex strukturierter Software-Systeme, deren Komponenten stetigen Änderungen unterworfen sind. Diese Änderungen sind in einer Gruppe von Entwicklern zu verteilen und in das Software-System zu integrieren.

9.1 Zusammenfassung der Ergebnisse

Gesucht waren Modellierungsstrukturen für die Repräsentation der Konfigurierung, der Versionierung, der Verteilung der Versionierung in einer Gruppe und der Integration der Versionierung in die Konfigurierung. Die Beiträge dieser Arbeit können wie folgt zusammengefaßt werden:

CAD^o

Das Software-Prozeßdatenmodell *CAD^o* (Conversations among Agents about Decisions on Objects) ermöglicht die entscheidungsorientierte Modellierung und Kontrolle von Software-Prozessen. *CAD^o* differenziert zwischen dem *Konzept einer Aktivität* und der *Implementierung durch ein Werkzeug*. Für die Software-Prozeßmodellierung realisiert *CAD^o* einen Fortschritt, da die Prozeßmodellierung nicht mehr auf die Darstellung von Werkzeugaufrufen beschränkt ist. Werkzeuge werden als Agenten interpretiert, die Entscheidungen ausführen. Entwickler sind formal als Agenten in die Prozeßmodellierung integriert. Konversationen beschreiben den strukturierten Nachrichtenaustausch zwischen Agenten für die Diskussion, Vereinbarung und Integration einer Entscheidung.

Konfigurierungs- und Versionierungsprozesse

Die Versionen- und Konfigurationenverwaltung ist als Software-Prozeß modelliert, der sich aus Versionierungs- und Konfigurierungsentscheidungen konstituiert. Diese Modellierung differenziert zwischen den Objekten, Aktivitäten und Werkzeugen der Konfigurierung und der Versionierung. Objektversionierungen werden inkrementell in existierende Konfigurationen integriert, um die Integration von Arbeitsergebnissen in Software-Systeme zu optimieren.

Implementierungsprozesse

Versionierungs- und Konfigurierungsentscheidungen erlauben die konzeptuelle Modellierung von Versionierungen und Konfigurierungen mit einem Vokabular frei von Einschränkungen der

Dokumentenverwaltung. Dokumentbasierte Objekte und Entscheidungen repräsentieren die *Funktionalität*, die durch existierende Werkzeuge bereitgestellt wird. Implementierungsentscheidungen modellieren die Abbildung konzeptorientierter Objekte und Entscheidungen auf dokumentbasierte. Die Auswahl und Ausführung geeigneter Abbildungen ist ein Implementierungsprozeß. Die Prozeßmodellierung ermöglicht hier die Integration und Wiederverwendung existierender Werkzeuge.

Verteilung der Versionierung

Orthogonal zur Modellierung und persistenten Speicherung der Versionierungen modellieren Konversationen formal die Verteilung von Versionierungen. Die *Ideenverteilung* modelliert die Plannung einer Versionierung durch eine Diskussion, in dem Argumente von (menschlichen) Agenten über Entscheidungen strukturiert und dokumentiert werden. Die *Aufgabenverteilung* modelliert die Projektorganisation in einer Gruppe, indem (menschlichen) Agenten die Ausführung einer Entscheidung durch eine Vereinbarung zugeordnet wird. Die *Ergebnisverteilung* modelliert die verteilte Versionierung eines Objekts in einer Gruppe (technischer) Agenten, die durch Arbeitsbereiche repräsentiert sind. Beide Arten Nachrichten- und Objektaustausch sind einheitlich als Konversationen zwischen Agenten modelliert. Die Ergebnisverteilung realisiert ein Verteilungs- und Integrationskonzept für langandauernde Entscheidungen. Es toleriert Konflikte, die erkannt werden und betroffenen Agenten mitgeteilt werden.

Formale Modellierung

Alle Modellierungsstrukturen sind formal in der Wissensrepräsentationssprache *Telos* modelliert. Aufgrund der Erweiterbarkeit von Telos erhalten CAD^o und die Modellierungsstrukturen der Versionen- und Konfigurationenverwaltung eine Semantik in der Terminologie der Prädikatenlogik. Sie sind somit formal beschrieben. Da es sich bei der Modellierung um eine Erweiterung von Telos handelt, sind einerseits die hier vorgestellten Konzepte in Telos verfügbar und andererseits die logik- und objektorientierten Modellierungsfähigkeiten von Telos auch für die Software-Prozeßmodellierung und die Versionen- und Konfigurationenverwaltung verfügbar.

Prototyp und Validierung

Eine prototypische Realisierung ist durch die Umgebung $ConceptBase^{large}$ gegeben, die auf Telos als Datenmodell basiert. Für jede der vorgestellten Strukturen des Datenmodells sind Assistenten realisiert, deren Funktionalität durch einen Software-Prozeß spezifiziert ist. Sie unterstützen Konfigurierungs- und Implementierungsprozesse interaktiv in einer graphischen Benutzerumgebung. Die Verteilungsassistenz ist durch die Kopplung mit NSE und einem elektronischen Postsystem realisiert. Für eine Validierung wurden zwei Fallstudien durchgeführt: die Portierung von *ConceptBase* zu *ConceptBase*$_\mu$ und die heterogene Konfigurierung von Informationssystemen im DAIDA-Projekt. Die Anwendung auf die Konfigurierung und Versionierung von Informationssystemen zeigt die Verbesserung der Ausdrucksfähigkeiten von Konsistenzbedingungen dadurch, daß Informationen über den Entwicklungsprozeß des Informationssystems integriert sind.

9.2 Bewertung

In der Einleitung wurden drei Thesen für die Entwicklung eines Informationssystems der Versionen- und Konfigurationenverwaltung aufgestellt, das das Entwickeln-im-Kleinen, das Entwickeln-im-Großen und das Entwickeln-in-der-Gruppe integriert.

These I (Mehr-Ebenen Repräsentation):

Das in Kapitel 5 und 6 aufgestellte Modell zeigt die Notwendigkeit und die Möglichkeiten in der Modellierung zwischen verschiedenen Repräsentationsebenen zu differenzieren. Die Modellierung der Konzepte wird benötigt, um die Inhalte von Objekten zu repräsentieren. Die Ebene der Konzepte repräsentiert die Objekte einheitlich und ermöglicht es, Beziehungen, Abhängigkeiten und Integritäten zu modellieren, wie in den Fallstudien gezeigt. Die Integration der Ebene der Dokumente orientiert sich an der effizienten Verwaltung persistenter Objekte. Die Mehr-Ebenen Repräsentation ermöglicht hier die Wiederverwendung existierender Werkzeuge für die Dokumentenverwaltung. Sie werden auf der Dokumentenebene modelliert und durch Implementierungsprozesse bei der Abbildung der konzeptuellen Ebene wiederverwendet. Diese Implementierung kann heterogen sein, wenn verschiedene Dokumentenverwaltungssysteme bereit stehen. Umgekehrt wird mit der Ebene der Konzepte die Integration heterogener Systeme ermöglicht.

These II (Integration durch Entscheidungen):

Durch das in Kapitel 5 und 6 aufgestellte Modell wurde gezeigt, daß das Konzept der Entscheidung geeignet ist, eine zentrale Rolle bei der Integration in Software-Informationssystemen zu spielen. Entscheidungen ermöglichen die Integration von Methoden und Werkzeugen, die bisher nur getrennt studiert und als schwer vereinbar galten: formale Methoden, Datenmodelle und Projektkooperation.

Das in Kapitel 4 vorgestellte Metamodell für Software-Prozeßdaten ist um das Konzept der Entscheidung herum aufgebaut. Aktivitäten sind durch Entscheidungen repräsentiert, die Eingabe- in Ausgabeobjekte überführen. Entscheidungen repräsentieren den Inhalt der Aktivität, und nicht die Ausführung durch das Werkzeug. Werkzeuge sind formal durch

Agenten (einer Generalisierung von Werkzeugen) modelliert, die Entscheidungen in der Anwenderdomäne ausführen. Die zu unterstützende Entscheidung kann eine formale Methode oder eine informelle Methode repräsentieren. Die Methoden der Projektverwaltung sind durch Verteilungsprozesse dargestellt. Verteilungsprozesse sind formal als Konversationen über Entscheidungen modelliert, die Nachrichten- und Objektaustausch zwischen (menschlichen und technischen) Agenten strukturieren.

These III (Erweiterbare deduktive Objektbank):

Die formale Modellierung der Konzepte hat die Notwendigkeit einer erweiterbaren deduktiven Objektbank gezeigt. Die deduktive Objektbank realisiert die konzeptuellen Modellierungsfähigkeiten, die für die anwendungsorientierte Modellierung der Objekte, Entscheidungen und Konversationen benötigt werden. Die objektorientierten Prinzipien werden für die Klassifikation der Strukturen benötigt, wie etwa von Software-Prozessen durch *CAD°*. Sie definieren strukturelle Integritätsbedingungen, die alle Prozesse einzuhalten haben. Generalisierung und Vererbung werden beispielsweise im Implementierungsmodell für die Verfeinerung bzw. Wiederverwendung von Implementierungsprozessen genutzt. Die logikorientierten Prinzipien sind für Integritätsbedingungen notwendig, die nicht strukturell repräsentiert werden, etwa für die Konsistenz einer Konfigurierung oder die deklarative Berechnung relevanter Abhängigkeiten durch Deduktion. Die Erweiterbarkeit ermöglicht die formale Integration von CAD° in Telos, so daß alle Axiome von Telos auch für CAD° gelten und alle Software-Prozesse in der formal gleichen Terminologie in Telos modelliert sind. Ohne die Erweiterbarkeit hätte keine gemeinsame Terminologie für die Modellierung der Software-Prozesse eingeführt werden können, d.h. Konfigurierung und Versionierung hätten formal nicht durch das gemeinsame Konzept der Entscheidungen modelliert werden können.

Eine erweiterbare deduktive Objektbank bietet die notwendigen Modellierungsfähigkeiten und deren operationale Realisierung. Die entwickelten Konzepte sind nicht nur Existenzaussagen auf Papier sondern in der Anwendungswelt ausgeführte Systemmodelle.

Das Datenmodell realisiert die Konzepte, die in [Katz 90] allgemein für die Objektverwaltung in Entwurfsanwendungen gefordert werden. Es verbessert das dort vorgestellte Modell um die Integration der sozialen Aspekte, wie Ideen- und Aufgabenverteilung. Insbesondere ist die Organisation von Arbeitsergebnissen durch Arbeitsbereiche hier durch Ergebnisverteilungen realisiert und in das Datenmodell integriert. Die Repräsentation von Versionen ist gegenüber ausdrucksschwachen Versionsgraphen oder Beziehungstypen durch Versionierungsentscheidungen verbessert, die die Anwendungssemantik einer Modifikation reflektieren und durch verschiedene

Dokumentstrukturen realisiert sein können. Alle Modellierungsstrukturen sind hierbei formal als Erweiterung einer Wissensrepräsentationssprache modelliert.

Die Behandlung von komplexen Objekten geht durch die Integration deklarativer Integritätsbedingungen über die in anderen Datenmodellen [Gotthard 88] [26] hinaus. Sie ist durch die Anforderungen der Konfigurationenkontrolle [Tichy 88] motiviert, aber auch auf ingenieurtechnische Anwendungen übertragbar. Datenmodelle berücksichtigen nur den strukturellen Aspekt eines komplexen Objekts. Das hier vorgestellte Modell erweitert komplexe Objekte um Konsistenzbedingungen, die als Abhängigkeiten modelliert sind und deren Auswertung eine inkrementelle Integration ermöglicht. Für die Konfigurationenkontrolle realisieren die Abhängigkeiten eine Technik auf der konzeptuellen Ebene, die auf der Dokumentenebene beispielsweise durch *smart recompilation* [Tichy 86] realisiert ist.

9.3 Ausblick

Die in dieser Arbeit entwickelten Modellierungsstrukturen bilden ein *Datenmodell* für die *kooperative* Verwaltung *versionierter* und modular *konfigurierbarer* Objekte, mit der konzeptuelle Modelle verschiedener Anwendungsdomänen beschrieben werden. Die vorgestellten Datenmodelle, ihre Modellierung und Realisierung sind ein Schritt auf dem Weg zur Integration offener Software-Entwicklungsumgebungen durch Software-Informationssysteme. *CAD°* ist das Datenmodell, mit dem Objekte, Entscheidungen und Werkzeuge modelliert und integriert werden.

Der vorgestellte Ansatz ist unabhängig von einem bestimmten Modularisierungskonzept. Ist eine explizite Repräsentation von Modulen und modularen Systemen gewünscht, so kann die Entwicklung und Wartung modularer Systeme als Konfigurierungs- und Versionierungsprozeß modelliert werden. Konfigurierungsentscheidungen beschreiben implizit bereits den modularen Aufbau eines Systems. Spezielle Modularisierungskonzepte lassen sich durch die Deklaration von Attributkategorien - etwa import / export und zugehörige Integritätsbedingungen - oder durch die Implementierung auf der Dokumentenebene einführen. Hiermit kann ein konzeptuelles Modularisierungskonzept auch über verschiedene Realisierungen auf der Dokumentenebene verfügen.

---

26 [Katz 90] enthält einen Überblick der Verwaltung komplexer und versionierter Objekte in Datenbanken. Es werden auch die Datenmodelle der in der Software-Entwicklung bekannten Systeme wie NSE oder DSEE vorgestellt. Für die Software-Entwicklung spezialisierte Systeme und Methoden werden nicht berücksichtigt.

Es bleibt aber das Problem der *Modularität der Modellierung* selbst. Große Informationssysteme sind zu strukturieren. Die Konzepte der Aggregation, Klassifikation und Generalisierung sind unzureichend um große Objektmengen zu organisieren. Notwendig ist ein Konzept, das Sichtbarkeiten einführt und die Übernahme existierender Objekte in einen möglicherweise unterschiedlichen Zusammenhang realisiert. In Programmiersprachen wird dieses durch Schnittstellen und Kommunikation zwischen Schnittstellen realisiert. Auch hier scheint das vorgestellte Modell helfen zu können. Es ist Aufgabe der Ergebnisverteilung und Konfigurierung, Objekte in anderen Kontexten zu verwalten und zu integrieren. Die hier vorgestellte Ergebnisverteilung ermöglicht verschiedene Handhabungen der Kommunikation und Integration. Objekte können beispielsweise als Kopien oder per Referenz verwendet werden. Programmiersprachen basieren zum Beispiel nur auf der Referenzierung.

Diese Modularisierung ist auf alle Objekte der Software-Prozeßmodellierung anzuwenden, d.h. auch auf Entscheidungen und Konversationen.

Ein erster Versuch für die Modularisierung von Modellierungen wurde in [Strippgen 91] unternommen. Die Objekte der Modellierung werden in Modelle (ähnlich zu Modulen) partitioniert, die spezialisierbar und aggregierbar sind. Ein Modell-sensitiver Editor, der auf den Konzepten strukturorientierter Editoren [Reps und Teitelbaum 87, Engels und Schäfer 89] aufbaut, unterstützt die konsistente Versionierung und Instantiierung von Modellen.

Sinnvolle Erweiterungen des in dieser Arbeit vorgestellten Ansatzes neben der Modularisierung der Modellierung sind:

(a) *Ergebnisverteilung für komplexe Objekte* - Analog zu Transaktionskonzepten nutzt die hier vorgestellte Ergebnisverteilung keine taxonomische Information über die Objekte. Die Objektbank wird implizit immer als eine Menge flacher und zusammenhangloser Objekte angesehen, auch wenn Ergebnisverteilungen hierarchisch strukturiert sind. Die Information über Objektstrukturen und konsistente Konfigurationen von Versionen bleibt ungenutzt. Eine Verbesserung der Ergebnisverteilung im Hinblick auf eine sichere Parallelität, Konflikterkennung und Integration ist zu erwarten, wenn sie von flachen Objekten zu komplexen Objekten [Eckhardt 90] und konsistenten Konfigurationen erweitert wird.

(b) *Entscheidungsunterstützung* - Die Kooperation in Software-Prozessen erfordert bessere Werkzeuge und Methoden für die Entscheidungsfindung als den Argumenteditor. Ziele sind explizit zu berücksichtigen. Das Konzept des Ziels ist in das Modell formal als Spezialisierung von Objekten integrierbar [Rose et al. 91]. Was aber noch fehlt, ist eine geeignete Assistenz für die Mehrkriterienauswertung, in der Benutzerpräferenzen und Trade-offs zwischen Zielen berücksichtigt werden. Benutzern sind Präferenzen zu entlocken oder auch Änderungen ihrer Präferenzen zu erkunden, wenn sie mit denen anderer Benutzer kollidieren. Ziele und Mehr-Kriterien-Optimierungen könnten konkret auf die Versionsselektion angewendet werden, was die Versionsselektion gegenüber Präferenzen zwischen Objekten [Lavency und Vanhoedenaghe 88] verbessern würde. Der Zweck der Integration von Mehrkriterienverfahren ist aber allgemeiner als nur für die Versionsselektion zu sehen. Das Ziel müssen allgemeine Software-Prozesse sein.

(c) *Logikorientierung* - Konfigurierung, Versionierung und Konsistenzbedingungen einer Konfigurierung sind im gegenwärtigen Datenmodell strukturell durch Entscheidungen und Abhängigkeiten modelliert. Relevante Abhängigkeiten für Re-Konfigurierungen werden deklarativ abgeleitet. Es erscheint sinnvoll, die Strukturen und Algorithmen für die Filterung invarianter Eigenschaften auf die deduktive Objektbank abzubilden, ähnlich zur Kompilation und Spezialisierung von Integritätsbedingungen [Bry, Manthey, Martens 90]. Diese Integration der Datenmanipulation in die Integritätskontrolle durch die Abbildungen entwurfsrelevanter Operatoren führt zu einer Einschränkung zu testender Integritätsbedingungen [Jeusfeld und Krüger 90]. Mit dieser Erweiterung können die Optimierungen für die inkrementelle Konfigurierung direkt von der deduktiven Objektbank ausgeführt werden.

Das hier vorgestellte Konzept zielt auf die Unterstützung einzelner, wenn auch großer Systemfamilien. Ist diese Information aber erstmal vorhanden, so kann sie auch anderweitig als für die Entwicklung und Wartung *eines* Systems eingesetzt werden. Eine Nutzung ist die *Wiederverwendung*. Das Informationssystem ist ein Hilfsmittel und eine Informationsressource für die Wiederverwendbarkeit durch die Konfigurierung wiederverwendbarer, adaptierter Komponenten [Mylopoulos und Rose 91]. Das Informationssystem kann auch für eine *projektübergreifende Informationsverwaltung* eingesetzt werden. Unser Ansatz, alle Software-Information auf die konzeptuelle Ebene anzuheben, kommt der unternehmensweiten Kooperation zustatten und schafft eine Basis für den projektübergreifenden Austausch informationstechnischer Ressourcen.

Literatur

Adams, Honda, Miller 89

E.W. Adams, M. Honda, T.C. Miller (1989). Object Management in a CASE Environment, *Proc. 11th International Conference on Software Engineering*, Pittsburgh, Pa., 154-163.

Adams, Weinert, Tichy 89

R. Adams, A. Weinert, W. Tichy (1989). Software Change Dynamics *or* Half of all Ada Compilations are Redundant, *Proc. 2nd European Software Engineering Conference*, 203-221, Warwick, Großbritannien.

Allen 83

J.F. Allen (1983). Maintaining Knowledge about Temporal Intervals, *Communications of the ACM 26*, 11, 832-843.

Asirelli und Inverardi 87

P. Asirelli, P. Inverardi (1987). Enhancing Configuration Facilities in Software Development: A Logic Approach, *Proc. 1st European Software Engineering Conference*, Straßburg, Frankreich,LNCS 289, 59-67.

Atkinson *et al.* 89

M. Atkinson, F. Bancilhon, D. DeWitt, K. Dittrich, D. Maier, S. Zdonik (1989). The Object-Oriented Database Manifesto, *Proc. 1st International Conference on Deductive and Object-oriented Databases*, Kyoto, Japan, 40-57.

Babich 86

W.A. Babich (1986). *Software Configuration Management - Coordination for Productivity*, Addison-Wesley.

Bancilhon, Kim, Korth 85

F. Bancilhon, W. Kim, H.F. Korth (1985). A Model for CAD Transactions, *Proc. 11th International Conference on Very Large Data Bases*, Stockholm, Schweden, 25-33.

Banerjee *et al.* 87

K. Banerjee, W. Kim, H.-J. Kim, H.F. Korth (1987). Semantics and Implementation of Schema Evolution in Object-oriented databases, *Proc. ACM-SIGMOD International Conference on Management of Data*, San Francisco, Ca., 311-322.

Bauer *et al.* 89

F.L. Bauer, B. Möller, H. Partsch, P. Pepper (1989). Formal Program Construction by Transformation - Computer-Aided, Intuition-Guided Programming, *IEEE Transactions on Software Engineering 15*, 2, 165-180.

Belkhatir und Estublier 86

N. Belkhatir, J. Estublier (1986). Experiences with a Database of Programs, in [Henderson 86], 84-91.

Belkhatir und Estublier 87

N. Belkhatir, J. Estublier (1987). Software Management Constraints and Action Triggering in the ADELE Program Database, *Proc. 1st European Conference on Software Engineering*, Straßburg, Frankreich, LNCS 289, 47-58.

Bernard *et al.* 87

Y. Bernard, M. Lacroix, P. Lavency, M. Vanhoedenaghe (1987). Configuration Management in an Open Environment, *Proc. 1st European Software Engineering Conference*, Straßburg, 37-45.

Bernard und Lavency 89

Y. Bernard, P. Lavency (1989). A Process-Oriented Approach to Configuration Management, *Proc. 11th International Conference on Software Engineering*, Pittsburgh, Pa., 320-330.

Bernstein 87

P.A. Bernstein (1987). Database System Support for Software Engineering - An Extended Abstract, *Proc. 9th International Conference on Software Engineering*, Monterey,Ca., 166-178.

Bernstein, Hadzilacos, Goodman 87

P.A. Bernstein, V. Hadzilacos, N. Goodman (1987). *Concurrency Control and Recovery in Database Systems*, Addison-Wesley.

Biggerstaff und Perlis 89

T. Biggerstaff, A.J. Perlis (1989). *Software Resuability - Concepts and Models*, Vol. I, Addison-Wesley.

Bim 89

BIM SA/NV (1989). *ProLog by BIM*, Reference Manual for Release 2.5, Everberg, Belgien.

Borgida *et al.* 89

A. Borgida, J. Mylopoulos, J.W. Schmidt, I. Wetzel (1989). Development of Data-intensive Applications: Conceptual Design and Database Programming, *Proc. 2nd Workshop on Database Programming Languages*, Glenedon Beach, Or.

Boudier *et al.* 88

G. Boudier, F. Gallo, R. Minot, I. Thomas (1988). An Overview of PCTE and PCTE+, in [Henderson 88], 248-257.

Brodie, Mylopoulos, Schmidt 84

M.L. Brodie, J. Mylopoulos, J.W. Schmidt (1984). *On Conceptual Modelling*, Springer-Verlag.

Bry, Manthey, Martens 90

F. Bry, R. Manthey, B. Martens (1990). Integrity Checking in Knowledge Bases, Bericht, ESPRIT BRA Compulog No. 3012, ECRC deliverable D.2.1.a, München.

Chang, Gedye, Katz 89

E.E. Chang, D. Gedye, R.H. Katz (1989). The Design and Implementation of a Version Server for Computer-aided Design Data, *Software - Practice and Experience 19*, 3, 199-222.

Chen 76

P. P.-S. Chen (1976). The Entity-Relationship Model - Toward a Unified View of Data, *ACM Transactions on Database Systems 1*, 1, 9-36.

Clemm 88

G. Clemm (1988). The Workshop System - A Practical Knowledge-Based Software Environment, in [Henderson 88], 55-64.

Clemm 89

G. Clemm (1989). Replacing Version-Control with Job-Control, in [Tichy 89], 162-169.

Clemm und Osterweil 90

G. Clemm, L. Osterweil (1990). A Mechanism for Environment Integration, *ACM Transactions on Programming Languages and Systems 12*, 1, 1-25.

Cohen und Narayanaswamy 90

D. Cohen, K. Narayanaswamy (1990). A Logical Framework for Cooperative Software Development, *Proc. 6th International Software Process Workshop*, Hakodate, Japan.

Conde 86

D. Conde (1986). A Bibliography on Version Control and Configuration Management, *ACM SIGSOFT Software Engineering Notes 11*, 3, 81-84.

Conklin 87

J. Conklin (1987). Hypertext: An Introduction and Survey, *IEEE Computer 20*, 9, 17-41.

Conklin und Begeman 88

J. Conklin, M.L. Begeman (1988). A Hypertext Tool for Exploratory Policy Discussions, *ACM Transactions on Office Information Systems 6*, 4, 303-331.

Curtis 86

B. Curtis (1986). Models of Iteration in Software Development, *Proc. 3rd International Software Process Workshop*, Breckenridge, Co., 53-56.

DAIDA 88

M. Jarke, DAIDA Team (1988). The DAIDA Environment for Knowledge-based Information Systems Development, *Proc. ESPRIT Conference Week '88*, Brüssel, 405-422.

DAIDA 89

M. Jarke, DAIDA Team (1989). The DAIDA Demonstrator: Development Assistance for Interactive Database Applications, *Proc. ESPRIT Conference Week '89*, Brüssel, 459-474.

Deiters, Gruhn, Schäfer 89

W. Deiters, V. Gruhn, W. Schäfer (1989). Systematic Development of Formal Software Process Models, *Proc. 2nd European Software Engineering Conference*, Warwick, Großbritannien, 100-117.

DEC 82

Digital Equipment Corporation (1982). CMS / MMS - Code and Module Management System Manual.

DeRemer und Kron 76

F. DeRemer, H.H. Kron (1976). Programming-in-the-Large Versus Programming-in-the-Small, *IEEE Transactions on Software Engineering 2*, 2, 80-86.

Didriksen *et al.* 89

T.M. Didriksen, A. Lie, R. Conradi, E.A. Karlsson, S.O. Hallerstein, P. Holager (1989). Change-oriented Versioning, *Proc. 2nd European Software Engineering Conference*, Warwick, Großbritannien, 191-202.

Dittrich 86

K. R. Dittrich (1986). Object-Oriented Database Systems: The Notion and the Issues, *Proc. International Workshop on Object-Oriented Databases*, Pacific Grove, Ca., 2-5.

Dittrich, Gotthard, Lockemann 86

K.R. Dittrich, W. Gotthard, P.C. Lockemann (1986). Damokles - A Database System for Software Engineering Environments, *Proc. Workshop on Advanced Programming Environments*, Trondheim, Norwegen, LNCS 244.

Dowson 86

M. Dowson (1986). Workshop Introduction and Overview, *Proc. 3rd International Software Process Workshop*, Breckenridge, Co., 3-8.

Dowson 87

M. Dowson (1987). IStar - an Integrated Project Support Environment, *IEEE Software 4*, 4, 6-15.

Eckhardt 90

H. Eckhardt (1990). *Transaktionskonzepte für modulare Objektsysteme*, Informatik Fachberichte, Springer-Verlag.

Eherer *et al.* 89

S. Eherer, M. Jarke, M. Jeusfeld, A. Miethsam, T. Rose (1989). A KBMS For Database Software Evolution: ConceptBase V2.0 User Manual, Bericht MIP-8936, Universität Passau.

Ehrig *et al.* 89

H. Ehrig, W. Fey, H. Hansen, M. Löwe, D. Jacobs (1989). Algebraic Software Development Concepts for Module and Configuration Families, *Proc. 9th Conference on Foundations of Software Technology and Theoretical Computer Science*, Bangalore, Indien, LNCS 405, 181-192.

Ehrig und Mahr 90

H. Ehrig, B. Mahr (1990). *Fundamentals of Algebraic Specifications - Module Specifications and Constraints*, EATCS Monographs on Theoretical Computer Science, Vol. 21, Springer-Verlag.

Ehrig und Weber 85

H. Ehrig, H. Weber (1985). Algebraic Specification of Modules, *Proc. Formal Models in Programming*,Wien.

Ellis und Gibbs 89

C.A. Ellis, S.J. Gibbs (1989). Concurrency Control in Groupware Systems, *Proc. ACM-SIGMOD International Conference on Management of Data*, Portland, 399-407.

Engels und Schäfer 89

G. Engels, W. Schäfer (1989). *Programmentwicklungsumgebungen - Konzepte und Realisierungen*, B. G. Teubner, Stuttgart.

Estublier, Ghoul, Krakowiak 84
J. Estublier, S. Ghoul, S. Krakowiak (1984). Preliminary Experiences with a Configuration System for Modular Programs, in [Henderson 84], 149-156.

Estublier 88
J. Estublier (1988). Configuration Management - The Notion and the Tools, in [Winkler 88], 38-61.

Feiler 90
P.H. Feiler (1990). Software Process Support in Software Development Environments, *Proc. 6th International Software Process Workshop*, Hakodate, Japan.

Feldman 79
S.I. Feldman (1979). Make - A Program for Maintaining Computer Programs, *Software - Practice and Experience 9*, 4, 255-265.

Feldman 88
S.I. Feldman (1988). Evolution of Make, in [Winkler 88], 413-416.

Gallaire, Minker, Nicolas 84
H. Gallaire, J. Minker, J.M. Nicolas (1984). Logic and Databases: A Deductive Approach, *ACM Computing Surveys 16*, 2, 153-185.

Garg und Scacchi 88
P.K. Garg, W. Scacchi (1988). A Software-Hypertext Environment for Configured Software Descriptions, in [Winkler 88], 326-343.

Garg und Scacchi 89
P.K. Garg, W. Scacchi (1989). ISHYS: Designing an Intelligent Software Hypertext System, *IEEE Expert 4*, 3, 52-63.

Gocek 90
M. Gocek (1990). Entwurf und Realisierung eines interaktiven Assistenten für Versions- und Konfigurationsentscheidungen, Diplomarbeit, Universität Passau.

Gotthard 88
W. Gotthard (1988). *Datenbanksysteme für Softwareproduktionsumgebungen*, Informatik Fachberichte 193, Springer-Verlag.

Greenspan 84
S. Greenspan (1984). Requirements Modeling: A Knowledge Representation Approach to Software Requirements Definition, PhD Thesis, Department of Computer Science, University of Toronto.

Habermann und Notkin 86
A.N. Habermann, D. Notkin (1986). Gandalf: Software Development Environments, *IEEE Transaction on Software Engineering 12*, 12, 1117-1127.

Habermann und Perry 81
A.N. Habermann, D.E. Perry (1981). System Composition and Version Control for Ada, *Software Engineering Environments*, H. Hünke (Hrsg.), North-Holland, 331-343.

Hahn, Jarke, Rose 90
U. Hahn, M. Jarke, T. Rose (1990). Group Work in Software Projects - Integrated Conceptual Models and Collaboration Tools, *Proc. IFIP TC8 / WG8.4 Conference on Multi-User Interfaces and Applications*, Heraklion, Kreta, Amsterdam: North Holland.

Hammer und McLeod 81
M. Hammer, D. McLeod (1981). Database Description with SDM: A Semantic Data Model, *ACM Transaction on Database Systems 6*, 3, 351-386.

Henderson 84
P. Henderson, Hrsg. (1984). *Proc. ACM SIGSOFT/SIGPLAN 1st Symposium on Practical Software Development Environments*, Pittsburgh, Pa., *ACM SIGPLAN Notices 19*, 5.

Henderson 86
P. Henderson, Hrsg. (1986). *Proc. ACM SIGSOFT/SIGPLAN 2nd Symposium on Practical Software Development Environments*, Palo Alto, Ca., *ACM SIGPLAN Notices 22*, 1.

Henderson 88
P. Henderson, Hrsg. (1988). *Proc. ACM SIGSOFT/SIGPLAN 3rd Symposium on Practical Software Development Environments*, Boston, Ma., *ACM SIGSOFT Software Engineering Notes 13*, 5.

Hennicker 91
R. Hennicker (1991). Consistent Configuration of Modular Algebraic Implementations, Bericht MIP-9102, Universität Passau.

Hudson und King 87
S.E. Hudson, R. King (1987). Object-oriented Database Support for Software Engineering, *Proc. ACM-SIGMOD International Conference on Management of Data*, San Francisco, Ca., 491-503.

Hudson und King 88
S.E. Hudson, R. King (1988). The CACTIS Project: Database Support for Software Development Environments, *IEEE Transactions on Software Engineering 16*, 6, 709-719.

Jarke 91
M. Jarke, Hrsg. (1991). ConceptBase V3.0 User Manual, Bericht MIP-9106, Universität Passau.

Jarke, Jeusfeld, Rose 88
M. Jarke, M. Jeusfeld, T. Rose (1988). A Global KBMS for Database Software Evolution: Documentation of First ConceptBase Prototype, Bericht MIP-8819, Universität Passau.

Jarke, Jeusfeld, Rose 90
M. Jarke, M. Jeusfeld, T. Rose (1990). A Software Process Data Model for Knowledge Engineering in Information Systems, *Information Systems 15*, 1, 85-116.

Jarke *et al.* 90
M. Jarke, J. Mylopoulos, J.W. Schmidt, Y. Vassiliou (1990). Information Systems Development as Knowledge Engineering: A Review of the DAIDA Project, *Programirovanie 17*, 1, Bericht MIP-9011, Universität Passau.

Jarke und Rose 88

M. Jarke, T. Rose (1988). Managing Knowledge about Information System Evolution, *Proc. ACM-SIGMOD International Conference on Management of Data*, Chicago, Il., 303-311.

Jeusfeld und Krüger 90

M. Jeusfeld, E. Krüger (1990). Deductive Integrity Maintenance in an Object-oriented Setting, Bericht MIP-9013, Universität Passau.

Kaiser 91

G.E. Kaiser (1991). Concurrency Control in Advanced Database Applications, erscheint in *ACM Computing Surveys*.

Kaiser *et al.* 88

G.E. Kaiser, N.S. Barghouti, P.H. Feiler, R.W. Schwanke (1988). Database Support for Knowledge-Based Engineering Environments, *IEEE Expert 3*, 2, 18-32.

Kaiser und Feiler 87

G.E. Kaiser, P.H. Feiler (1987). An Architecture for Intelligent Assistance in Software Development, *Proc. 9th International Conference on Software Engineering*, Monterey, Ca., 180-188.

Kaiser und Perry 87

G.E. Kaiser, D.E. Perry (1987). Workspaces and Experimental Databases: Automated Support for Software Maintenance and Evolution, *Proc. of the 1987 Conference on Software Maintenance*, 108-114.

Katz, Chang, Bhateja 86

R. Katz, E. Chang, R. Bhateja (1986). Version Modeling Concepts for Computer-aided Design, *Proc. ACM-SIGMOD International Conference on Management of Data*, Washington, D.C., 379-386.

Katz 90

R. Katz (1990). Toward a Unified Framework for Version Modeling in Engineering Databases, *ACM Computing Surveys 22*, 4, 375-408.

Katz und Chang 87

R. Katz, E. Chang (1987). Managing Change in Computer-aided Design Databases, *Proc. International Conference on Very Large Databases*, Brighton, Großbritannien,455-462.

Keeney und Raiffa 76

R. Keeney, H. Raiffa (1976). *Decision with Multiple Objectives: Preferences and Value Trade-Offs*, John Wiley & Sons, New York.

Kent 79

W. Kent (1979). Limitations of Record-Based Information Models, *ACM Transactions on Database Systems 4*, 1.

Klahold *et al.* 85

P. Klahold, G. Schlageter, R. Unland, W. Wilkes (1985). A Transaction Model Supporting Complex Applications in Integrated Information Systems, *Proc. ACM-SIGMOD International Conference on Management of Data*, Austin, Tex., 388-401.

Klahold, Schlageter, Wilkes 86

P. Klahold, G. Schlageter, W. Wilkes (1986). A General Model for Version Management in Databases, *Proc. 12th International Conference on Very Large Databases*, Kyoto, Japan, 319-327.

Korth und Speegle 88

H.F. Korth, G.D. Speegle (1988). Formal Model of Correctness without Serializability, *Proc. ACM-SIGMOD International Conference on Management of Data*, Chicago, Il., 379-386.

Koshafian und Abnous 90

S. Koshafian, R. Abnous (1990). *Object Orientation - Concepts, Languages, Databases, User Interfaces*, John Wiley & Sons, New York.

Koubarakis *et al.* 89

M. Koubarakis, J. Mylopoulos, M. Stanley, A. Borgida (1989). Telos: Features and Formalization, Bericht FORTH/CSI/TR/1989/018, Computer Science Institute, Heraklion, Kreta.

Kramer, Magee, Sloman 89

J. Kramer, J. Magee, M. Sloman (1989). Configuration Support for System Desription, Construction and Evolution, *ACM SIGSOFT Software Engineering Notes 14*, 3, 28-33.

Lacroix und Lavency 87

M. Lacroix, P. Lavency (1987). Preferences - Putting More Knowledge into Queries, *Proc. International Conference on Very Large Databases*, Brighton, Großbritannien.

Lavency und Vanhoedenaghe 88

P. Lavency, M. Vanhoedenaghe (1988). Knowledge Based Configuration Management, *Proc. 21st Annual Hawaii International Conference on System Sciences*, Software Track, Vol. II, 83-92.

Leblang und Chase 84

D.B. Leblang, R. Chase (1984). Increasing Productivity with a Parallel Configuration Manager, in [Henderson 84], 104-112.

Leblang, Chase, Spilke 88

D.B. Leblang, R. Chase, H. Spilke (1988). Increasing Productivity with a Parallel Configuration Manager, in [Winkler 88], 21-37.

Leblang und McLean 85

D.B. Leblang, G.D. McLean (1985). Configuration Management for Large-scale Software Development Efforts, *Proc. Workshop on Software Engineering Environments for Programming-in-the-large*, Harwichport, Ma.

Lehman 86

M.M. Lehman (1986). An Approach to a Disciplined Development Process - The ISTAR Integrated Project Support Environment, *ACM SIGSOFT Software Engineering Notes 11*, 4, 28-33.

Lewerentz 88

C. Lewerentz (1988). *Interaktives Entwerfen großer Programmsysteme - Konzepte und Werkzeuge*, Informatik Fachberichte 194, Springer-Verlag.

Lie *et al.* 89

A. Lie, R. Conradi, T. Didriksen, E.-A. Karlsson, S.O. Hallsteinsen, P. Holager (1989). Change Oriented Versioning in a Software Database, in [Tichy 89], 56-65.

Lyngback und Kent 86

P. Lyngback, W. Kent (1986). A Data Modeling Facility for the Design and Implementation of Information Systems, *Proc. International Workshop on Object-Oriented Databases*, Pacific Grove, Ca., 6-17.

Madhavji *et al.* 90

N.H. Madhavji, V. Gruhn, W. Deiters, W. Schäfer (1990). PRISM = Methodology + Process-oriented Environment, *Proc. 12th International Conference on Software Engineering*, Nizza, Frankreich, 277-288.

Maltzahn 90

C. Maltzahn (1990). Eine Umgebung zur kooperativen Entwicklung, Diplomarbeit, Universität Passau.

Maltzahn und Rose 91

C. Maltzahn, T. Rose (1991). ConceptTalk - Kooperationsunterstützung in Software-Umgebungen, *Proc. GI-Kongreß Wissensbasierte Systeme*, München.

Marzullo und Wiebe 86

K. Marzullo, D. Wiebe (1986). Jasemine - A Software System Modeling Facility, in [Henderson 86], 121-130.

Miller, Stockton, Krueger 89

D.B. Miller, R.G. Stockton, C.W. Krueger (1988). An Inverted Approach to Configuration Management, in [Tichy 89], 1-4.

Mostow 85

J. Mostow (1985). Towards Better Models of the Design Process, *AI Magazine 6*, 1, 44-57.

Müller und Klashinsky 88

H.A. Müller, K. Klashinsky (1988). Rigi - A System for Programming-in-the-large, *Proc. 10th International Conference on Software Engineering*, Singapore, 80-86.

Mylopoulos, Bernstein, Wong 80

J. Mylopoulos, P.A. Bernstein, H.K.T. Wong (1980). A Language Facility for Designing Interactive Data-intensive Applications, *ACM Transactions on Database Systems 5*, 2, 185-207.

Mylopoulos *et al.* 91

J. Mylopoulos, A. Borgida, M. Jarke, M. Koubarakis (1991). Telos: A Language for Representing Knowledge about Information Systems, erscheint in *ACM Transaction on Information Systems.*

Mylopoulos und Rose 91

J. Mylopoulos, T. Rose (1991). Case-Based Reuse for Information System Development: The Techne Project, *Proc. 1st Intl. Workshop on Software Resuability*, Dortmund, 174-179.

Narayanaswamy und Scacchi 87

K. Narayanaswamy, W. Scacchi (1987). Maintaining Configurations of Evolving Software Systems, *IEEE Transactions on Software Engineering 13*, 3, 324-334.

Nestor 86

J.R. Nestor (1986). Towards a Persistent Object Base, *Proc. Workshop on Advanced Programming Environments*, Trondheim, Norwegen, LNCS 244, 372-394.

Nissen 90

H.W. Nissen (1990). Entwurf und Realisierung einer Objektbank zur Versions- und Konfigurationsverwaltung, Diplomarbeit, Universität Passau.

Oquendo *et al.* 89

F. Oquendo, K. Berrada, F. Gallo, R. Minot, I. Thomas (1989). Version Management in the PACT Integrated Software Engineering Environment, *Proc. 2nd European Software Engineering Conference*, Warwick, Großbritannien, 222-242.

Osterweil 87

L. Osterweil (1987). Software Processes are Software too, *Proc. 9th International Conference on Software Engineering*, Monterey, Ca., 2-14.

Parnas 72

D.L. Parnas (1972). On the Criteria to be Used in Decomposing Systems into Modules, *Communications of the ACM 5*, 12, 1053-1058.

Parnas 76

D.L. Parnas (1976). On the Design and Development of Program Families, *IEEE Transactions on Software Engineering 2*, 1, 1-9.

Penedo 86

M.H. Penedo (1986). Prototyping a Project Master Database for Software Engineering Environments, in [Henderson 86] , 1-11.

Perry 87

D.E. Perry (1987). Interconnection Models, *Proc. 9th International Conference on Software Engineering*, Monterey, Ca., 61-71.

Perry 87 II

D.E. Perry (1987). Version Control in the Inscape Environment, *Proc. 9th International Conference on Software Engineering*, Monterey, Ca., 142-149.

Perry 89

D.E. Perry (1989). The Inscape Environment, *Proc. 11th International Conference on Software Engineering*, Pittsburgh, Pa., 2-12.

Ploederer und Fergany 89

E. Ploederer, A. Fergany (1989). The Data Model of the Configuration Management Assistant (CMA), in [Tichy 89], 5-14.

Potts und Bruns 88

C. Potts, G. Bruns (1988). Recording the Reasons for Design Decisions, *Proc. 10th International Conference on Software Engineering*, Singapore, 418-427.

Prieto-Diaz und Neighbors 86
R. Prieto-Diaz, J.M. Neighbors (1986). Module Interconnection Languages, *Journal of Systems and Software 6*, 307-334.

Pu, Kaiser, Hutchinson 88
C. Pu, G. Kaiser, N. Hutchinson (1988). Split Transactions for Open-Ended Activities, *Proc. 14th International Conference on Very Large Databases*, Los Angeles, Ca., 26-37.

Reiter 84
R. Reiter (1984). Towards a Logical Reconstruction of Relational Database Theory, in [Brodie, Mylopoulos, Schmidt 84], 191-233.

Reps, Horwitz, Prins 88
T. Reps, S. Horwitz, J. Prins (1988). Support for Integrating Program Variants in an Environment for Programming in the Large, in [Winkler 88], 197-216.

Reps und Teitelbaum 84
T. Reps, T. Teitelbaum (1984). The Synthesizer Generator, in [Henderson 84], 42-48.

Reps und Teitelbaum 87
T. Reps, T. Teitelbaum (1987). Language Processing in Program Editors, *IEEE Computer 20*, 11, 29-40.

Reps und Teitelbaum 88
T. Reps, T. Teitelbaum (1988). The Synthesizer Generator Manual, Springer-Verlag (dritte Ausgabe).

Rich und Waters 88
C. Rich, R.C. Waters (1988). The Programmer´s Apprentice - A Research Overview, *IEEE Computer 21*, 11, 10-25.

Rochkind 75
M.J. Rochkind (1975). The Source Code Control System, *IEEE Transactions on Software Engineering 1*, 4, 364-370.

Rose und Jarke 90
T. Rose, M. Jarke (1990). A Decision-based Configuration Process Model, *Proc. 12th International Conference on Software Engineering*, Nizza, Frankreich, 316-325.

Rose *et al.* 91
T. Rose, M. Jarke, M. Gocek, C. Maltzahn, H.W. Nissen (1991). A Decision-based Configuration Process Environment, erscheint in *Software Engineering Journal.*

Rouge 90
A. Rouge (1990). A graphical Editor for Knowledge Bases, Bericht, ESPRIT 892 (DAIDA), GFI, Nanterre, Frankreich.

Schmidt und Matthes 90
J.W. Schmidt, F. Matthes (1990). DBPL Language and Systems Manual, Bericht, ESPRIT-Projekt 892 (DAIDA), Universität Hamburg.

Schwanke und Kaiser 88

R.W. Schwanke, G.E Kaiser (1988). Living with Inconsistency in Large Systems, in [Winkler 88], 98-118.

Schwanke *et al.* 89

R.W. Schwanke, E.S. Cohen, R. Gluecker, W.M. Hasling, D.A. Soni, M.E. Wagner (1989). Configuration Management in BiiN SMS, *Proc. 12th International Conference on Software Engineering*, Pittsburgh, Pa., 383-393.

Searls und Norton 90

D.B. Searls, L.M. Norton (1990). Logic-Based Configuration with a Semantic Network, *Journal of Logic Programming*, 8, 53-73.

Simon 60

H.A. Simon (1960). *The New Science of Management Decision*, Harper & Row.

Smith und Davis 81

R.G. Smith, R. Davis (1981). Frameworks for Cooperation in Distributed Problem Solving, *IEEE Transactions On Systems, Man, and Cybernetics 11*, 1, 61-70.

Smith, Kotik, Westfold 85

D.R. Smith, G.B. Kotik, S.J. Westfold (1985). Research on Knowledge-based Software Engineering Environments at Kestrel Institute, *IEEE Transactions on Software Engineering 11*, 11, 1278-1295.

Smith und Smith 77

J.M. Smith, D.C.P. Smith (1977). Database Abstractions: Aggregation and Generalization, *ACM Transactions on Database Systems* 2, 2, 105-133.

Sprague und Carlson 82

R.H. Sprague, E.D. Carlson (1982). *Building Effective Decision Support Systems*, Prentice Hall.

Stanley 86

M. Stanley (1986). CML: A Knowledge Representation Language with Application to Requirements Modeling, M.S. Thesis, Universität Toronto.

Staudt 90

M. Staudt (1990). Anfragerepräsentation und -auswertung in deduktiven Datenbanken, Diplomarbeit, Universität Passau.

Strippgen 91

S. Strippgen (1991). Ein modellorientierter Versionenassistent, Diplomarbeit, Universität Passau.

Taylor *et al.* 88

R.N. Taylor, F.C. Belz, L.A. Clark, L. Osterweil. R.W. Selby, J.C. Wileden, A.L. Wolf, M. Young (1988). Foundations of the ARCADIA Environment Architecture, in [Henderson 88], 1-13.

Terwilliger und Campbell 89

R.B. Terwilliger, R.H. Campbell (1989). ENCOMPASS: An Environment for the Incremental Development of Software, *Journal of Systems and Software 10*, 1, 41-53.

Tichy 82

W.F. Tichy (1982). A Data Model for Programming Support Environments and its Application, in *Automated Tools for Information System Development*, H.-J. Schneider und A.I. Wasserman (Hrsg.), North-Holland, Amsterdam, 31-48.

Tichy 85

W.F. Tichy (1985). RCS - A System for Version Control, *Software - Practice and Experience 15*, 7, 273-291.

Tichy 86

W.F. Tichy (1986). Smart Recompilation, *ACM Transactions on Programming Languages and Systems 8*, 3, 273-291.

Tichy 88

W.F. Tichy (1988). Tools for Software Configuration Management, in [Winkler 88], 1-20.

Tichy 89

W.F. Tichy, Hrsg. (1989). *Proc. 2nd International Workshop on Software Configuration Management*, Princeton, N.J., *ACM SIGSOFT Software Engineering Notes.*

Unland 90

R. Unland (1990). A Flexible and Adaptable Tool Kit Approach for Transaction Management in Non-standard Databases, Bericht, Universität Hagen.

Wächter und Reuter 90

H. Wächter, A. Reuter (1990). Grundkonzepte und Realisierungsstrategien des ConTract-Modells, *Informatik Forschung und Entwicklung 5*, 202-212.

Weber und Ehrig 86

H. Weber, H. Ehrig (1986). Specification of Modular Systems, *IEEE Transactions on Software Engineering 12*, 7, 784-798.

Wenig 89

T. Wenig (1989). Zeitbegriffe in deduktiven Objektbanken am Beispiel ConceptBase, Diplomarbeit, Universität Passau.

Winkler 88

J.F.H. Winkler, Hrsg. (1988). *Proc. International Workshop on Software Version and Configuration Control*, Grassau, B.G. Teubner, Stuttgart.

Winograd 88

T. Winograd (1988). A Language / Action Perspective on the Design of Cooperative Work, *Human-Computer Interaction 3*, 3-30.

Wirsing 88

M. Wirsing (1988). Algebraic Description of Reusable Components, *Proc. CompEuro '88*, 300-312.

Wirsing, Hennicker, Stabl 89

M. Wirsing, R. Hennicker, R. Stabl (1989). MENU - An Example for the Systematic Reuse of Specifications, *Proc. 2nd European Software Engineering Conference*, Warwick, Großbritannien, 20-41.

Index der eingeführten Objekte und Attribute

Informatik – Fachberichte

Band 257: A. Reuter (Hrsg.), GI – 20. Jahrestagung I. Stuttgart, Oktober 1990. Proceedings. XVIII, 602 Seiten. 1990.

Band 258: A. Reuter (Hrsg.), GI – 20. Jahrestagung II. Stuttgart, Oktober 1990. Proceedings. XVIII, 602 Seiten. 1990.

Band 259: H.-J. Friemel, G. Müller-Schönberger, A. Schütt (Hrsg.), Forum '90 Wissenschaft und Technik. Trier, Oktober 1990. Proceedings. XI, 532 Seiten. 1990.

Band 260: B. J. Frommherz, Ein Roboteraktionsplanungssystem. XI, 134 Seiten. 1990.

Band 261: W. Zimmermann, Automatische Komplexitätsanalyse funktionaler Programme. VII, 194 Seiten. 1990.

Band 262: W. Gerth, P. Baacke (Hrsg.), PEARL 90 - Workshop über Realzeitsysteme. 11. Fachtagung, Boppard, November 1990. Proceedings. X, 187 Seiten. 1990.

Band 263: H. Eckhardt, Entwurfstransaktionen für modulare Objektsysteme. VIII, 144 Seiten. 1990.

Band 264: T. Härder, H. Wedekind, G. Zimmermann (Hrsg.), Entwurf und Betrieb verteilter Systeme. Fachtagung, Dagstuhl, September 1990. Proceedings. XII, 283 Seiten. 1990.

Band 265: U. Herrmann, Mehrbenutzerkontrolle in Nicht-Standard-Datenbanksystemen. VIII, 183 Seiten. 1991.

Band 266: R. Cunis, A. Günter, H. Strecker (Hrsg.), Das PLAKON-Buch. VIII, 279 Seiten. 1991

Band 267: W. Effelsberg, H. W. Meuer, G. Müller (Hrsg.), Kommunikation in verteilten Systemen. GI/ITG-Fachtagung, Mannheim, Februar 1991. Proceedings. X, 589 Seiten. 1991.

Band 268: J. Raczkowsky, Multisensordatenverarbeitung in der Robotik. X, 168 Seiten. 1991.

Band 269: G. Hommel (Hrsg.), Prozeßrechensysteme '91. Berlin, Februar 1991. Proceedings. XIV, 449 Seiten. 1991.

Band 270: H.-J. Appelrath (Hrsg.), Datenbanksysteme in Büro, Technik und Wissenschaft. GI-Fachtagung, Kaiserslautern, März 1991. Proceedings. XIII, 507 Seiten. 1991.

Band 271: A. Pfitzmann, E. Raubold (Hrsg.), VIS '91, Verläßliche Informationssysteme. GI-Fachtagung, Darmstadt, März 1991. Proceedings. VIII, 355 Seiten. 1991.

Band 272: R. Grebe, C. Ziemann, Parallele Datenverarbeitung mit dem Transputer. Aachen, September 1990. Proceedings. X, 300 Seiten 1991.

Band 273: M. Timm (Hrsg.), Requirements Engineering '91. VIII, 208 Seiten. 1991.

Band 274: R. Denzer, H. Hagen, K.-H. Kutschke (Hrsg.), Visualisierung von Umweltdaten. Workshop, Rostock, November 1990. Proceedings. VII, 97 Seiten. 1991.

Band 275: D. P. F. Möller, O. Richter (Hrsg.), Analyse dynamischer Systeme in Medizin, Biologie und Ökologie. Bad Münster, April 1990. Proceedings. XI, 258 Seiten. 1991.

Band 276: H. Maurer (Hrsg.), Hypertext/Hypermedia '91. Tagung der GI, SI und OCG, Graz, Mai 1991. Proceedings. VIII, 299 Seiten. 1991.

Band 277: U. Borgolte, Flexible, realzeitfähige Kollisionsvermeidung in Mehrroboter-Systemen. XIII, 105 Seiten. 1991.

Band 278: H. W. Meuer (Hrsg.), SUPERCOMPUTER '91. Proceedings. VIII, 266 Seiten. 1991.

Band 279: G. Schwichtenberg (Hrsg.), Organisation und Betrieb von Informationssystemen. 9. GI – Fachgespräch über Rechenzentren, Dortmund, März 1991. Proceedings. IX, 337 Seiten. 1991.

Band 280: B. Westfechtel, Revisions- und Konsistenzkontrolle in einer integrierten Softwareentwicklungsumgebung. X, 321 Seiten. 1991.

Band 281: W. Emde, Modellbildung, Wissensrevision und Wissensrepräsentation im Maschinellen Lernen. XI, 204 Seiten. 1991.

Band 282: P. Buchholz, Die strukturierte Analyse Markovscher Modelle. VII, 192 Seiten 1991.

Band 283: M. Dal Cin, W. Hohl (Hrsg.), Fault-Tolerant Computing Systems. 5th International GI/ITG/GMA Conference, Nürnberg, September 1991. Proceedings. XII, 425 Seiten. 1991.

Band 283: M. Dal Cin, W. Hohl (Hrsg.), Fault-Tolerant Computing Systems. 5th International GI/ITG/GMA Conference, Nürnberg, September 1991. Proceedings. XII, 425 Seiten. 1991.

Band 284: R. Stadler, Ausführbare Spezifikation von Directory-Systemen in einer logischen Sprache. X, 142 Seiten. 1991.

Band 285: T. Christaller (Hrsg.), GWAI-91. 15. Fachtagung für Künstliche Intelligenz, Bonn, September 1991. IX, 273 Seiten. 1991.

Band 286: A. Lehmann, F. Lehmann (Hrsg.), Messung, Modellierung und Bewertung von Rechensystemen. 6. GI/ITG-Fachtagung, Neubiberg, September 1991. Proceedings. VIII, 338 Seiten. 1991.

Band 287: H. Kaindl (Hrsg.), 7. Österreichische Artificial-Intelligence-Tagung, Wien, September 1991. Proceedings. VIII, 180 Seiten. 1991.

Band 288: G. Helm, Symbolische und konnektionistische Modelle der menschlichen Informationsverarbeitung. X, 161 Seiten. 1991.

Band 289: N. Fuhr (Hrsg.), Information Retrieval. GI/GMD-Workshop, Darmstadt, Juni 1991. Proceedings. VII, 162 Seiten. 1991.

Band 290: B. Radig (Hrsg.), Mustererkennung 1991. 13. DAGM-Symposium, München, Oktober 1991. Proceedings. XVIII, 584 Seiten. 1991.

Band 291: W. Brauer, D. Hernández (Hrsg.) Verteilte künstliche Intelligenz und kooperatives Arbeiten. 4. Internationaler GI-Kongreß, München, Oktober 1991. Proceedings. IX, 546 Seiten. 1991.

Band 292: P. Gorny (Hrsg.), Informatik und Schule 1991. GI-Fachtagung, Oldenburg, Oktober 1991. Proceedings. IX, 335 Seiten. 1991.

Band 293: J. Encarnação (Hrsg.) Telekommunikation und multimediale Anwendungen der Informatik. GI-21. Jahrestagung, Darmstadt, Oktober 1991. Proceedings. XII, 710 Seiten. 1991.

Band 294: R. Möller (Hrsg.), 2. Workshop Sichtsysteme. Bremen, November 1991. Proceedings, 1991. VII, 118 Seiten. 1991.

Band 295: W. A. Halang (Hrsg.), PEARL 91—Workshop über Realzeitsysteme. 12. Fachtagung, Boppard, November 1991. Proceedings, 1991. X, 197 Seiten. 1991.

Band 296: M. Hälker, A. Jaeschke (Hrsg.), Informatik für den Umweltschutz – Computer Science for Environmental Protection. 6. Symposium, München, Dezember 1991. Proceedings. XX, 657 Seiten. 1991.

Band 297: Th. Ruf, Featurebasierte Integration von CAD/CAM – Systemen. XVII, 314 Seiten. 1991.

Band 298: A. Kemper, Zuverlässigkeit und Leistungsfähigkeit objekt-orientierter Datenbanksysteme. VIII, 207 Seiten. 1992.

Band 299: P. Baumann, Software-Bewertung. VIII, 106 Seiten. 1992.

Band 300: M. Mohnhaupt, Prinzipien piktorieller Repräsentationssysteme. XVI, 186 Seiten. 1992.

Band 301: O. Günther, H. Kuhn, R. Mayer-Föll, F. J. Radermacher (Hrsg.), Konzeption und Einsatz von Umweltinformationssystemen. Proceedings. X, 494 Seiten. 1992.

Band 302: S. Biundo, Automatische Synthese rekursiver Programme als Beweisverfahren. VIII, 259 Seiten. 1992.

Band 303: R. Studer (Hrsg.), Informationssysteme und Künstliche Intelligenz: Modellierung. 2. Workshop, Ulm, Februar 1992. Proceedings. VII, 168 Seiten. 1992.

Band 304: W. Niegel, P. Molzberger (Hrsg.) Aspekte der Selbstorganisation. XIV, 200 Seiten. 1992.

Band 305: Th. Rose, Entscheidungsorientiertes Konfigurationsmanagement. IX, 186 Seiten. 1992.

Band 306: D. Krönig, M. Lang (Hrsg.), Physik und Informatik – Informatik und Physik. Arbeitsgespräch, München, November 1991. Proceedings. XIII, 326 Seiten. 1992.

Band 307: G. Klose, E. Lang, Th. Pirlein (Hrsg.), Ontologie und Axiomatik der Wissensbasis von LILOG. X, 255 Seiten. 1992.

Band 308: G. Retz-Schmidt, Die Interpretation des Verhaltens mehrerer Akteure in Szenenfolgen. XII, 168 Seiten. 1992.

Band 309: H.-J. Kreowski (Hrsg.), Informatik zwischen Wissenschaft und Gesellschaft. Proceedings. VIII, 344 Seiten. 1992.